송산 박재석 평전

송산 박재석 평전

초판 1쇄 인쇄 2024년 4월 9일
초판 1쇄 발행 2024년 4월 20일
지은이 나삼진
발행인 이기룡
발행처 도서출판 생명의 양식
등록번호 서울 제22-1443호(1998년 11월 3일)
주소 06593 서울시 서초구 고무래로 10-5(반포동)
전화 02-533-2182
팩스 02-533-2185
홈페이지 www.edpck.org
디자인 CROSS-765
ISBN 979-11-6166-240-4 (03230)

책값은 뒤표지에 있습니다.
이 책은 저작권법에 의해 보호를 받는 출판물입니다.
기록된 형태의 출판사의 허락이 없이는 무단 전재와 복제를 금합니다.

평범한 인생, 빛나는 봉사

송산 박재석 평전

나삼진 지음

생명의 양식
THE BREAD OF LIFE

추천사

조지 뮐러가 영국에서 고아의 아버지였다면 박 장로님은 한국에서 '고아의 아버지'이자 '장애인의 아버지'로 일생을 사셨다. 송산문화장학재단을 설립하셔서 배움에 목말라하는 청소년과 대학생들에게 장학 사업을 펼치시고 여러 사회사업기관의 대표로 혹은 장으로 봉사하였고, 지역사회를 위해 여러 분야에서 헌신한 분이시다. 도움을 필요로 하는 이들에게 선한 사랑을 베풀며 살아오셨다.

_ **이상규** 전 고신대학교 부총장, 백석대학교 석좌교수

박재석 장로님은 제가 섬기는 포도원교회 가까이 계셔서 같은 노회와 행사에서 자주 만나뵐 수 있었다. 우리 사회에 원로와 어른이 없다는 말을 많이 하지만, 박재석 장로님은 항상 자상하시면서도 경륜과 지혜가 풍부한 어른이시다. 평생을 어려운 사람들을 돌보고 귀한 사역을 하셨으니 오늘날 한국 교회의 아쉬움이 소통과 나눔이라고 하는데, 일찍이 삶속에서 이를 실천해 오신 분이시다.

_ **김문훈** 포도원교회 담임목사

장로님은 한 평생 철저하게 주님의 몸된 교회를 위한 헌신의 삶을 살았고, 성경적 공의와 샬롬을 위한 사역이었다. 물질에 대한 청지기 의식을 실천적으로 보여주는 삶을 살았다.

_ **김성수** 고신대학교 총장 역임, 현 미국 에반겔리아대 총장

부산 감천 칼빈대학에서 만난 박재석 형은 절망 가운데 있던 나에게 학우, 상담자, 의지할 기둥이었다. 건장한 체격, 웃음을 잃지 않는 여유, 무엇을 잡은 것 같은 확신, 몸에 밴 경건생활은 앞날의 푯대를 결정한 확신에 찬 학교생활로 방황하던 나에게 좋은 길잡이가 되어 주었다.

_ **김용달** 전 브니엘고등학교 교장, 탈북청소년대안학교장 역임

박재석 장로는 성품이 온후하고 마음씨는 자애로워 어려움을 당하는 딱한 처지를 보면 그저 지나쳐 버리질 못하고 일에 있어서는 항상 하나님의 일을 우선순위로 하고, 인색함 없이 드리는 분이고 희생적 봉사와 심혈을 경주하는 열정을 다하는 장로님이다. 우리 교회가 건축을 하고 사채로 어려움을 당할 때 자신의 재산을 담보로 내어주어 교회의 어려움을 이길 수 있게 하셨다.
_ **김종석** 양산교회 원로목사

박재석 장로님의 장애인들에 대한 사랑은 각별했다. 그들을 단순히 수용, 보호하는 선에서 그치는 것이 아니라 적극적이고 윤택한 삶을 살아갈 수 있도록 지원을 아끼지 않았다. 대표적으로 1인 1기술을 가질 수 있도록 기술 교육에 힘썼고, 자신감 있게 사회에서 생활하도록 장애아동들에게는 따뜻한 아버지의 모습을 보이셨다.
_ **박홍석** 경남사회복지협의회장 역임

장로님께서는 교회에서 교단에서 지역사회와 사회복지계에서 너무도 큰 활약을 해내셨습니다. 그러나 초지 일관 겸손하게 예수님의 포도원에서 땀과 눈물을 흘리면서 갈보리 언덕을 걸어 오르셨습니다. 6.25전쟁 중에 신학공부를 시작하신 님께서는 졸업하여 안수 받은 목회자의 길보다는 한 삶을 봉사의 신학도로 예수의 참 후예로 외길을 걸어 오셨습니다. 말씀을 몸으로 증거하고 이웃 섬김(디아코니아)의 거룩한 사역에 충실하셨습니다. 물금교회를 홈베이스로 하고 50년을 꾸준하게 섬겨 오시면서 노회와 총회의 많은 십자가를 잘 지고 오셨습니다. 사회복지사업계의 거목으로 특히 어린이와 장애인들을 위해 헌신 봉사해 오셨습니다. 국민훈장 목련장을 포함한 많은 포상을 받으신 것은 우연이 아닙니다. 참으로 어려운 일들을 자랑스레 담당해 오셨습니다.
_ **이윤구** 전 인제대 총장, 월드비전 전 회장

박재석 장로의 삶은 '교회 중심 외길 인생'이라고 표현하고 싶다. 16세 소년이 예수님을 영접하여 학습, 세례를 받은 후 60평생을 오직 찬송과 기도, 예배와 봉사로 수놓아 가며 살아왔다. 일찍이 불우이웃 돕기에 발벗고 나선 탓인지 언제나 도움이 요구되는 약자의 편에 섰다. 뿐만 아니라 농어촌교회를 돕는 일이라든지 가난한 신학생, 외로운 은퇴 교역자, 그리고 병든 이웃들의 친구로 살아왔다. 그는 다툼을 멀리 했다. 바쁜 세상에 시비를 가릴 시간이 없다는 자세로 늘 화해와 협동을 앞장서서 추구했다. 혈기가 예수를 이기려 하고 육이 영을 제압하려는 오늘날, 박재석 장로 같은 분이 많이 나타날수록 이 땅은 소망을 품게 되리라.

_ **김경래** 한국기독교100주년기념사업회 사무총장

저는 30여 년 전부터 박재석 장로님과 교제해 왔고, 그가 어떻게 살아왔는가를 잘 압니다. 가난한 자와 연약한 자들 그리고 소외되고 버림받은 자들의 친구로 혹은 부모로 살아오셨습니다. 그는 자신의 삶을 통해 주님을 섬기고 하나님의 사랑을 실천해 오셨습니다. 박재석 장로님이야말로 믿음으로 일생을 살았다고 생각합니다. 이렇게 한가지 일에 몰두하며 오직 한길로 가게 하신 것도 하나님의 특별한 사랑이었다고 생각합니다. 박 장로님의 일생은 사회사업가로서 사회복지법인 무궁애학원을 설립하셔서 50년간 한 길로 헌신해 오셨습니다. 박 장로님은 그리스도의 사랑을 본받아 소외된 어린이들을 보살피고 장애아들의 벗으로서 모범적인 어버이 노릇을 감당해 오셨습니다. 박 장로님은 자신의 일도 열심히 수행했지만 경남사회사업연합회장으로서 널리 경남지역의 사회사업 발전을 위하여 크게 기여하셨습니다. 뿐만 아니라 송산장학재단을 설립하셔서 매년 어려운 학생들에게 장학금을 지급하여 그들을 격려해오고 있습니다. 이 장학금을 받은 학생 중에서 훌륭한 주의 종들이 배출되어 교회를 섬기고 있습니다. 이렇게 박 장로님은 주님의 종으로서 믿음과 사랑으로 폭넓게 인생을 사셨습니다. 그의 헌신과 봉사는 좋은 열매를 맺어 가고 있음을 볼 수 있습니다.

_ **장성만** 전 국회부의장

평소에 박 장로를 보면서 느꼈던 점은 그분의 소탈한 서민적 모습과 겸손함이다. 그리고 그는 의리가 있고 신의가 있으며 책임감이 투철한 분이다. 주위의 많은 분들이 그 분을 이야기할 때에도 그의 장점으로 진정성, 절제, 겸손함, 배려 등을 이야기한다. 많은 사람들은 쉽게 변하지만 40여년 전 처음 만났던 박 장로의 인간성은 지금까지도 변한 것이 없다. 함께 교단 일을 할 때나 사적인 교제를 할 때에도 항상 남을 먼저 배려하는 것을 행동으로 보여주었고 그 모습은 현재의 모습과도 다르지 않다. 항상 한결같이 신뢰할 수 있는 사람이다. 세월이 갈수록 그에게서 그리스도를 본받은 신실한 종의 모습을 본다.

_ **강경숙** 전국장로회연합회 증경회장

목차

추천사   4
프롤로그   11

제1부 어린 시절과 성장기
1. 어린 시절과 성장기   21
2. 가문과 송은 박익 선생   31
3. 해방과 중·고등학교 시절   39
4. 기독교 신앙을 갖다   51

제2부 든든한 기초, 영성의 모판 칼빈대학
5. 해방 후 교회쇄신운동과 고신교회   63
6. 든든한 기초 칼빈대학   74
7. 작은자들과의 첫 만남   88
8. 부지런한 부부   95
9. 고려신학교 입학   104

제3부 고아의 아버지
10. 한국전쟁과 그 후유증   111
11. 생의 변곡점, 무궁애학원과의 만남   115
12. 무궁애학원 초기 사역   120
13. 아버지의 마음 어머니의 마음   128
14. 하나님이 주시는 지혜   138
15. 믿음의 동지들   145

제4부 장애인들의 아버지

16. 시대의 변화, 사역의 전환   151
17. 장애인들과 함께 한 평생   157
18. 최고의 시설, 최고의 교육   166
19. 국제사회복지대회 참가   172

제5부 교회와 함께한 평생

20. 물금교회와 초기 신앙생활   181
21. 양산 기독교 연합 사업들   189
22. 교회와 함께한 생애   195
23. 임종만 목사와 새로운 예배당 건축   208
24. '바울 같은 장로, 디모데 같은 목회자'   220

제6부 큰 봉사 큰 상급

25. 더 넓은 세상과 함께   227
26. 더 큰 교회와 함께   234
27. 국제 문화탐방과 성지 순례   250
28. 큰 봉사 큰 상급   258
29. 다음세대를 키우는 장학 사업   264
30. 송산의 유업을 잇는 자녀들   272

에필로그   281

부록

1. 송산 박재석 장로의 신앙과 삶과 영성   297
2. 송산 박재석 연보   315
3. 무궁애학원의 연혁과 현황   317

참고문헌   319

프롤로그

경상남도 양산시 물금읍 범어리 오봉산 언저리 양지바른 쪽에 넓은 대지에 깨끗하게 지어진 규모있는 몇 채의 건물을 볼 수 있다. 이 땅은 풍수지리를 알지 못하는 사람이 보아도 아늑한 명당으로 보인다. 눈앞에는 양산 범어 평야가 펼쳐져 있고, 그 오른쪽은 양산시, 왼쪽은 물금읍이다. 무궁애학원이 처음 이곳에 건물을 지어 이사할 때는 황량한 모습이었는데, 그 사이에 개발되면서 지역이 크게 발전하였다. 그 사이에 부산대학교 의과대학과 부속병원이 지척으로 이사를 왔다. 지난 20년 동안 개발의 망치소리가 드높았는데, 어느덧 잘 짜여진 계획도시의 모습이 되었다.

경상남도 양산시 물금읍 범어리는 오랜 역사를 갖고 있는 자연부락이었지만, 부산과 양산이 확장되면서 그 환경이 크게 변모하기 시작한 것은 1987년 경부터이다. 전형적인 농촌이었던 양산군이 양산공단의 유치로 택지 수요가 확대되었고, 산과 바다로 이루어진 부산이 한계에 봉착하면서 김해와 양산 지역으로 확장되었다.

이에 대한주택공사에서는 범어리 택지개발을 착수하였고, 순차적인 아파트 건설로 범어지구의 면모를 크게 바꾸어 놓았다. 1990년 12월에서 1993년 12월에 걸쳐 범어마을 뒷편에도 범어지구 택지 개발사업이 진행되면서, 지역이 천지개벽 수준으로 바뀌게 된 것이다. 1996년에 양산군이 양산시로 승격되면서 물금도 읍으로 승격되었는데, 2009년 4만 명이었던 물금의 인구는 해마다 만 명씩 넘게 증가하면서 2020년에는 12만 명을 넘어섰다.

물금읍 물금리에 있던 무궁애학원이 도시개발 계획에 따라 50년 이상 사용하던 자리를 내어주고 1986년에 이곳 오봉산 중턱으로 이주했다. 처음에는 서글픈 모습이었지만, 도시가 짜임새 있게 성장하면서 최고의 위치가 되었다. 장애인 시설은 대체로 분위기가 침울한 편이지만, 무궁애학원은 시설이 깨끗하면서도 규모가 있는 대단한 사회복지 시설이라는 생각이 든다.

대지 13,000평, 건평 1,200평의 현대식 건물에 무궁애학원 가족들이 정답게 살고 있다. 무궁애학원은 오늘날 장애인(지적 장애) 110명과 직원 65명, 모두 175명이 생활하고 있다. 이곳에 들어가면 시설이 화려하지는 않지만 잘 정돈되어 있고, 생활인들을 돕는 직원들은 손놀림이 분주하다. 어색한 복장으로 배회하는 아이들, 절뚝거리는 걸음걸이, 만나는 아이들마다 반갑게 인사하지만, 그들의 말을 쉽게 알아들을 수 없는 경우도 있다. 이들은 중증장애, 뇌성마비, 지적장애인, 발달장애인들이다.

무궁애학원은 국내 사회복지 분야에서 우수한 시설을 가진 그룹에 속할 뿐만 아니라, 오랜 역사 동안 축적된 경험에다 사회복지학의 이론이 결합된 최첨단 경영으로 전국에서도 우수한 사역을 하는 기관에 속한다. 사회적 약자들이 거주하는 시설이 열악한 경우가 많은데, 누구나 이곳에 와 보면 일반 시민들의 삶의 터전에 못지 않다. 우리나라가 오랜 세월 가난에 시달렸고, 이제 중진국을 넘어서 선진국 대열에 들었는데, 사회복지 분야도 이런 수준의 시설과 운영을 보이면서 사회적 약자들을 위한 복지의 수준을 실감있게 느끼게 만든다.

이 무궁애학원은 송산 박재석 장로와 이금지 권사 부부의 기도와 헌신, 땀과 눈물의 산물이다. 무궁애학원은 서울에 있던 고아원이 한국전쟁으로 피난을 내려왔지만 부산 시내에는 들어가지 못하고 외곽 구포 가까이 물금에 자리를 잡았다. 많은 사회복지 시설이 그러했던 것 같이, 무궁애학원은 열악한 시설에다 외부의 도움이 많지 않아 한계상황에서 생존을 위해 몸부림치고 있었다. 1962년 이곳을 방문한 청년 박재석이 이를 인수하여 평생 땀과 눈물로 이 터전을 일구었다. 송산 박재석 장로 부부는 고아원과 장애인 시설에서 그 아이들을 50년을 한결같은 마음으로 보살핀 것이다.

송산은 대학 졸업 후 고려신학교 1학년을 마친 1962년 성탄절 즈음에 양산군 물금면에 있는 무궁애학원을 방문하였고, 아이들이 처한 극단적인 환경을 본 그는 가슴이 먹먹함을 느꼈다. 하나님이 그의 마음을 두드려 이들을 위해 이 시설을 인수하여 이들을 위한 최소한의 보금자리를 마련해 주고자 했다. 송산은 이에 가산을 정리하여 시설을 인수하고 개수했다.

송산 박재석 장로는 그렇게 1962년부터 '고아의 아버지'로 살았고, 1980년부터는 '장애인의 아버지'로 살았다. 사회적 약자와 함께 울고 웃으며 온갖 궂은 일을 앞장서 했고, 사회적 약자들의 목회자가 되었다. 그가 이 세상을 떠나기까지 송산 부부의 손을 거쳐 간 아이들이 1,400명이다. 이들을 결혼도 시키고, 편지를 받고, 방문을 받는 것이 큰 보람이었다.

전쟁고아들이 줄어들고, 가난으로 인한 고아들도 줄어들면서 정부가 앞장서서 고아원들을 장애인 시설로 전환을 유도하였다. 고아원으로 출발한 이 기관은 한국 사회의 변화에 따른 정부의 정책으로 1970년 장애인 사역으로 전환하여 오늘에 이르고 있다.

오늘의 무궁애학원은 전국에서 손에 꼽히는 좋은 시설을 갖추고 있다. 이것은 송산의 헌신의 열매였다. 송산 박재석 장로 부부가 사랑과 헌신으로 조성한 무궁애학원을 이제는 사회복지학을 전공한 아들 박민현 원장이 한국과 미국, 영국에서 배운 선진 복지를 기초로 선진적인 장애인 사역으로 원아들과 생활인들이 행복한 무궁애학원을 만들고 있다.

사회복지법인 무궁애학원은 1957년 사회복지법인 인가를 받은 이래 꾸준히 발전해 왔는데, 지금은 무궁애학원, 미래직업재활원, 새힘의 세 가족이 함께 존립하고 있다. 미래직업재활원에는 39명의 장애인이 8명의 직원의 도움을 받아 능숙하게 직업재활훈련을 받고 있다. 장애인 단기거주시설인 '새힘'에는 10명의 장애인이 5명의 교사들의 도움을 받으며 생활하고 있다. 이와 별도로 지역에 흩어져 있는 19개의 그룹홈이 있다. 시설장 외에 여러 직원들 중에 생활 재활 교사 43명이 주를 이루지만 이들의 생활과 건강을 책임진 영양사, 상담평가원, 간호사, 작업치료사, 조리원 등 다양한 전문인력들이 이들과 함께하고 있다.

송산 박재석은 1999년 장애인의 날에 김대중 대통령으로부터 국민훈장 모란장을 받았다. 50년 동안 한결같은 마음으로 그는 그리스도의 사랑으로 '고아의 아버지, 장애인의 아버지'로 살았고, 부부가 '아버지의 마음, 어머니의 마음'으로 원생들을 돌보았다.

송산은 평생 사회적 약자들을 돌보며 그들과 함께 살았지만, 그의 삶은 교회를 떠나서는 생각할 수 없다. 자신이 속한 물금교회만 아니라 더 큰 교회 곧 하나님의 나라를 위해 봉사하며 살았고, 자신이 영문학을 공부하며 성장한 모교 고신대학교와 고려신학대학원, 그리고 자매 대학인 미국 에반겔리아대학을 위해 귀한 헌신을 했다. 그는 또한 고신대학교가 제정한 제2회 '자랑스러운 고신인상'을 수여했고, 생애 마지막에는 미국 에반겔리아대학에서 명예 선교학박사 학위를 수여받았다.

필자는 한국 교회 역사를 연구하는 연구자로서 고신교회의 역사와 정신을 탐구하는 일에 10년 이상 노력을 기울여왔다. 한국 장로교회의 역사적 흐름을 탐구해 왔고, 일제강점기에 혹독했던 신사참배 강요와 해방 후 교회쇄신운동 과정에서 형성된 고신교회의 역사와 정신을 탐구해 왔다. 필자는 〈기독교보〉에 '고신교회 70년 역사 산책'을 2021년 11월부터 2022년 12월까지 연재한 바 있다. 그 가운데 '고신교회의 사회적 영성'을 다루는 중에 다음과 같이 언급하였다.

"고신교회는 설립기부터 복음병원만 아니라 신망애 양로원(한형세), 인애원(조수옥), 소양보육원(지득용), 무궁애학원(박재석) 등 여러 평신도들의 사회복지 사역, 성진노회의 나환자 사역, 나환자를 위한 영광신학교 운영 등 사회봉사가 깊고도 넓었다. 《고신교회 20주년 기념화보》(1971)에는 16여 처 사회복지 시설을 직접 소개하고, 한부선 선교사도 30여 처에 달하는 사회복지 시설을 언급하며 이들의 사회봉사 사역에 주목하고 있다."

이 신문을 읽은 이금지 권사가 미국에 목회하는 삼남 박석현 목사와 대화하는 중에 "아버지가 그동안 한 수고를 모두 잊었는가 싶었는데, 고신교단 역사의 한 페이지에서 기억해 주어 고맙더라"는 이야기를 하였고, 그 마음은 박석현 목사를 통해 필자에게도 전해졌다. 필자는 오랫동안 고신교단의 총회 교육원장으로서 어린이와 청소년, 그리고 성인들의 기독교교육을 위해 힘써 왔다.

총회교육원 시절에 책임자로서 교사대학, 성경대학, 교재개발, 지도자 양성 등에 힘써, 〈클릭 바이블〉과 〈그랜드 스토리〉는 각각 160만 부 이상 발행하는 쾌거를 이루었다. 이러한 노력은 사실 영남지방에 한정된 우리 고신 교단의 역사와 정신을 전국화하고 세계화하는 일, 또 다소 답답하고 고루하게 여겨지는 우리의 모습을 현대화하고 대중화하는 일이기도 했다.

필자는 그동안 고신교회의 역사와 정신을 탐구하는 작업을 계속해 왔는데, 장기려 박사, 교단 평신도들의 흐름을 통해 여러 차례 논문을 작성한 바 있었다. 필자는 박석현 목사와 대화하는 중에 유족들과 협의하여 고신교회 사회복지 사역의 중심인물 송산 박재석 장로의 10주기를 앞두고 그의 전기를 엮어보기로 하였다. 이 일을 위해 꼭 필요한 고신교회의 역사와 정신에 대한 논구는 기본적인 준비가 되어 있었고, 송산의 회고록 《새벽을 깨우리로다》와 고신대 출판부에서 펴낸 산수기념문집 《꿈과 열정으로 살아온 80년》이 있어 많은 지인들의 회고기가 포함되었다. 교단 역사와 정신을 담은 실록(實錄)과 같은 〈기독교보〉와 〈파수군〉, 그리고 《대한예수교장로회 총회록》 등 관련 자료를 취합하여 이 전기를 집필했다.

흔히 전기나 평전을 생각하면 대단한 인물들의 자랑스러운 역사와 행적을 영웅적으로 기술하는 경우가 많다. 당사자의 인물이나 사역을 과도하게 부풀리기도 하고, 때로 영웅적인 모습으로 덧칠을 하기도 한다. 송산 박재석 장로는 교회쇄신운동의 일환으로 생겨난 고신교단이 지도자 양성을 위해 설립한 칼빈대학에서 최고의 신앙훈련을 받았고, 고신교회의 교회쇄신운동을 경험하고, 그 정신을 직접 체득하였던 인물이다. 그리고 그는 평생을 고신대학교가 성장 발전하는 과정에서 중요한 후원자의 역할을 하였다. 송산은 고신교회에서 기억할 만한 평신도 지도자였고, 그의 신앙과 삶, 신앙과 경건은 고신교회의 뿌리에 닿아 있는 인물이었다.

2022년 10월에 전기 집필을 확정하고, 그동안 준비된 자료들을 읽고 또 읽으며 체계를 구상하였고, 역사의 조각조각을 맞추어 나갔다. 그 과정에서 송산 박재석 장로가 드린 기도, 그가 꿈꾼 세상을 그리며 원고를 집필할 수 있었고, 그 기간에 적지 않은 행복감을 느꼈다. 이렇게 1년의 시간을 거쳐 이 책이 그의 10 주기를 앞두고 세상에 나오게 되었다. 독자들은 송산의 생애를 만날 뿐만 아니라 평범한 인물이 어떻게 하나님 나라를 위해 위대한 일을 할 수 있는가를 생각할 수 있을 것이다. 이 책은 평전과 전기의 중간 어디쯤에 있을 것이다. 역사적 사실을 중심으로 기술하면서도 그의 신앙과 삶에서 나오는 감동을 배제하지 않았다.

우리가 어떤 삶을 살고 어떻게 사역을 해야 하는가에 초점을 맞추었다. 이 책은 송산이 한평생 살았던 고신 교회의 평신도들의 삶을 정리하는 기회가 되었다. 그의 사진을 일일이 정리하였다. 두 차례 출간했던 회고록 《내가 새벽을 깨우리로다》(2003)과 산수 기념문집 《꿈과 열정으로 달려온 80년》의 내용을 기본 자료로 활용했다. 이 책은 해방 후 교회쇄신운동이 전개되고, 그 결과로 대한예수교장로회(고신)이 탄생된 집단 전기적인 성격도 포함하고 있다고 할 것이다.

송산 박재석 장로의 10주기를 앞두고 발행하는 이 책을 부인 무궁애학원 이금지 이사장과 사회복지사업의 외로운 자리에서 헌신하는 이 땅의 모든 그리스도인들에게 드린다.

2023년 겨울
나삼진

제1부
어린 시절과 성장기

천국은 마치 사람이 자기 밭에 갖다 심은 겨자씨 한 알과 같으니,
이는 모든 씨보다 작은 것이로되 자란 후에는 풀보다 커서 나무가 되매
공중의 새들이 와서 그 가지에 깃들이느니라
(마태복음 13:31-32)

1. 어린 시절과 성장기

재석의 출생

송산 박재석은 1934년 3월 7일(음력 1월 22일) 경상북도 청도군 이서면 수야리 645번지에서 태어났다. 청도는 경상북도에서 가장 남쪽에 위치했고, 그 아래로 경상남도 밀양시를, 서쪽으로 창녕군을 경계로 하고 있다. 청도는 대구에서 남쪽으로 한 시간 가량 떨어진 곳으로 경부선 철로가 경산을 거쳐 남으로 남성현, 청도, 밀양으로 이어지고, 삼랑진을 거쳐 부산으로 가는 것이다.

재석이 나고 자란 곳은 청도의 밀양 박씨 집성촌이었다. 일제강점기에 태어나 그가 자란 시절은 온 나라가 가난했고, 많은 가정에서는 늦은 봄철마다 보릿고개의 어려움을 겪어야 했던 때였다. 그러나 농사를 지었던 그의 아버지가 부지런히 일해 가문을 일으켰고, 그 덕분에 재석은 어렵지 않은 환경에서 자랄 수 있었다.

청도는 밀양과 이웃한 지역이라는 예부터 유대가 깊었다. 고려조에서 군과 현 제도를 정비할 때 청도군은 밀양부에 속한 지역이었다. 조선시대에는 대구도호부에 속하였으며, 그 후에도 여러 차례 지역의 행정 단위가 바뀌었다. 1906년 대한제국 시절 국가적으로 행정구역이 정비될 때 대구 땅이었던

각북면, 풍각면, 각남면이 청도에 속하였고, 1912년에는 청도에 속하였던 외서면이 밀양에 속하였으며, 밀양의 사당동이 청도에 편입되어 지금의 청도읍 사촌동이 되었다.[1] 밀양과 청도는 경상남도와 경상북도로 나뉘어졌음에도 불구하고 이웃 지방으로 서로 깊은 유대 가운데 존재했다. 조선시대에는 청도의 행정은 밀양부사의 관할하에 있었고, 청도에 집성촌을 이루고 사는 밀양 박씨 가문도 밀양에서 이주해 온 사람들이었다.

재석이 나고 자랐던 수야마을은 마을 길을 따라 안으로 들어서면 오른편으로 제일 먼저 눈에 띄는 수야교회가 있다. 수야교회의 십자가는 90년 동안 그 마을과 함께하였다. 외길로 다시 안으로 들어서면 큰 은행나무 한 그루가 왼편에 서 있는데, 이는 재석의 15대조 소요당 박하담 공이 심은 것이다. 이

---

1. 전성천《한국 영남교회사》, 267

은행나무는 500년 오랜 역사와 함께 문중의 영화를 드러내고 있다. 지방마다 이런 노거수에는 흔히 사람들이 제물을 가져다 두거나, 흉년이 들면 제사를 지내기도 하는데, 송산 가정의 소유로 관리되고 있어서 미신행위는 없다.

1439년(세종 21년)에 밀양에 살던 박건 공이 물 좋고 풍광 좋은 청도로 이주해 살면서, 가문을 이루기 시작했고, 이후 수야는 밀양 박씨의 집성촌이 되었다. 그는 수야를 휘감고 흐르는 냇물이 야(也)자로 흐른다고 하여 수야(水也)라 불렀고, 그가 직접 심은 은행나무를 심어 행정(杏亭)이라고 불렀다. 청도 인근에는 10여 곳이나 되는 서원과 재실이 있고, 밀양 박씨 가문에서는 정기적으로 족보를 편찬하고, 선조의 문집 국역 사업을 해오고 있다.

조선시대에는 상북면이 수야, 대면, 명곡, 중리, 명리, 신촌 등 여러 마을로 나뉘어 있었으나, 대한제국 시절 1906년 지방 행정 구역을 조정할 때 수야리로 통합되었다. 밀양 박씨 가문에서는 관리로 나간 이들도 많아 영남 선비의 자부심이 적지 않은 편이다.

재석은 아버지 박동묵과 어머니 예천금 사이에서 장남 재운(1919년)에 이어 누나 순이(1922년), 그리고 두 명의 형 재성(1926년), 재수(1927년)에 이은 막내아들로 태어났다. 재석은 다복한 가정의 막내로 태어나 부모의 고임과 형들과 누나의 사랑을 받으며 자랐다.

재석의 아버지 박동묵 씨는 근면하고 성실하여 부지런히 일하면서 당대에 땅 스무 마지기(약 4천 평)과 밭 천 평을 일구었고, 머슴을 두 명 두고 농사를 지었다. 이러한 재산은 선대로부터 물려받은 것이 아니라 그가 자수성가하여 이룬 것이었다. 농사는 주로 머슴들을 시켜 지었고, 재석의 아버지는 마을의 정미소를 운영하였다.

그의 고향 수야마을에 사는 밀양 박씨 일가는 주자가례를 소중히 여기는 유교 전통을 지키고 있었다. 청도는 밀양이나 안동과 함께 영남 선비의 본고

장으로서 자부심이 강한 편이었다. 재석의 아버지는 부모에 대한 효도와 가정의 화목을 강조하였다. 재석이 아버지의 교훈을 따라 가족을 소중히 여겼고, 어린 시절 할아버지에 대한 이야기도 많이 들으며 자랐다.

재석은 청소년 시절에 기독교 신앙을 가지면서 전통적인 유교 가문과 거리가 있을 수도 있었지만, 문중과 꾸준히 좋은 관계를 갖고 살았다. 성인이 되어서도 문중 행사에 자주 참여하고, 필요한 일에는 협조를 아끼지 않았다. 그가 자신의 고희연을 집안 일족들을 초대해 재실에서 열었던 것도 그같은 연유였다.

재석이 태어난 1934년은 일본이 한반도를 거쳐 중국을 넘보던 시기였다. 일본은 중국을 노리면서 이념적 일체를 든든히 하기 위해 1935년부터 신사참배를 강요하기 시작했고, 1937년 중일전쟁을 시작하면서 그 강요는 더욱 심해졌다. 훗날 송산이 평생 몸담은 대한예수교장로회(고신측) 교회는 신사참배를 거부하면서 일제의 박해로 투옥되어 6년씩 옥중생활을 하였던 주남선 목사, 한상동 목사, 손명복 목사 등과 그들을 지지하던 교회와 지도자들에 의해 조직된 교단이었다. 그러나 송산의 가문은 그때만 해도 기독교 신앙을 받아들이지 않았던 때였다.

고향의 추억

재석의 집은 약 100평이 되는 넓은 터에 초가 3칸의 전형적인 농촌 집이었다. 집은 방 두 칸과 중간에 마루가 있었고 바른 편에 부엌이 있었으며, 좌편에는 아랫채가 있었다. 방 두 칸 사이에 고방이라 부르는 창고가 있어 쌀이나 곡식 등 살림에 필요한 것들을 두고 생활했다.

앞마당 바른 편 별채에 디딜방앗간이 있었고, 옆에 외양간이 함께 있었다. 전형적인 농촌 집이었다. 그 옆에 장독대가 큰방 부엌 옆에 가지런히 있었고,

담장 옆에는 큰 감나무가 한 그루 있었다. 그의 집은 남향이어서 겨울에는 따뜻한 햇빛이 온 뜰에 가득하였다.

밀양과 청도는 이웃 지역으로 햇볕이 좋아 오래 전부터 벼농사는 물론 감이나 과일 농사가 잘 되었다. 재석의 집에는 감나무 밭이 따로 있어 가을이 깊어가고 서리가 내리기 전에 감을 따 일일이 칼로 깎아서 대나무 살에 끼워 처마 밑에 주렁주렁 매달아 곶감을 만들었다. 이것은 청도의 일상적인 가을 풍경이었다. 더러는 고방에 그대로 두어 맛있는 홍시를 만들어 먹었는데, 재석은 어린 시절 겨울철에 어머니가 내어주는 홍시를 즐기곤 했다. 지금도 청도 반시가 지역 특산품으로 명성을 갖고 있다.

재석이 나고 자라던 일제강점기는 민족적으로 참 어려운 시기였지만, 그의 가정은 생활이 궁핍하지는 않았다. 재석이 어릴 때 형들과 누나가 학교에 가면 집에 혼자 남았는데, 학교 가는 그들을 부럽게 바라보며 '나도 언제 학교에 가나' 생각하곤 했다. 재석은 형과 누나가 공부하는 것을 보며 그들의 어깨너머로 학교 공부를 조금씩 익힐 수 있었다.

재석이 어린 시절을 회상하면 눈에 가장 먼저 머리에 떠오르는 것이 고향 집과 멱감고 놀던 수야못이다. 그가 어릴 때는 학교 가는 일 외에는 할 일이 없어, 학교를 갔다 온 후에는 숙제를 하고는 친구들과 자치기, 비석치기, 땅따먹기 등을 하며 해가 지도록 놀았다. 방학 때는 더욱 그러했다.

여름에는 수야못이 재석과 친구들의 놀이터요 수영장이었다. 재석이 알지 못했지만 오래 전에 수영을 하다 빠져 죽은 아이도 있어 아버지가 자주 주의를 주곤 하였다. 동네에서 함께 자랐던 박영창, 박영옥, 박윤 등 친구들은 모두가 밀양 박씨 집성촌의 일가였다.

재석이 자라면서 가장 신나는 날은 설날이었다. 설날이 다가오면 아버지

가 청도 5일장에 나가 새옷을 사다 주었는데 설을 준비하는 작은설부터 보름 때까지는 축제의 기간과도 같았다. 대부분의 사람들이 농사를 짓던 그 시절 겨울철에는 농촌에서 따로 할 일도 없어서, 그러한 축제는 농사 준비를 시작하던 정월 대보름이라야 끝이 났다.

재석은 여름방학이 되면 나무를 하면서 소를 먹이던 머슴들을 따라 자주 산으로 놀러가기도 했다. 그럴 때면 머슴들은 풀을 베거나 나무를 하였고, 재석과 친구들은 냇가에서 고기잡이도 하고, 들판에서 신나게 놀다가 해질무렵 소를 몰고 함께 내려왔다.

오늘날 청도의 소싸움 축제가 전국적으로 유명하다. 재석의 어린 시절부터 소싸움은 그 지역에서 익숙한 풍경이었다. 소먹이다가 배불리 풀을 뜯던 소들이 모이면 자연스럽게 뿔로 상대방을 들이받곤 하였고, 이것은 아이들에게 재미나는 구경거리가 되었다.

때로 싸움 잘하는 소들을 충동시켜 싸움을 붙이기도 했다. 소싸움이 시작되면 아이들은 자기 소가 이기라고 큰 목소리로 응원하였다. 그럴 때면 서로의 소를 응원하는 아이들의 소리가 산울림으로 메아리쳐 울려 모두가 신나는 저녁이 되었다. 그러한 소싸움은 소들이 서로 기량을 겨루다가 힘이 부족한 소가 도망을 가는 것으로 승부가 결정되었다.

이같은 소싸움은 청도 수야마을만 아니라 농촌 어디나 있던 풍경이었다. 그런데 청도는 이런 소싸움을 민속놀이로 발전시켜 청도 소싸움은 오늘날 대단한 대회가 되고 있다. 이 축제는 다른 지역은 물론 일본을 대표하는 소가 참여하기도 한다.

소싸움이 지역의 대표적인 민속놀이가 되면서, 그 경기 방식도 점차 발전하였다. 복싱이나 유도 등의 스포츠에서 몸무게에 따라 체급이 있듯이, 요즘

소싸움에는 소의 몸무게에 따라 갑, 을, 병으로 나누어 체급별로 소싸움을 붙이고 있다. 대회에 참가할수록 소들도 뿔치기, 머리치기, 배치기, 목치기, 밀치기, 뿔 찔러당기기 등 여러 가지 재주를 부려 참가자들의 흥을 돋군다. 청도 소싸움 대회에 때로 5만 명이 모이기도 했다.

초등학교 시절

재석이 초등학교에 갈 무렵 조선총독부는 1941년 3월 1일자로 새로운 학교 규정을 정해 소학교를 국민학교로 이름을 변경하고, 조선어(한글) 공부를 폐지하고, 일본어로 교육을 하게 만들었다. 태평양전쟁을 앞두고 우리나라와 일본의 이념적 일치를 추구하기 위한 것이었다.

재석은 아홉 살이 되던 1942년 3월에 청도 이서초등학교(당시는 국민학교)에 입학하였다. 그가 입학하러 학교에 갔을 때, 호적이 한 해 늦게 되어 있어 처음에는 입학을 받아주지 않았다. 그러나 재석의 아버지는 "우리 아이가 똑똑해 공부를 잘 할 수 있으니, 입학시켜 달라"고 우겼고, 선생님이 몇 가지 질문을 해보니 대답을 잘 하여 좋은 성적을 얻었다. 교장 선생님이 재석이 공부하는 데 지장이 없다고 판단하고 입학이 허락되었다. 재석이 형들과 누나가 학교에 입학하여 공부할 때 어깨너머로 배운 것이 도움이 된 것이었다.

재석은 초등학교에 입학하면서 철도 나지 않은 어린 나이에 일본어를 국어로 배워야 했고, 초등학교 4학년까지 일본어로 학교 교육을 받아야 했다. 나라를 잃은 민족의 비극을 의식하지도 못한 채 일본어를 배우고, 여늬 아이들과 같이, 일본 노래를 흥얼거리기도 했다.

재석의 집에서 학교까지는 2킬로미터, 5리 정도의 멀지 않은 거리였다. 재석이 자라면서 형들이 학교 가는 것을 부러운 마음으로 바라만 보았는데, 초등학교에 입학하면서 형들의 손을 잡고 학교에 갈 수 있었다.

　1945년 8월 15일, 해방이 될 때 재석이 12살이었다. 재석과 친구들은 해방이 되면서 잃었던 말과 글을 되찾았다. 모두가 해방의 기쁨을 누리게 되었고, 학생들은 열심히 공부하여 해방된 나라에서 훌륭한 사람이 되어야 한다는 결심을 했다.

　재석은 어릴 때 꿈이 교사였다. 농촌에서 자란 재석이 여러 가지 직업을 알 수 없어 아이들을 가르치는 교사가 그에게 '큰 바위 얼굴'로 여겨진 것이었다. 생활기록부에도 장래 희망이 교사로 적혀있다. 재석이 1947년 이서초등학교를 졸업하면서 개근상과 우등상을 받았다. 재석은 여러 과목을 잘 했지만, 산수를 특별히 잘 하였다.

정미소 집 막내아들

　일제강점기는 온 나라가 경제적으로 어려웠던 시절이었지만 재석은 유복한 환경에서 자랐다. 그 무렵 재석은 동네에서 '정미소 집 막내아들'이었다. 재석의 아버지가 정미소를 운영했는데, 정미소는 농촌에서는 없어서는 안 될 중요한 곳이었다. 정미소는 언제나 붐볐지만 명절을 앞두고는 더욱 그러했다. 쌀을 도정해 주는 것이 가장 중요한 일이었지만, 설이 되면 가래떡을 뽑아 주었고, 여름에는 국수를 만들어 주었다.

국민의 대부분이 1차 산업에 종사하던 시절, 농촌에서는 가을이 되면 한 해의 수고의 결과로 추수를 하였다. 들판이 넓고 햇볕도 좋은 청도는 벼농사가 잘 되어 소출이 많았다. 농민들은 가을 추수를 하면 나라가 비축미를 저장하기 위한 추곡 수매 때는 벼 째로 넘겼다. 그렇지만, 생산한 벼를 정미소에서 도정을 하여 쌀로 팔아야 많은 수입을 얻었는데, 그 때문에 재석의 아버지는 가을철 추수 후에 더욱 분주하였다.

재석의 아버지는 근면하고 성실한 사람이라 열심히 일하면서 해가 갈수록 가산이 늘어났다. 그의 집에서 농토에서 얻는 수확도 적지 않았지만, 정미소 수입이 가정 경제에 큰 도움이 되었다. 정미소를 운영하려면 초기 시설 투자를 해야 하므로 주인은 제법 경제적인 여유가 있어야 했다. 농가가 적은 마을은 경제성이 적어서 정미소가 없어 이웃 마을에 가서 도정을 하는 경우도 많이 있었다. 일제강점기에는 농업 수탈이 있었지만, 그의 가정은 생활에 큰 지장을 받지는 않았다.

2. 가문과 송은 박익 선생

송은 박익 선생

　재석은 박혁거세의 후손 송은 박익(1332-1398) 선생의 17대 후손으로 태어났다. 송은 선생은 밀양군 삽포리에서 출생한 선비로 초명은 천익, 시호는 충숙, 본관은 밀성이다. 그는 판도판서를 역임한 은산부원군 영균 공의 장자였다. 송은 선생은 고려 공민왕조에 등과하여 동경판관겸 권농방어사(종 5품), 사재도감(종 4 품), 예부시랑(정 4 품), 예조판서(정 2 품)을 역임했다. 그는 여러 번 왜구와 여진족을 토벌하여 전공을 세웠다고 전한다.

　선생은 고려말과 조선 초의 격동기를 살았다. 어린 시절은 원나라의 간섭에 따라 외세 종속 구조 아래에서 보냈고, 그가 장성한 뒤 중앙관료로 일할 때는 고려에서 조선으로 왕조가 교체되는 격변기를 겪었다.

　고려조 말에는 무신정권을 거쳐 나라의 종교였던 불교의 부패로 승려들에 의해 국정이 농단되었고, 뜻있는 선비들은 물론 온 백성들이 이를 개탄하고 있었다. 이것을 빌미로 이성계 장군이 새로운 왕조 창건의 꿈을 꾸게 되었다. 고려말 고려는 1369년(공민왕 18년)부터 명나라와 외교 관계를 맺어왔는데, 우왕 때에 원나라를 가까이하는 친원정책을 펼쳤고, 이후 명나라는 무리한 세공(歲貢)을 요구하고 한반도 고려국 사신의 입국을 거절하는 등 고압적인 태도를 보이는 일이 많았다.

요동은 남만주 요하(遼河)의 동쪽 지방으로, 1360~70년대 초에 한반도 고려국은 이 지역의 원나라 세력을 몰아내고 이곳에 살고 있던 한반도 고려인들에게까지 통치 영역을 넓히고자 세 차례 출정해 큰 전공을 세운 적이 있었다. 남다른 야망이 있었던 이성계 장군이 요동 정벌에 나섰다가 1388년 전격적으로 위화도 회군을 결행하였다. 그는 이후 새로운 나라 창건에 뜻을 두고 기반을 다지기 위해 반대하는 많은 인물들을 숙청했는데, 우왕 폐위, 공양왕과 정몽주 살해 등이 그러한 사건들이었다.

그러나 고려 왕조의 무능, 무신정권의 전횡, 부패한 불교 승려들에 대한 신진사대부들의 비판에 공감하면서도, 새로운 왕조를 일으키는 것을 반역으로 생각해 끝까지 고려조에 충성한 신하들도 있었다. 송은 박익도 그러한 사람들 가운데 하나였다. 새로운 왕조 창건을 준비하며 관련된 여러 사건이 있을 때마다 반대편에 서는 것은 목숨을 위협하는 일이었지만, 그는 끝까지 일편단심으로 고려 왕조에 충절을 지켰다.

이성계 장군이 조선 왕조를 창건한 후 수 차례에 송은 선생에게 좌의정 등 고위 관직을 제의하였지만, 끝내 조정에 나가지 않고 고향 밀양 송계로 낙향, 은거하여 고려에 대한 충절을 지켰다. 이를 잘 알고 있는 후세 사람들은 송은 박익 선생을 포은 정몽주, 목은 이색 등과 함께 '8은'으로 불렀고, 또 이들은 두문동 72현과 함께 추앙되었다. 송은 선생은 그의 사후에 좌의정에 추증되었다고 알려져 있고, 문집으로는 《송은집(松隱集)》이 있다.

밀양 박익 벽화묘

1999년 9월에 제9호 태풍 예니(Yanni)가 발생하여 남해안에 상륙했다가

다시 남진하는 특이한 진로를 보여주었고, 이 태풍으로 포항에 약 500mm의 비가 내려 영남지방에서는 큰 피해를 보았다. 이러한 피해는 청도 지방에서도 상당했는데, 이때 송은 박익 선생의 봉분이 침하되었다.

이를 보수하는 과정에서 선생의 묘소에 벽화가 발굴되어 송은의 무덤은 '밀양 박익 벽화묘'로 유명해졌다. 동아대 박물관이 이를 발굴하여 KBS 역사 스페셜 '발굴 밀양 고분 벽화의 비밀'이라는 프로그램으로 전국에 소개되었다.

송은 박익 벽화묘는 문인석(文人石) 1쌍, 갑석(甲石), 호석(護石: 묘를 보호하기 위해 봉분 둘레에 세워진 판석으로 병풍석이라고도 함)을 갖춘 방형분(方形墳)으로 1420년(세종 2년)에 축조된 것이다. 송은의 무덤은 조선시대 것으로는 처음 발굴된 채색 벽화묘로, 2005년 2월 5일 사적 제459호 '밀양 고법리 박익 벽화묘'로 지정되었다가 2011년 7월 28일에 '밀양 박익 벽화묘'로 명칭이 변경되었다.

무덤 내부 사방 벽에 그림이 그려져 있는 송은 박익 벽화묘는 봉분은 가로

605㎝, 세로 482㎝, 높이 230㎝이며, 내부 석실은 깊이 410㎝, 길이 235㎝, 폭 90㎝, 높이 80㎝로 총 면적은 2,642㎡이다. 이 벽화묘에서 고고학자들이 주목하는 것은 수도(隧道: 땅 속으로 난 통로)를 갖추고 있는 방형분이라는 점이다. 조선 전기 횡구식 석실(石室) 중 수도가 확인된 것은 아직 없으며, 묘도(墓道)와 구(溝: 도랑)의 역할을 겸하는 것으로 추정되어 무덤 양식상의 원류에 관한 자료가 된다.

또한 방형분은 고려 후기에서 조선 전기까지 일정한 계층에서 유행했던 무덤 형태 중 하나이지만, 남쪽으로 수도를 설치한 것과 병풍석(호석)을 경사지게 한 것은 특이한 경우로 평가된다. 화강암으로 만든 석실 내부의 벽화는 프레스코 화법(벽면에 석회를 바르고 석회가 마르기 전에 그림을 그리는 방법)으로 그려졌으며, 인물, 도구, 말 등의 그림은 주인공의 생전의 생활상을 묘사하고 있어 당시 풍속을 살필 수 있는 귀중한 자료가 된다.

또한 벽화에 나타나는 인물들의 의복, 머리 모양, 색채 등은 복식문화사 뿐만 아니라 조선 초기 풍속, 인물화가 드문 상황에서 한국 회화사에도 귀중한 사료로 평가를 받고 있다.[2]

아버지의 이른 죽음

재석은 다섯 형제의 막내로 부모의 극진한 사랑과 형들의 돌봄을 받으며 행복한 어린 시절을 보내었다. 그러나 그의 가정에도 비극이 찾아왔다. 그의 나이 열 다섯, 아버지를 잃는 슬픔을 당한 것이었다.

제2차 세계대전이 치열할 때 재석의 맏형 재운이 일본으로 건너가 탄광에서 일을 했다. 우리나라의 많은 사람들이 징용에 가거나 학도병으로 끌려갔

---

2. 한국학 중앙연구원 편, "밀양 박익 벽화묘", 한국민족문화대백과, 서울: 한국학중앙연구원.

던 시절이었다. 1945년 8월 15일 일본왕의 항복선언으로 태평양전쟁이 끝나면서 일본에 건너갔던 많은 사람들이 귀국했지만 재운의 귀국이 늦어지고 있었다.

  재석의 아버지는 해방된 지 2년째에 인편으로 재운이 귀국할 것이라는 소식을 들었다. 이는 그에게 큰 기쁨이었고, 재운을 기다리던 하루하루가 행복한 삶이었다. 그런데 어쩐 일인지 재운이 오기로 했던 때가 되어도 그를 만날 수 없었다. 결국 재운은 행방을 알 수 없게 되었다. 아버지의 마음이 크게 낙심이 되었다. 그 시대는 딸보다는 아들이 제일이었고, 아들 중에서도 장남이 최고였던 때였으니, 아버지의 실망이 이만저만이 아니었다.

  설상가상이라는 말과 같이 그리고 얼마지 않아 정미소에 불이 나 재산을 다 잃고 말았다. 정미소는 원인을 알 수 없는 불로 오랫동안 가꾸어왔던 소중한 재산이 하루아침에 잿더미가 되었다. 오늘날과 달리 보험도 제대로 없는 때라 전재산이 없어졌지만 아무런 대책도 없었다.

  해방 후 혼란기에 재석의 가정에 일어난 연이은 변고에 재석의 아버지는 크게 낙심하였다. 아버지는 그 충격으로 시름시름 앓다가 병석에 누웠고, 다시 일어나지 못하고 세상을 떠났다. 1947년 6월 21일, 재석이 초등학교 6학년 때의 일이었다.

  가장을 잃은 재석의 가정에 남은 가족들은 힘든 시간을 보내야 했다. 이후 아버지와 큰형이 한 해 사이에 사라진 후 둘째 재성이 어머니를 도와 가정을 책임 있게 이끌었다. 나이 차가 여섯 살 차이에 불과했지만 재석은 그를 아버지와 같이 존중하며 따랐다. 아버지를 일찍 잃은 재석은 자라면서 자주 일러주신 아버지의 가르침을 기억하고 가정의 가훈으로 삼았다.

아버지의 가르침과 가훈

재석의 아버지는 자녀들이 자랄 때 자주 사람됨과 그 도리에 대해 가르쳤다. 이것은 유교 전통에 있던 영남 선비들을 배출한 집안에서 흔히 있는 일이었다. 재석은 자라면서 형들과 함께 아버지의 가르침을 마음에 담아두었다.[3] 그가 부모로부터 받은 가르침은 근면, 검소, 봉사였다. 송산이 그 글에서 기술한 설명은 다음과 같다.

• 근면: 재석의 아버지는 '일근천하무난사'(一勤天下無難事), 아침에 일찍 일어나는 새가 먹이를 얻는다. 곡식은 주인의 발자국 소리를 듣고 자란다'는 말씀을 늘 하셨고, 말씀대로 이른 아침부터 늦은 저녁까지 일하셨다. 농촌에 전기가 들어오지 않던 시절에 들에서 너무 어두워서 일을 하지 못할 때까지 일했다. 그래서 송산의 어머니는 자주 "하나님께서 어두운 밤을 만드시지 않으셨더라면 밤인지 낮인지도 알지 못한 채 일만 하다가 죽었을 것"이라는 말을 하셨고, "하나님께서 정말 밤을 잘 만들어 주셨다"고 말하곤 했다. 재석의 아버지가 이렇게 성실하게 일한 덕분에 그의 가산이 늘어났고, 당대에 경제적 안정이 이루어졌다. 그 지방에서 벼 다수확상을 받은 해도 있었다.

• 검소: 재석의 아버지는 자녀들에게 "사치와 낭비는 패가망신의 원인이 되고, 검소한 생활은 부귀의 원동력이 된다. 단단한 땅에 물이 고인다"고 자주 말씀했고, 그 스스로도 언제나 검소한 생활을 했다. 당시 청도에는 5일장이 있었다. 장날이면 재석의 아버지는 쌀, 보리, 잡곡, 채소 등 생산되는 것을 팔아서 생활필수품과 고기를 구입해 왔다.

---

3. 송산은 〈월간 고신 생명나무〉 2009년 6월호에 '우리 집 가훈'을 기고한 바 있다. 46-47.

재석의 아버지는 시장해도 시장에서 국밥 한 그릇 들지 않고 그 돈으로 고기를 사서 온 가족이 함께 먹도록 했다. 이러한 습관으로 송산이 첫째 자부를 맞이할 때까지 외식을 하지 않았고, 고기를 사 와서 집에서 음식을 만들어 먹었을 정도였다.

• 봉사: 재석의 부모님은 남들을 도와주기를 즐겨했다. 재석의 부모는 사람들을 도와줄 때 성의를 다해서 그들이 자립할 수 있도록 도와주었다. 그의 이웃집에 가난한 청년이 있었는데, '어떻게 도와주면 이 청년이 자립을 할까?'고 생각하던 끝에 송산의 아버지는 그에게 소 달구지를 구입해 준 일이 있었다. 재석이 살던 수야면에서 청도 5일장까지는 10킬로미터의 먼 거리였다. 농부들이 시장에 무엇을 내다 팔기 위해 짐을 지고 가거나, 운반 수단은 소와 달구지 뿐이었다. 재석의 아버지는 그 청년에게 소달구지를 구입해주고 형편이 되는 대로 원금만 갚도록 한 것이었다. 그 청년은 부지런히 일하며 돈을 갚고 자립을 할 수 있었다. 재석은 성장하면서 이 청년은 그 은혜가 고마워 명절 때마다 선물을 준비해 와서 인사를 하고 가는 것을 보곤 하였다.

금현회 모임

송산은 성인이 되어 가족간의 우애를 위해 할아버지의 자손들이 정기적으로 모일 수 있도록 자리를 주선해 주었다. 그렇게 시작된 모임이 금현회라는 모임이었다. 금현회는 할아버지 박정귀 씨의 친손과 외손들의 모임이었다.

금현회는 1991년 5월 2일 청도군 이서면 수야동 645번지 박재만 장로 댁에서 모두 31명이 모였다. 마침 가정의 달이기도 하고 어린이날과 어버이날이 연결되어 가족이 모이기에 적당하였다. 이때 일가 친척들이 모여 금현회 창립총회를 가졌다. 분주한 도시생활에서 이렇게 모든 가족이 모인다는 것은

쉬운 일이 아니었지만, 많은 사람들이 모였다.

발기총회에서는 회칙을 제정하고, 회비를 기혼자 만원, 미혼자 5천 원으로 정하고, 참석하지 못하는 사람들에게는 벌금을 부과하기로 하였다, 지역 책임자를 두어 서울 박창현, 대구 박신현, 부산 추동암으로 정하고, 전체 모임만 아니라 지역별로도 모이기도 하고 길흉사의 일에 통지하도록 했다. 재석과 사촌들 8명이 고문을 맡았다. 이 모임은 길흉사간에 서로를 격려하였고, 이들이 같은 집안 사람으로서 우의를 가지고 살도록 했다. 이 일에 송산이 앞장섰던 것은 물론이었다.

3. 해방과 중·고등학교 시절

해방 전후

1930년대 후반으로 가면서 우리나라는 참으로 어려웠다. 조상으로부터 받은 성과 이름을 일본식으로 바꾸어야 했고, 창씨개명을 하지 않는 학생들은 학교에서 출석을 부를 때마다 교사의 지적과 꾸중을 받아야 했다. 학생들은 우리 글을 빼앗기고 일본어로 교육을 받아야 했다. 이 시기에 일제는 신사참배를 강요하며 일본적 기독교를 추진했는데, 시류에 영합한 기독교 지도자들이 그 장단에 춤을 추었다.

1941년 12월 8일 일본이 하와이 오아후 섬의 진주만에 있는 미국 해군과 육군 기지를 공격함으로 태평양전쟁이 발발했다. 전쟁이 깊어지면서 전쟁물자가 달리었고, 일제는 무기 생산을 위해 사람들의 집에 있는 놋그릇이나 교회의 종을 공출하도록 강요했다. 청도에 인접한 창녕에 있는 창녕읍교회는 공출을 위해 종을 경찰서에 가져다 주었는데, 해방이 되면서 경찰서에서 종을 찾아온 일도 있었다.

1940년대에 일본 왕이 있는 동쪽을 향해 절을 하는 형식인 동방요배를 해야 했고, '황국신민서사'를 외워야 했다. 교회당에는 작은 가미다나를 차려두고 이에 참배한 후 예배를 시작해야 했다. 교회들이 강제로 폐쇄되는 일이 많았다. 민족의식을 불러일으킨다는 이유로 성경에서 출애굽기와 민족정신을 고취시킬 수 있는 성경을 지웠고, 찬송가 중에서도 '십자가 군병들아' 등의 찬송가를 부르지 못하게 했다. 조선예수교장로회 총회가 열릴 때는 일본 경찰 간부가 강연을 하며 애국심을 강요했다.

그 시기에 대학생들은 학병으로 끌려가야 했고, 수많은 학생들이 일제의 광기에 목숨을 잃어야 했다. 더 비참했던 것은 젊은 처녀들은 정신대로 끌려가 일본군의 성노예가 되어야 했다. 이들은 철저하게 인권이 유린되고 경제적으로 수탈을 당했지만, 항거할 수 있는 힘이 없었다. 나라가 참 암울하던 시절이었다.

1945년 8월 15일 해방이 되었다. 이른바 일본 국왕이 '어성 방송'으로 연합국에 무조건 항복을 선언하면서 1939년 9월 1일에 시작된 6년 동안 계속된 태평양전쟁이 끝이 났다. '대한독립 만세' 소리가 온 나라를 뒤흔들었다. 8월 17일에는 신사참배 강요에 조직적으로 반대운동을 전개하였던 한상동, 주남선 목사와 조수옥 전도사 등이 평양형무소에서 풀려났다. 이들은 8월 18일 처형이 예정되어 있었는데, 일본 천황의 항복일이 15일이었고, 17일에 풀려난 것은 한국 교회를 위한 하나님의 특별한 섭리였다.

해방된 자유의 나라를 새롭게 하기 위한 여러 가지 당면과제가 있었다. 가장 우선적이고 당면한 과제가 자녀들을 가르쳐야 하는 교육의 문제였다. 서울이나 부산 등 대도시에서는 세상의 변화에 민감한 기회주의자들이 교육이 새로운 사업이 될 것을 생각하여 적산을 불하받아 교육을 새로운 사업으로 시작하는 경우도 많이 있었다.

학교 설립 운동과 모계중학교 개교

해방과 함께 자녀들에게 학교 교육을 시켜야 한다는 열망이 전국 각지에서 일어났다. 청도에서도 예외가 아니었다. 그때 재석이 사는 청도 읍내에도 중학교가 없어서 학교를 설립하고자 하는 움직임이 일어났다. 청도군 유지들은 해방된 이때 자녀들을 가르쳐 다시는 부끄러운 일을 당하지 않아야 한다고 생각했다. 나라가 이 일을 할 때까지 기다릴 수 없어, 지역의 유지들이 뜻을 합하기로 했다.

청도군 유지들은 뜻을 모아 중학교 설립 기성회를 조직하였다. 설립 기금을 조성하고자 지역에서 가장 부유한 백곡에 사는 김경곤 선생을 찾아가 함께 학교 설립에 동참하도록 요청하였다. 김경곤 선생은 연산군 4년에 발생했던 무오사화 때 목숨을 잃었던 선비 김일손의 15대손으로, 청도 지역에서는 이름 있는 만석꾼 부자였다.

"우리가 찾아 뵌 것은 학교 설립 문제 때문입니다. 해방을 맞아 아이들을 이제 가르쳐야 하는데 아이들이 대구까지 가서 공부하기가 너무 힘이 듭니다. 그래서 우리가 뜻을 모아 이 지역에 학교를 세우려고 하는데, 함께 해주시면 감사하겠습니다."

방문한 유지들로부터 내력을 들은 김경곤 선생이 심각한 표정으로 말했다.

"육영사업은 우리 지역에 꼭 필요한 일입니다. 이 일에 여러분이 나서주셔서 고맙습니다. 그런데 여러 사람이 이 일을 하게 되면 예상하지 못하는 문제도 생길 수 있으니, 내가 단독으로 설립하도록 하겠습니다. …… 더구나 일제 치하에서 여러 가지 어려움을 많이 겪어 경제적인 여유가 없을 것이니, 제가 단독으로 학교를 세우고, 무상교육을 하도록 하겠습니다."

그렇게 하여 모계중학교 설립은 빠르게 진행되었다. 그 시대는 여러 지역에서 학교 부지를 제공하면 나라가 학교를 건축해 주거나, 뜻있는 이들은 사재를 털어 학교를 세우는 일이 많았다. 이때는 해방 후 3년간의 유엔 신탁통치로 아직 대한민국 정부가 수립되기 전 미국 군정 시절이었다. 학교 설립 절차는 빠르게 받아들여져 바로 건축에 들어갔다. 미 군정청 교육법에 따라 1947년 8월 8일 재단법인 모계학원 6학급의 초급중학교 인가를 받았고, 10월 27일에 개교하였다.

모계중학교가 설립된 때는 재석이 중학교에 가기 한 해 전의 일이었다. 만약 이때 중학교 설립이 되지 않았으면 재석과 그의 친구들은 중등교육의 기회가 어려웠을 것이다. 돌이켜 생각해보면 재석의 생애 곳곳에 그러한 은혜가 있었다.

모계중학교가 설립된 이듬해 1948년 9월 초에 재석이 중학교에 입학하였다. 재석이 아버지를 일찍 잃었지만 가정 살림이 안정적이었기 때문에 중학교에 진학하는 것은 큰 문제가 없었다. 재석은 생전 처음 중학교 교복을 입었고, 열심히 공부하면서 즐거운 시절을 보냈다. 당시는 국민학교 조차도 의무교육이 아니었기 때문에 학교에 보내지 않는 부모들도 있었고, 경제 사정으로 중학교를 가지 못했던 아이들이 많았다. 재석이 입은 중학교 교복과 창이 있는 모자는 친구들의 부러움의 대상이었다.

그 무렵 초등학교를 졸업한 아이들이 중학교를 가지 못하고 대구로 나가 일찍부터 서문시장 등에서 가게에 나가 심부름을 하며 장사를 배웠다. 양식이 부족하던 때에 집에서

입을 더는 것만 해도 적지 않은 일이라, 가게 주인이 숙식을 제공하며 약간의 용돈을 주는 것도 고마웠던 때였다.

 재석은 이웃에게 수학을 잘 하는 학생으로 기억되고 있다. 당시의 농촌 아이들은 방학이 되면 소 먹이는 것이 일이었다. 재석의 집안 아랫사람 박영광이 초등학교 다닐 때의 일이었다. 소를 풀어 놓고 산수 책을 펴 놓고 방학 숙제를 하는데, 재석이 소를 먹이러 왔다. 재석은 중학생의 어엿한 모습이었다. 영광이 문제가 잘 풀리지 않아서 머리를 끙끙 앓고 있는데, 재석이 말을 건다. 집안의 족보로는 재석이 영광의 할아버지 뻘이지만, 나이 차가 많지 않아 아저씨라 불렀다.

 "잘 풀리지 않나?" 하면서 다정하게 아주 쉽게 푸는 방법을 일러 주었다. 박영광은 그때의 일을 60년이 지났지만 뇌리에 선명하게 기억하고 있었다. 영광은 그때 재석을 '수학을 정말 잘하는 척척박사'라고 생각했다. 재석은 실제로 중학시절에 수학을 제일 좋아했고 또 잘 했다.

 해방 후 우리나라의 교육 학제가 혼돈을 거듭하다가 1950년 3월 학제 개정안으로 인해 6-3-3-4제의 단선형 학제가 확립되었다.[4] 한해 전 입학하였던 학생들은 4년제로 1951년 같은 해 3학년과 4학년 학생들이 함께 졸업하였다. 온 나라가 전쟁의 혼란에 있었지만 학교 교육이 정상적으로 이루어졌다.

자계서원(紫溪書院)

재석은 중학교에 입학하면서 청도읍까지는 먼 거리라 통학할 수 없어 친구들와 함께 자취하였다. 중학생이 집과 부모를 떠나 자취를 하며 학교를 다니는 것이 쉽지 않았지만, 그것도 학교에 가지 못하는 친구들에 비하면 다행한 일이었다. 재석은 주중에 열심히 공부하였고, 주말에는 세탁물을 가져오고 엄마가 준비해 준 밑반찬을 가져가곤 했다.

재석이 집에서 학교를 오가는 동안 자계서원을 지나게 된다. 자계서원은 청도군 이서면 서원리에 있는데, 조선 초기의 유학자 김종직의 제자 김일손을 기리기 위해 건립된 서원이었다.

밀양군 부복면 출신의 김종직은 조선 초기 유학자로 승정원 도승지, 지중추부사, 형조판서를 지낸 사림파의 태두였다. 강직한 성품을 가졌던 그는 조선조 초기에 수양대군이 단종을 내쫓고 왕위를 찬탈한 것을 비판하기 위해 조의제문을 썼는데, 훗날 젊은 사관 김일손이 스승의 조의제문을 왕조실록 편찬 과정에서 사초에 수록한 것이 화근이 되었다. 당시는 김종직을 필두로 정여창, 김굉필, 김일손 등 그의 제자들이 중심이 된 사림파와 임사홍 등을 주축으로 하는 훈구파가 갈등하던 때였다. 이에 훈구파에서 김일손의 행위를 연산군에게 고자질 해 신진사림파를 죽음으로 내 몬 무오사화가 일어났다. 김일손이 처형 당하고 다른 사림파 선비들이 유배를 가는 등 큰 화를 당

---

4. 교육50년사 편찬위원회 편,《교육 50년사(1948-1998)》교육부, 46.

하였다. 이후 김굉필의 제자 조광조와 그의 영향을 받은 이황과 이이 등을 통해 조선시대 성리학이 크게 융성하였다.

청도는 무오사화의 당사자였던 탁영 김일손의 후예들이 집성촌을 이루고 살고 있었는데, 자계서원은 그 지방 선비들의 정신적 고향과 같았다. 청도는 그러한 선비정신이 면면이 흐르고, 유림들의 전통과 선비들의 기개가 대단한 곳이었다. 밀양과 청도는 안동과 함께 영남 유림들의 본산이었다. 이 자계서원 앞을 흐르는 내를 전천 혹은 자계라 불렀는데, 탁영 선생이 화를 입었을 때 사흘 동안 피와 같이 물들었다 하여 자계천이라 고쳐 부르게 되었다 한다. 자계천은 아름다운 풍광을 자랑하는데, 보름달이 뜨면 냇물에 비춰는 그림자가 일품이어서 낙월경이라 불렀다. 재석은 자계서원을 지나면서 아버지와 동네 어른들로부터 들었던 조선 선비들의 기개이며, 강한 유교적 전통을 곱씹어 보곤 했다.

한국전쟁과 가정의 슬픔

재석이 중학교 2학년 때 1950년 6월 25일, 한국전쟁이 일어났다. 인민군에 의해 38선이 무너지고 며칠 만에 서울이 함락되고 인민군의 남하를 막기 위해 한강 철교도 끊어졌다. 당시 북한 인민군이 기습적으로 남침을 하였다는 소식을 듣자 순식간에 서울이 점령되고, 국군이 우왕좌왕 대응을 못하면서 불과 한 달 만에 김천과 칠곡을 방어선으로 하는 주한미군사령관 월턴 워커 장군의 이름을 딴 '워커 라인(Walker Line)'이 형성되었다.

워커 장군은 "내가 여기서 죽더라도 끝까지 한국을 지킨다. 결사항전(Stand or Die) 하라"고 지시하며 인천상륙작전의 발판을 만들었다. 이제 대한민국은 낙동강을 경계로 대구와 청도에서 부산까지 작은 땅이 남아있을 뿐이었다. 나라가 마치 풍전등화와 같은 신세였다. 잠시 학교도 중단되었지만, 얼마 되지 않아 UN군의 개입으로 16개국에서 전투병과 의무병 등을 파견해 주었다. 맥아더 장군이 지휘하는 인천상륙작전이 전개되면서 인민군들이 남북으로 갈리었고, 전세가 급격히 달라졌다.

학교 수업이 곧 정상화되었다. 청도는 전장과 멀지 않아서 자주 비행기가 이동하며 내는 굉음으로 수업이 잘 되지 않는 경우도 많았다. 그의 고향 한내천에도 피난민들로 인산인해를 이루었고, 넓은 재석의 집에도 한동안 피난민들과 함께 살아야 했다.

전쟁이 일어나면서 학교와 교회 등 많은 공공시설들이 미군에게 징발되었다. 재석이 다니던 모계중학교 교사(校舍)도 미군에게 징발되었다. 한국전쟁 중에도 학교 공부는 계속되었는데, 수업은 교실이 없어 학교 뒷산에 칠판을 가져가서 해야 했다. 대구나 인접한 청도는 전화를 입지 않아 그나마 학교 공부를 계속할 수 있었다. 서울에 있던 대학들은 전시연합대학을 구성하여 부산과 몇 지역에서 수업을 계속하였다.

전쟁이 계속되는 중에 재석의 가족들은 또다시 비극적인 소식을 들어야 했다. 군대에 나갔던 둘째 재수가 강원도 금화군 전투에서 전사했다는 비보가 날아든 것이었다. 그때는 전쟁이 소강상태에 접어들고 휴전회담이 거의 막바지에 이른 1953년 5월 31일이었다. 아버지가 별세한 후 어머니가 가장으로서 가정을 이끌고 있었는데, 두 아들을 먼저 보낸 어머니가 받은 상처가 크고도 깊었다. 그러나 재석의 어머니는 심지가 굳은 사람이라 이러한 불행에도 흔들림이 없었다. 전쟁통에 어머니가 흔들리면 온 가족이 흔들릴 수밖에 없었기 때문이었다.

그 무렵은 UN군과 북한군 사이에 지리한 휴전 협상이 진행되고 있었고, 휴전이 되기 전에 동부전선에서는 남과 북이 조금이라도 땅을 더 차지하기 위해 고지전이 계속되고 있었다. 동부전선은 해발 1,700m의 고지였지만, 해발 2,000m에서 살던 에티오피아 근위대 '강뉴(Kanye) 부대'가 동부전선을 펄펄 날며 큰 전과를 내고 있었다. 왕이 그들을 보낼 때 했던 말은 널리 알려진 말이다.

"세계 평화를 위해 가서 침략군을 격파하고, 한반도에 평화와 질서를 확립하고 돌아오라. 그리고 이길 때까지 싸워라. 그렇지 않으면 죽을 때까지 싸워라."

그렇게 에티오피아 강뉴 부대는 16개국 참전 군인 중에서 가장 용감하게 싸웠다. 5차에 걸쳐 6,037명이 파병되었고, 123명의 전사자와 536명의 부상자를 냈지만 단 한 명의 포로도 없었다. 송산이 훗날 안 사실이지만, 이들 참전용사들은 월급을 부모에게 보내지 않고 부대 안에 보화원이라는 보육원을 만들어 전쟁 고아들과 음식을 나누어 먹고, 잠을 잘 때는 두려움에 떠는 아이들을 곁에서 지켜 주었다고 한다.

1953년 7월 27일 판문점에서 정전협정이 체결되었고, 전선에서 총소리가 멎었다. 휴전이 되었을 때 강원도 지방의 휴전선이 38선보다 훨씬 위로 올라간 것은 에티오피아 군의 그같은 희생적인 참전이 있었기 때문이었다. 전쟁이 끝나 본격적으로 전후 복구사업이 시작되었다. 주한미국군사원조단(AFAK)가 학교나 공공기관, 교회 등을 건설하기 위해 인력과 장비를 지원해 주기도 했다.

대구공고 시절

중학교를 졸업한 후 재석은 고등학교는 대구로 나가 공부를 했다. 그가 갈 수 있는 학교는 인문계로 경북고등학교가 있었고, 미국 북장로교 선교부에서 세운 계성고등학교가 있었다. 미국 북장로교 선교부는 1909년 예양협정(禮讓協定, Comity Arrangements)으로 도입된 선교지 분할정책에 따라 서울과 평안남도, 그리고 경상북도 지역에 선교를 했다. 그들은 대구 선교에서 학생들을 가르치기 위해 계성학교와 신명학교를 설립했고, 의료 선교를 위해 동산병원을 설립하였으며, 계명대학도 그 선교부가 설립했다. 또 실업계로 대구상업고등학교와 대구공업고등학교가 있었다. 집에 가산이 있었지만, 아버지가 돌아가신 상태에서 그의 집은 대학을 마음놓고 보낼 형편은 되지 않았고, 재석 스스로도 고등학교를 마치면 취직을 해 고생하는 어머니를 돕고 싶었다.

재석은 전쟁이 어느 정도 소강상태를 유지하던 1951년 9월 5일 대구공업고등학교 응용화학과에 입학하였다. 재석의 친구들은 고등학교에 가지 못한 친구들이 태반이었고, 보통의 가정에서는 고등학교에 진학할 때 상고나 공고에 진학하는 것이 일반적인 일이었다. 대학 진학이 일반적이지 않았던 당시에, 가난하지만 공부를 잘했던 학생들은 상고나 공고에 진학해 졸업과 함께 취직을 하던 시절이었다. 송산보다 10년 연장자였던 김대중 대통령이 목포상고를 졸업한 것이나, 그보다는 연배가 늦은 노무현 대통령이 부산상고를 최종학력으로 한 것도 그와 다르지 않았다.

재석이 진학한 대구공고는 경북지방의 대표적인 실업계 고등학교로 머리가 명석하지만, 집안 형편으로 대학에 진학할 형편이 되지 않는 학생들이 주로 진학하였다. 당시만 해도 고등학교를 졸업하고서 공무원이 되던 때였고, 은행이나 좋은 직장을 구할 수 있었다. 1979년 박정희 대통령이 서거한 후 12.12 군사 쿠데타로 집권한 전두환 대통령도 대구공고 출신인데, 재석이 입학하던 해에 그는 졸업을 하고 육군사관학교에 입교하였다. 재석이 훗날 대구공고 부산동창회장을 맡아 있을 때 동창회장단의 일원으로 직접 만나기도 했다.

대구공고는 대구 시내 중심가에 있었는데, 전쟁 초기에 학교를 미군 부대에 제공해야 했다. 다행히 1년 만에 미군 부대에 제공되었던 교지가 반환되면서 학교는 정상화되었다. 정부는 전쟁 기간이었지만, 1951년 3월에 교육법을 개정하여 6-3-3-4 학제를 확립하였다. 1949년 채택되었던 6-4-2-4 제의 고급중학교를 중학교와 고등학교로 분리한 것이었다. 공립중학교는 모두 고등학교로 개편되었고, 공립 대구공업중학교가 대구공업고등학교가 되었다.[5] 대구공고는 재석이 입학하던 당시 기계 2, 토목 2, 전기 1, 응용화학 2, 건축 1학급 등 신입생 8학급과 재학생 12학급 등 모두 21학급이었다.

---

5. 교육부, 《교육 50년사(1948-1998)》, 111. 대구공업고등학교 홈페이지 https://tktech.dge.hs.kr/tktechh/hm/hist/selectHistList.do?mi=10092400

재석이 대구공고에 입학하였을 때는 전쟁이 계속되고 있어 교실이 모자랐지만, 신입생 입학과 함께 곧 임시로 5개의 교실이 신축되어 수업에 지장이 없었다. 재석은 3년을 공부하고 1954년 3월에 대구공고 제3회로 졸업하였다. 훗날 일제강점기 졸업생까지 통산하여 25회 졸업생이 되었다.

재석은 대구공고를 다니는 동안 학교 가까이에서 친구와 자취를 하였다. 가정적으로 아버지가 돌아가셨지만, 또 전쟁 중에서도 고등학교에서 공부를 할 수 있다는 것이 감사했다. 재석이 다닌 대구공고는 실습 시간이 많았는데, 응용화학과였기 때문에 간장, 요업, 그리고 사이다 등의 제조과정을 자주 실습하곤 하였다.

4. 기독교 신앙을 갖다

중학생 자취생

　재석이 기독교 신앙을 갖게 된 것은 그가 청도에서 중학교를 다니면서부터였다. 초등학교를 졸업하고 중학교를 가지 못하는 친구들이 많았던 때에 재석이 중학교에 들어갔다. 그의 고향 이서면에는 중학교가 없었기 때문에 중학교에 다니기 위해 청도읍내로 나가야 했다. 재석이 초등학교를 졸업하기 한 해 전에 설립된 모계중학교였다. 재석은 드디어 중학교 교복을 입고, 번듯한 교모를 쓴 중학생이 되었다.

　그때는 학교의 학기 시작이 9월이었다. 재석은 1948년 9월 1일에 모계중학교에 입학하였는데, 중학교를 다니면서 청도읍내 밀양 박씨 가문의 집안 할아버지뻘이 되는 박정범 영수 댁 옆집에 방을 얻어 친구와 함께 자취를 했다. 그때 함께 자취하던 친구들은 서상규, 이석윤, 이두륜 등이었다. 같은 이름이지만 그와는 한자가 다른 박재석, 유재복, 장병주도 중학생 시절 친한 친구들이었다. 재석은 중학생이면서도 식사를 직접 준비했는데, 반찬은 주말마다 집에 가면 어머니가 만들어 주었다. 토요일 공부를 마치면 집으로 달려갔다. 엄마가 만들어 준 집밥을 먹으면서 영양도 보충하고, 초등학교 시절 이후

느끼지 못했던 어머니의 사랑을 더욱 깊이 느끼게 되었다. 일요일 오후에는 다시 세탁물과 반찬을 가지고 공부를 위해 학교로 가는 생활이 반복되었다.

박정범 영수는 밀양 박씨 가문에서 처음으로 기독교 신앙을 받아들인 사람이었다. 그의 가정은 가난한 소작농으로 어려운 삶을 살았지만 기독교 신앙을 받아들여 독실한 신앙을 갖고 흔들림 없이 신앙생활을 하고 있었다. 그의 가정은 어떻게 기독교 신앙을 받아들이게 되었는가? 그의 아내가 기독교 신앙을 갖게 된 데서 출발한다. 박용묵 목사와 그 아들 박상은 장로의 기록을 살펴보자.

"한국에 기독교 복음이 전파된 지 얼마 되지 않았을 때인 데도 조부모님은 일찍부터 신앙을 가지셨고, 교회에서도 직분을 맡을 정도로 열심히 신앙생활을 하셨다. 소아마비로 다리를 쓸 수 없으셨던 셋째 큰아버지(박영묵 목사)께서 먼저 믿음을 가지셨고, 온 가족에게 복음을 전하게 되면서 집안에 기독교 신앙이 들어오게 되었다고 한다."[6]

"어머님은 7촌 숙부밖에 없는 3대 독자에게 시집을 오셔서 예수를 믿으시고 너무 외로워 자손이 많게 해 달라는 기도를 하여 5남 1녀를 두셨다. 새벽마다 찬물에 세수를 하고 예배당에 가서 기도하시고 앞산 오막한 장소를 정한 뒤 산 기도를 하였다. 그 어머님의 간구하신 기도의 응답으로 맏형님과 내가 목사가 되고, 셋째 형님은 장로가 되고, 동생은 동경대 농대를 졸업한 뒤 국가에 봉사하다가 아르헨티나 교포 사회에 대표자로 교회에 봉사하고 있다. 어머님의 아들과 손자 모두 신앙생활에 열심히 하고 있으니 내가 지금 복음 사업에 충성 봉사하며 자녀 모두 축복받은 것도 오로지 어머님의 간구하신 기도의 응답으로 믿는다."[7]

밀양 박씨 문중에서 가장 먼저 기독교 신앙을 받아들인 박정범 영수는 예수를 믿은 후, 가진 농토도 없는 중에 집안에서 거의 내쫓겨나다시피 해 곤궁한 삶을 살았다. 그러나 독실한 신앙으로 어려움을 이기며, 자녀들을 믿음으로 키웠다. 박 영수는 매일 아침 가정예배를 드렸는데, 담 넘어 옆집에서 자취하는 재석을 불러 함께 예배했다. 처음에는 번거로웠으나, 차츰 신앙이 들면서 가정예배는 기다려지는 시간이 되었다. 박 영수는 가정예배 때마다 66장

---

6. 박상은, 《박용묵 목사의 10만 명 전도의 꿈》, 133.
7. 박용묵, 《응답받는 기도》 중.

'지난 밤에 보호하사' 찬송을 불렀다.

  1. 지난 밤에 보호하사 잠 잘 자게 했으니
  감사하신 천부 은총 일심 감사합니다.
  2. 우리 육신 평안하게 생명 호흡 주시고
  모든 질병 없게 하니 무한 감사합니다.
  3. 주 예수의 밝은 빛이 우리 맘에 비춰사
  밤중같이 어둔 것을 낮과 같게 하소서.
  4. 성령님께 비옵나니 오늘 우리 생활을
  맡아 주관하여 주사 온전하게 하소서. 아멘.

박 영수는 가정예배에 참석하는 재석을 기특하게 여겼고, 예배 후에 자주 개인적으로 기도해 주었다. 예배 참석을 귀찮게 생각했던 처음과 달리 나중에 재석은 집안 할아버지의 예배 초청이 고마웠고, 박 영수의 사랑 어린 기도가 재석의 마음에 절절이 스며들었다. 그 무렵 재석의 신앙도 더욱 깊은 자리로 나아가고 있었다.

가문에서 처음 기독교 신앙을 가진 박 영수 가정에는 이후 큰 은혜가 있었다. 박정범 영수는 자녀들을 믿음으로 잘 키웠고, 그의 자녀 둘이 목사가 되었다. 그중에서 한 사람이 대길교회 박용묵 목사였다. 일제강점기에 너무 가난하여 아들 용묵이 초등학교에 다니다가 학교를 그만두어야 했고, 만주로 건너가 성경학교를 공부하고 교역자가 되었고, 훗날 신학교를 졸업했다. 박용묵 목사는 훗날 대구 동신교회를 개척하여 큰 교회를 이루었고, 서울 대길교회의 청빙을 받아 평생 중견교회를 일구었다. 그는 이름 있는 부흥사로 교파를 초월하여 전국 곳곳에서 부흥회를 인도하였고, 10만 명이 그의 설교를 듣고 예수를 믿었다. 1970년대 한국교회는 부흥의 시대였는데, 그는 전국의 많은 교회에서 초청을 받아 부흥회를 인도하였다. 그는 또 부흥사들의 인정을 받아 한국기독교부흥사협의회가 발족될 때 초대회장에 추대되었다.

　박용묵 목사와 아내 이분례 여사는 일곱 남매를 두었는데, 장남 박재천 목사는 총신대 신학대학원을 졸업하고 청소년 선교에 헌신하여 명지대학교 교목실장을 지낸 시인이고, 차남 박재형 장로는 서울대를 졸업하고 서울대 의과대학의 진단방사선학과 교수로 가르치고 은퇴한 후 아프리카 에스와티니 선교사로 나가 기독의과대학을 설립하였다. 고명딸 박성순 권사는 연세대 종교음악과에서 피아노를 전공한 후 대길교회와 장충교회에서 반주자로 평생 봉사하였고 은퇴 후 일본 선교사로 일하고 있으며, 3남 박재열 집사는 서울대를 나와 대한항공을 거쳐 여행사 이사로 있으면서 문학평론가로 활동하고 있다. 4남 박재섭 집사는 연세대 경제학과를 졸업하고 한화그룹을 거쳐 포스코에서 중역으로 재직하며 네비게이토선교회에서 제자배가운동에 힘썼고, 5남 쌍둥이 박상은 원장은 고려대 의대를 졸업하고 장기려 박사에게서 배우기 위해 고신의료원에서 수련의과정을 마치고 고신의대 교수를 거쳐 안양샘병원 원장으로, 북한의 의료사업을 하였고, 문이 닫히면서 아프리카미래대단을 설립해 아프리카 선교에 평생 헌신하였으며 장관급 국가생명윤리위위원장으로 일하기도 했다. 막내 박상진 교수는 장로회신학대학교 기독교교육학과 교수로서 대학원장을 지냈는데, 박용묵 목사 가정은 일찍 기독교 신앙을 처음 받아들여 한국교회에서 명문 가정을 이룬 것이었다. 이들 가족이 영파선교회라는 이름으로 단기선교단을 구성하여 오랫동안 인도 선교에 힘을 쓰고 있다.

　송산의 아버지가 몇 대에 걸쳐 외동으로 내려온 관계로 친척이 적고, 같이 기독교 신앙을 받은 관계로 두 가정이 무척 가깝게 지냈고, 송산의 차남 포현과 삼남 석현 등 자녀들이 서울에서 대학을 다닐 때는 박용묵 목사가 시무하던 대길교회에서 신앙생활을 하였다. 두 가정 모두 일찍 기독교 신앙을 받아들여 유교 전통을 갖고 있는 다른 친척과 달리 명문가정을 만들어 가고 있다.

이렇게 기독교 신앙을 받아들인 재석은 예배 때마다 마치 스펀지가 물을 빨아들이듯이 말씀을 받아들여 신앙을 키워갔다. 아버지를 일찍 잃은 재석은 하나님을 아버지라 부르는 것이 특별히 좋았다. 재석이 기독교 신앙을 받아들인 후부터 피를 나눈 땅의 아버지는 일찍 이 세상을 떠났지만, 하늘 아버지가 되시는 하나님이 재석을 은혜의 길로 인도했던 것이다.

청도 지역 기독교 전래와 고향 교회

미국 북장로교회가 파송한 첫 선교사는 1884년에 미국공사로 부임한 알렌이었고, 이듬해 언더우드가 도래한 후 본격적으로 한국 선교가 시작되고 선교사들도 줄줄이 입국했다. 1891년에 입국한 베어드가 미국 북장로교회 부산지역 책임자가 되었다. 그는 부산지역을 배정받아 선교하면서 1893년 4월 15일에서 5월 18일까지 서경조 조사와 함께 경상도 북부 대구, 안동을 포함한 지방을 여러 차례 여행했다.

그는 1896년 1월에 대구 남문 안 약전골목에 420평과 초가 5동을 매입하면서, 대구에 남부지방 최초의 내륙지방 선교 스테이션이 설치되었다.[8] 미국 북장로교회 선교부는 대구와 여러 지역을 방문하며 복음을 전하였다. 베어드 선교사가 평양으로 이동하면서 1896년 11월부터 대구·경북 지역의 선교는 베어드 선교사의 손아래 처남인 아담스 선교사의 책임하에 이루어졌다,

우리나라에 미국 북장로교회, 남장로교회, 호주장로교회, 그리고 캐나다 장로교회의 선교사역으로 복음이 전파되었고, 세계교회에 유례없이 장로교

---

8. 이상근, 《대구제일교회 110년사》, 2004. 91-96.

회가 강세를 보이고 있다. 선교사들은 처음부터 장로교회와 감리교회가, 장로교회 안에서는 4대 선교부가 서로 협력하여 선교를 하였다. 각 선교부는 선교지 분할 정책을 시행해 선교 자원의 낭비를 막고자 하였고, 이로써 1912년 단일장로교회 총회를 구성할 수 있었다.

한국교회 선교에서 장로교와 감리교는 초기부터 성경 번역 사업, 문서 사업, 언론 출판, 찬송가, 의료 사업, 교육 사업 등에서 서로 협력하였다.[9] 1897년 대구 선교 스테이션이 조직되고 대구·경북지방 선교에 큰 공을 세운 아담스(James Edward Adams, 한국명 안의와) 목사는 나이 불과 서른의 청년이었다.

청도 지방에 기독교 복음이 전래된 것은 좀 더 늦은 시기였다. 청도군에서 일찍 설립된 교회는 각북면 오산교회(1906), 화양면 삼성동교회(1908), 이서면 칠곡동교회(1909) 등의 순으로 설립되었는데, 이들 교회는 안의와 선교사에 의해 이루어졌다.[10] 《조선예수교장로회 사기》에는 다음과 같이 기록하고 있다.[11]

> "동년에 청도군 수야교회가 설립되었다. 선시에 본처인 장치견, 조창국 등이 선신(먼저 믿음)하고, 송서교회로 다니더니 시에 선교사 안의와의 파송한 김재곤의 전도로 신자가 격증되어 초가삼간의 예배당을 건축하고, 교회가 성립되니 조성익, 장재호는 영수로, 김순여는 조사로 시무하였다."

---

9. 민경배, 《대한예수교장로회 100년사》, 244-245.
10. 이상근, 《대구제일교회 110년사》, 120.
11. 《조선예수교장로회 사기》 하권, 226-227.

　수야교회는 아담스 선교사가 1921년 11월 10일 김재곤 전도사를 파송하여 전도한 결과로 세워진 교회였다. 같은 청도군에 이서면 수야교회, 매전면 구촌교회, 대성면 거연동교회가 같은 해 설립되어, 수야교회는 김순여 전도사가, 구촌교회와 거연동교회는 김재곤 전도사가 돌보았다.[12]

　당시는 신학을 공부한 목회자가 많지 않아 교회마다 목회자가 없었다. 그 시절은 역사와 규모가 있는 큰 교회는 목사가 목회하였고, 개척교회들은 전도사가 곤궁하게 살면서 복음을 전하였다. 그때만 해도 한 군에 여러 교회가 있어도 조사나 영수가 교역하는 교회가 많았다.

　유정순 목사는 1936년 청도읍교회에 조사로 부임하여 1975년 10월 원로목사로 추대될 때까지 청도읍교회에서만 40년 동안 목회한 경북지방에서 전

---

12. 박창식,《한국 기독교 역사》영남편 제1권, 155.

설적인 목회자였다. 그의 자녀들 10남매 가운데는 장남 의학박사 유춘식 박사, 미국에서 교육학을 공부하고 캔터키 주 머리대학교 교수를 한 유은식 박사가 있고, 딸은 부산 혜화구화학교를 설립하여 운영하였으며, 사위도 목회자가 되었다.[13]

재석이 청도읍에서 주말에 집으로 오면 주일마다 고향마을의 수야교회에 출석하였다. 재석은 열심히 신앙생활을 하며 주일학교 교사로 돕기도 했는데, 1951년 고등학교 1학년 때 수야교회에서 학습을 받았고, 1953년 3월 29일 청도읍교회 유정순 목사에게 세례를 받았다. 고등학교 시절 학교 부근의 신암동교회에 출석하며 수요기도회까지 빠짐없이 참석하였다. 그는 대구공고를 다니면서 급격하게 신앙이 성장했다. 송산이 훗날 〈크리스챤 한국〉과 인터뷰에서 대구공고를 다니는 동안 학교에서 학생신앙운동(SFC)을 하면서 확실한 신앙을 갖게 되었다고 했다.[14] 재석은 세례를 받고 1년 만에 목회자가 되기 위하여 대구신학교에 입학하여 3년을 공부한 후 칼빈대학에 편입하였으니 고등학교 시절에 그의 신앙이 특별한 성장을 한 것이었다.

---

13. 전성천, 《한국 영남교회사》, 272
14. 〈크리스챤 라이프〉 1993년 10월호, 48-52.

제2부
든든한 기초, 영성의 모판 칼빈대학

밤나무와 상수리나무가 베임을 당하여도
그 그루터기는 남아있는 것 같이
거룩한 씨가 이 땅의 그루터기니라 하시더라
(이사야 6:13)

5. 해방 후 교회쇄신운동과 고신교회

송산은 평생 대한예수교장로회(고신측) 장로로 평생을 살았다. 그는 단순히 고신교회에 출석하는 장로가 아니라 해방 후 한국교회 교회쇄신운동 지도자들에게서 직접 가르침을 받고, 그 영향 아래에서 신앙생활을 하였다. 그는 고아원 운영과 장애인 사역을 위해 생애를 바친 인물로, 이약신 목사, 조수옥 권사, 한형세 장로, 지득용 장로 등과 함께 고신교회에 면면히 이어져 온 사회적 영성의 계보를 잇는 인물이기도 하다. 여기서 그의 평생 사역의 든든한 신앙적 기초로서 해방 후 교회쇄신운동과 고신교회를 먼저 정리하는 것은 그러한 이유에서이다.

한국장로교회와 신사참배 결의

1884년 알렌 선교사 도래 이후 한국 장로교회는 꾸준한 성장을 보였다. 그들 선교사들은 교회 개척만 아니라 학교 설립, 병원 선교, 구제 기관 등을 통해 한국 사회에 큰 변화를 일으켰고, 1934년 선교 50주년 희년 잔치를 평양에서 가졌다.

그러나 이어 신사참배가 강요되면서 1938년 9월 제27회 조선예수교장로회 총회가 평양 서문밖교회당에서 개최되어 신사 참배를 결의하였다. 일본 제국주의가 추진한 기독교계 각 교단의 신사참배 결의의 마지막 수순이었다. 천주교는 일찍 찬동하였고, 이어서 감리교, 성결교, 구세군 등의 교파들이 신사참배를 국민의례로 받아들였다.

한국 장로교회가 신사참배를 가결한 치욕적인 제27회 조선예수교장로회 총회가 1938년 9월 9일부터 15일까지 평양 서문밖교회당에서 개최되었다. 총회는 전국 노회에서 파송된 187명의 총대 사이에 97명의 사복을 입은 형사들이 끼어 앉는 살벌한 분위기 속에서 개회되었다. 평양경찰서장은 개회 전날 평양, 평서, 안주노회장을 불러, 평양노회장 박응률이 제안하고, 평서노회장 박임현이 동의하고 안주노회 총대 김길섭이 재청하는 신사참배 결의 각본을 전달하였고, 이 계획은 총회 이튿날 일사천리로 진행되었다.

이러한 불법적인 행위에 대해 선교사들의 강력한 항의에도 불구하고 신사참배가 종교의식이 아니라 국민의례로 규정하는 결의를 하고, 다음과 같은 성명서를 발표하였다.

성명서

아등은 신사는 종교가 아니요 기독교의 교리에 위반되지 않는 본의를 이해하고 신사참배가 애국적 국가의식임을 자각하며 또 이에 신사참배에 솔선여행하고 추히 국민 총동원에 참가하여 비상시국에서 총후 황국신민으로서 적성을 다하기로 함.
우를 성명함

소화 13년 9월 10일
조선예수교장로회 총회장 홍택기

한민족 5천 년의 역사에서 가장 부끄러운 역사가 경술국치(1910. 8. 29)였다면, 한국장로교회의 역사상 가장 수치스러운 역사는 제27회 조선예수교장로회 총회의 신사참배에 대한 결의라 할 수 있다. 그 총회에서는 신사참배 결의 후 즉시 실행하자는 특청에 의해 부총회장 김길창 목사가 인솔하는 전국 27개 노회장들이 평양 신사에 참배했다. 선교사들은 이날 별도로 모여 모든 선교사 총대가 서명하여 총회에 제출하였지만, 경찰의 영향력으로 회의록에 기록도 되지 못했다.

장로교 총회의 신사참배 결의 후 12월 12일에는 한국교회 대표단으로 장로교 총회장 홍택기, 감리교 양주삼, 김종우, 성결교 이명직 등이 이세신궁(伊勢神宮)과 가시하라신궁(橿原神宮)에 참배하기 위해 총독부의 재정 지원을 받아 일본으로 떠났다. 청일전쟁을 시작으로 동양정복의 꿈을 꾸며 전쟁 준비에 광분하는 일본 제국주의의 광기에 기독교 지도자들도 함께 춤을 춘 것이다.

제27회 조선예수교장로회 총회의 신사참배 결의는 이후 각 교회에서 신사참배 강요의 수단이 되었고, 이를 반대하는 사람들이나 교회에는 심각한 박해가 따랐다. 이후 한국 장로교회는 급격히 무너졌고, 나머지 지도자들은 때로는 어쩔 수 없는 강압으로, 때로는 자발적인 협력으로 한국교회를 일본적 기독교로 만드는 일에 협력하며 친일, 부일의 길을 걸어갔다.

신사참배를 반대하던 지도자들은 투옥되어 6년 동안 옥살이를 해야 했다. 주기철 목사는 옥중에서 순교하였고, 조직적인 신사참배 반대운동을 전개하였던 한상동, 이기선, 주남선 목사 등은 투옥, 평양형무소에서 인고의 세월을 보내야 했다.

해방 정국과 혼돈의 한국교회

태평양전쟁의 막바지, 평양형무소에서 옥고를 치루던 한상동 목사는 옥중에서 독일이 연합국에 항복하였다는 소식을 접하고, 일본도 머지않아 그 길을 갈 것을 예상하였다. 이때부터 그는 세 가지 기도 제목을 집중적으로 기도했는데, 해방 후 대한교회를 위해 신학교를 설립하여 진리를 위해 생명을 바칠 수 있는 교역자를 양성할 것, 전도인을 길러서 교회를 설립할 것, 수양원을 설립하여 일제의 탄압 아래서 신앙 양심을 더럽힌 교역자들을 수양시켜 새 출발하게 할 것 등이었다.[1]

한국 교회는 일본제국주의의 억압적인 정책으로 1930년대 이후 신사참배와 창씨개명을 강요받았고, 1942년부터 학교 교육에서 한글 사용이 금지되었다. 태평양전쟁이 깊어지면서 무기생산을 위해 교회 종을 공출하고, 성경과 찬송가가 제한되었으며, 예배 전 '황국신민서사'를 암송하고 동방요배를 한 후 예배하는 등 교회의 훼절이 극심하였다.

1940년대 한국 교회에서는 지도자들의 친일·부일이 심각하였고, 그 정점은 장로교, 감리교, 성결교 등 모든 교파를 하나로 묶어 일본기독교 조선교단이 조직된 것으로 나타났다. 이는 해방 불과 몇 주 전인 7월 20일의 일이었다. 해방 후 대한교회의 미래를 내다보며 옥중에서 특별히 기도하였던 옥중성도들과 달리, 친일·부일 기독교계 인사들의 역사의식과 영적인 통찰력은 무척이나 무뎠다.

태평양전쟁의 종전으로 우리나라는 1945년 8월 15일 해방이 되었다. 일제강점기에 한국 교회는 큰 피해가 있었다. 일제강점기에 기독교계에서는 신사참배 문제로 2천여 명이 투옥되고 50여 명이 순교했으며, 곧 처형을 기다리던 이기선, 한상동 목사 등 17명의 지도자들이 해방과 함께 평양형무소에서, 손양원 전도사는 청주형무소에서 출옥하였다. 그들은 해방이 며칠만 늦었으면 사형 집행이 되었을 것이었으므로, 이는 한국교회를 위한 하나님의 섭리

---

1. 한상동, 《주님의 사랑》, 47.

라 하겠다.

제2차 세계대전이 끝나면서 일제강점기에 수난을 받던 그리스도인들은 '시온의 영광이 빛나는 아침' 찬송을 부르며 신앙의 자유를 노래했지만, 모든 것이 밝고 희망찬 것만은 아니었다. 해방정국은 혼돈 속에서 정치적으로는 미국 군정에 적응해야 했고, 이념적으로는 좌익과 우익의 갈등이 계속되었으며, 신앙적으로도 신사참배를 한 다수파와 신사참배 강요에 저항했던 출옥성도들간의 리더십 문제가 숙제였다.

일본기독교 조선교단의 통리였던 김관식 목사는 해방 후 조선 교단의 기구적 재건을 시도하였지만, 감리교가 반대하고 이탈하여 그 뜻을 이루지 못하였다. 결국 교파 단위로 교회 재건에 들어가 장로교회는 남한의 노회들만으로 남부대회(1946)를 개최하였다. 일제강점기의 친일·부일 세력들이 반성과 자숙 없이 해방 후에도 여전히 한국 교회 지도자로 행세하였다. 이는 나치에 협력하였던 독일 교회 지도자들이 제2차 세계대전 종전 후 지난날의 잘못을 회개하는 고백서를 발표하고, 자숙하고 모든 공직에서 물러났던 것과는 대조적인 일이었다.[2]

해방과 교회쇄신운동

해방정국에서 기독교계 지도자들은 한국교회 쇄신운동 과정에서 몇 가지 흐름으로 나타났다. 먼저, 경남노회 교회와 목회자들이 1945년 9월 2일 부산 진교회에서 모여 해방을 기념하여 연합예배를 드린 후, 20여 명의 지도자들이 교회 재건과 노회 복구를 위한 선언을 발표하였다. 9월 18일 경남재건노회를 조직하고 교직자들은 사면하고 자숙기간을 보낸 후 시무투표로 진퇴를 결

---

2. 김영재, 《한국교회사》 287.

정하도록 하는 방안을 발표하였다. 이러한 방안은 출옥성도들의 교회쇄신방안 발표 이전에 발표된 것이라는데 큰 의미가 있었다. 경남노회는 11월 3일에 출옥성도 주남선 목사를 노회장으로 선출하고 교회쇄신에 박차를 가하였다. 그러나 친일인사들의 교묘한 책략으로 교회쇄신방안은 좌초되었고, 경남지방에서 교회쇄신운동은 큰 혼돈에 빠져야 했다.

둘째, 평양 형무소에서 나온 17명의 출옥성도들은 오랜 옥중생활로 약해진 건강에 바로 고향으로 돌아갈 수 없었고, 또 해방 후 한국 교회 재건을 위해 기도하고, 함께 인근 지역에서 집회를 인도하며 교회쇄신방안을 마련했다. 한상동 목사는 주기철 목사의 후임으로 산정현교회의 청빙을 받아 목회하였고, 이들은 기성교회를 부인하고 장로교 총회를 떠나가 재건교회를 이룬 같은 출옥성도 최덕지 전도사 등과는 다른 길을 걸었다. 그들은 한 달 후 9월 20일에 발표한 교회쇄신방안은 다음과 같았다.[3]

1. 교회의 지도자(목사와 장로)들은 모두 신사에 참배하였으니 권징의 길을 취하여 통회정화 한 후 교역에 나아갈 것,
2. 권징은 자책 혹은 자숙의 방법으로 하되, 최소한 2개월간 휴직하고 통회자복할 것,
3. 목사와 장로의 휴직중에는 집사나 평신도가 예배를 인도할 것,
4. 교회 재건의 기본원칙을 전한(全韓, 한국 전체라는 의미) 각 노회 또는 지교회에 전달하여 일제히 이것을 실행케 할 것,
5. 교역자 양성을 위한 신학교를 복구, 재건할 것.

---

3. 김양선, 《한국기독교 해방 10년사》, 45.

셋째, 이북지방에서 평북노회 주관으로 1945년 11월 14일부터 한 주간 선천의 월곡동교회에서 평북지역 6개 노회 교역자 퇴수회가 개최되었다. 200여 명이 참석한 가운데 강사는 출옥성도 이기선 목사와 박형룡 박사였는데, 그들은 산정현교회에서 출옥성도들의 재건원칙을 발표했지만, 신사참배 결의 당시 총회장 홍택기 목사가 강력히 저항해 뜻을 이루지 못하였다. 이때 이북의 노회들이 이북5도연합회를 조직하였는데, 이는 남북이 나누어진 현실에서 통일이 될 때까지 총회를 대행할 잠정적인 협의기관의 역할이었다. 그러나 김일성 정권이 강화되면서 이북5도연합회는 곧 유명무실해졌고, 교회는 공산정권과 힘겨운 대결을 해야 했다.

고려신학교 설립과 한상동, 박윤선, 한부선

해방 후 평양 산정현교회의 청빙을 받아 시무하던 한상동 목사는 이듬해 어머니의 별세 소식을 듣고 남하하였고, 6월에 서울 승동교회에서 열린 남부총회에서 조선신학교를 총회 직영신학교로 결의하는 것을 보고 위기의식을 갖고 옥중에서 기도하던 신학교 설립을 서둘렀다. 그는 주남선, 박윤선, 손양원 목사 등과 함께 신학교 설립을 위한 기성회를 조직하였고, 그 준비과정으로 진해에서 두 달 동안 신학강좌를 개최하였고, 7월 9일 경남노회 임시노회에서 신학교 설립 인가를 받고, 1946년 9월 20일 호주장로교 선교부가 설립한 부산진 일신여학교 교실을 빌어 고려신학교를 개교하였다. 학제는 본과 3년, 예과 2년, 별과 3년, 여교역자과 3년이었다. 첫 입학자는 53명이었는데, 신사참배 반대로 투옥되었던 이들도 있었다.[4]

고려신학교는 개교 후 설립자들과 교수진의 전적인 헌신으로, 바른 신학

---

4. 허순길,《고려신학대학원 50년사》. 42. 이들 중에 황철도, 박인순, 손명복 등은 출옥성도들이었다.

에 대한 열정으로 가르쳤고, 지지하는 이들이 많았다. 교수가 많지 않았던 시절 교장서리 박윤선 목사가 많은 과목을 맡아 가르쳤고, 개교 한달만에 입국한 한부선 선교사가 교수로 합류했으며, 한상동, 한명동, 박손혁 목사 등이 강사로 가르쳤고, 함일돈, 마두원, 최의손 등 선교사들이 고려신학교 교육에 협력하였다. 초기에는 전학년 수업제로 운영하면서 신학교의 초기 분위기는 박윤선과 여러 교수들의 열변을 토하는 강의에, 학생들은 강력한 기도운동으로 영적인 활력을 유지하였다. 신학수업이 날마다 부흥회와 같았고, 뜨거우면서도 신학적인 깊이도 있었다.

고려신학교를 설립하고 가르친 주도적인 인물들은 설립자 한상동, 주남선 목사, 교장 박윤선 목사, 교수 한부선 선교사였다. 한상동(1901-1976) 목사는 일제강점기에 신사참배 강요에 맞서 조직적인 반대운동을 전개하였던 대표적인 인물로, 일제검거 때 체포되어 6년 동안 평양형무소에 투옥되었다. 그는 출옥 후 한달 동안 평양 산정현교회 주기철 목사의 사택에서 건강회복과 한국 교회 미래를 위한 준비를 주도하였고, 순교자 주기철 목사 후임으로 평양 산정현교회의 청빙을 받아 목회하였다.

그는 공산주의자들의 압박과 어머니의 별세로 1946년 4월 남하, 부산의 대표 교회였던 초량교회를 시무하면서 고려신학교(현 고신대학교, 고려신학대학원)를 설립, 교회쇄신운동을 전개하였다. 1951년 전쟁으로 장기려 박사, 전영창 선생과 함께 가난한 사람들을 위한 구제병원으로 복음병원(현 고신대학교 부속병원)을 설립하는 일에도 함께 했다. 그는 부산과 경남지방에서 활발하게 교회쇄신운동을 전개했지만, 이를 받아들이지 못했던 대한예수교장로회 총회에서 추방되어 1952년 대한예수교장로회 총노회가 조직되었고, 오늘의 대한예수교장로회 고신교단이 출발했다. 해방 후 40년 동안 박형룡 박사가 합동 측을, 한경직 목사가 통합 측을, 김재준 목사가 기장 측을 대표하는 인물이라면 한상동 목사는 고신 측을 대표하는 인물이다. 1954년 세계기독교연합회(ICCC) 선교대회에 참석하면서 훼이스신학교(Faith Theological Seminary)에서 명예 신학박사 학위를 받았다. 저술로 옥중기 《주님의 사랑》과 설교집 《신앙세계와 천국》 등의 설교집이 있고, 사후에 설교 노트를 정리한 《지사충성》 등 세 권의 설교집이 출간되었다. 심군식 목사가 쓴 전기 《세상 끝날까지》, 이상규 교수의 평전 《한상동과 그의 시대》가 있다.

박윤선 목사(1905-1998)는 평안북도 철산 출신으로 평양장로회신학교를 졸업하고 1930년대에 미국 웨스트민스터신학교에 두 차례 유학을 하였고, 귀국해 평양신학교에서 발행하던 대표적인 신학지 〈신학지남〉 편집을 맡았다. 일제강점기에 웨스트민스터신학교에 2차 유학을 마친 후 만주 봉천신학교 교수를 지냈다. 그는 해방 후 한상동 목사의 요청으로 고려신학교 설립에 참여, 그를 교장 서리로 하여 1946년 9월 20일 고려신학교가 설립되었고, 1948년부터 1960년까지 초기 교장으로서 고신교회의 신학 형성과 신학교육에 주도적인 역할을 했다. 그는 초기에 신약, 구약, 조직신학 등 전반적인 과목을 가르쳤으며, 박윤선 목사의 신학이 고려신학교의 신학이었다고 할 정도로, 고신교회의 초기 신앙과 삶에 큰 영향을 미쳤다.

1960년 12월 고신 측과 승동 측의 합동 후 3년만에 고신 측이 환원을 했을 때 합동 측에 잔류하여 총회신학교 교수로 가르쳤고, 1970년대 말 지나친 교권 정치에 환멸을 느껴 동료교수들과 합동신학교를 설립하여 원장으로 일했다. 그는 필생의 역작으로 1979년 66권의 《성경 주석》(전 20권)을 완간하였으며, 같은 해 미국 웨스트민스터신학교 개교 50주년에 명예 신학박사 학위를 받았다.

한부선(Bruce F. Hunt, 1903-1992) 선교사는 1903년 '재령 선교의 아버지'라 불린 한위렴 선교사(William B. Hunt)의 장남으로 평양에서 출생하였다. 평양신학교 교장을 지낸 방위량(William N. Blair) 선교사의 딸 캐더린(Katherine Blair)과 결혼하여 한국 선교사 2세 가정을 이루었다. 평양 외국인학교를 졸업하고 대학교육을 위해 미국으로 돌아가 프린스톤신학교를 졸업하고 다시 한국으로 선교사로 파송되어 충주와 만주에서 선교활동을 하였다.

그는 신사참배를 결의하던 제27회 총회에서 이를 강력히 항의하다가 경찰에 의해 회의장 밖으로 끌려 나갔고, 만주 지방에서 조직적인 반대운동을 전개하며 박윤섭 전도사 등과 고백문서를 작성하여 투옥되었다가 1942년 포로 교환 형식으로 미국으로 추방되었다. 그는 1946년 10월 우리나라에 입국해, 서울 베졸트 군목의 집에서 한상동 목사를 만났다. 한상동 목사는 '새 교회를 출범시키기를 원하지 않고 옛 교회를 정화하기를 원하며', '칼빈주의 신학교가 이 일을 위해 필요하다고 여긴다'고 했으며, '신학교에서 교수를 맡아줄 것을 제의'했다.[5] 그는 해방 후 부산에서 고려신학교와 협력하며 평생 선교를 했고, 칼빈대학에서 송산의 스승이었다. 은퇴를 3년이나 넘기면서 사역하다가 '명예 부산시민증'을 받고 1976년 영구 귀국, 1979년 미국 웨스트민스터신학교 50주년에 명예 신학박사 학위를 받았다. 《한부선 서간집》(전 4권, 2018)으로 번역, 출간되었고, 논문 모음집 《브루스 헌트》(2013), 《한부선 인터뷰》(2018), 옥중기 《증거가 되리라》(1971)가 있다.

총회파와의 갈등 가운데서도 고려신학교가 안정되면서 개혁주의 신학교육을 확립하였고, 철저한 회개와 말씀운동으로 교회쇄신운동을 일으켰다.

---

5. 한부선, 아내에게 보낸 편지, 1946. 10. 31.

1948년 〈파수군〉을 창간했고, 네 차례 〈진리운동〉이라는 소책자를 펴내 교회 쇄신운동을 주도했다. 고려신학교 지도자들의 헌신에도 불구하고 국회에서 반민특위가 성공하지 못해 민족정기가 흐려졌던 것과 같이, 기독교계 안에서도 철저하게 회개하지 못하고 신앙 정기가 세워지지 못한 것은 불행한 일이었다. 교회쇄신운동의 결과로 대한예수교장로회 총회 측은 고려신학교를 지지하는 경남(법통)노회를 총회에서 추방하였고, 경남(법통)노회는 한 해를 더 기다렸다가 1952년 9월 11일 대한예수교장로회 총노회를 발회하였고, 오늘의 대한예수교장로회 고신교단이 되었다.

6. 든든한 기초 칼빈대학

칼빈대학의 설립과 학풍

　재석은 대구공고에 입학을 할 때는 졸업을 하면 바로 취직을 하여 어머니에게 효도하려는 생각이었다. 그러나 공부를 하면서 단순히 취직을 하는 것이 중요한 것이 아니라 사회의 지도자가 되기 위해서는 대학을 가야 한다는 생각을 갖게 되었다. 공업계 고등학교였지만, 선배들 중에는 취직을 한 후 야간 대학을 가는 경우도 더러 보았기 때문이었다.

　재석은 고등학교를 졸업하면서 장차 교회를 목회하는 목회자가 되기를 원하여 대구신학교에 입학하였다. 그러나 전임교수가 없고 목회자들이 성경과 신학을 가르쳤던 관계로 재석은 신학교육에 만족할 수 없었고, 3학년을 마친 후 고려신학교 예과가 칼빈대학으로 개편된다는 소식을 듣고 3학년에 편입하였다.

"고려신학교는 개교시부터 신학 예비과정으로 예과 2년을 두고 인문학 (어학, 철학 중심) 교육으로 신학연구의 기반을 닦게 했고, 이 과정을 마친 후에 신학 본과에 들어가 3년 동안 신학을 전수하게 했다. 그러나 충

분한 인문교육이 기반이 된 국제 수준의 신학교육을 하기 위해서는 2년의 예과 과정으로서는 부족함을 느끼게 되어 4년 대학 과정으로의 개편을 고려하게 되었다."[6]

한명동 목사는 칼빈대학을 정착시키기 위해 많은 노력을 기울였다. 허순길 교수의 기록과 칼빈대학의 첫 입학생이었던 조긍천 목사의 증언은 당시의 열기와 그 영적인 훈련이 어느 정도였으며, 그것이 학생들에게 미친 영향을 읽을 수 있다.

"개교 이후 한명동 목사는 원장으로 문자 그대로 심혈을 쏟아 봉사했다. 부산남교회의 목사로 봉사하면서 분주한 가운데서도 거의 매일 학교에 나와 관리 감독했다. 6.25 사변 이후 당시의 어려움과 가난은 오늘날에는

---

6. 허순길,《고려신학대학원 50년사》, 107.

상상하기조차 어려운 형편이었다. 학생들은 철판으로 세워진 막사 안에서 합당한 난방기구 없어 공부하고 잠을 잤다. 추운 겨울날 아침에 일어나면 잉크가 얼 정도였다. 그러나 당시 학생들은 앞으로 주의 교회와 나라를 봉사하는 일꾼이 된다는 기대와 자부심을 가지고 모든 어려움을 극복해 나갔다."[7]

"한 목사님이 새벽 4시 반에 일어나셔서 친히 방마다 다니며 학생들을 깨우던 기억이 생생합니다. 그때 지독스럽다 싶으리만치 새벽기도를 독려해 주신 강한 사랑이 고맙기 그지 없어요. 그래서 전 지금도 한 목사님을 내 신앙의 스승으로 여기고 있습니다."

고려신학교와 장로회신학교는 미국 장로교회의 신학 교육체계를 한국 교회 상황에 맞추어 고등교육 기회가 적은 우리나라에서 예과 2년에 본과 3년 5년 과정으로 편성하였다. 당시 장신, 총신의 신학교육이 모두 예과 2년 본과 3년의 학제를 유지하던 시절에 그것으로서는 날로 발전하는 사회에서 좋은 목회자가 되는 것이 어렵다고 보고, 대학 예과 2년을 대학 4년 프로그램으로 개편한 것이었다. 한신대, 감신대, 침신대, 서울신대 등이 1980년대 초반에야 대학원 과정을 신학교육의 필수과정으로 도입한 것을 고려하면, 우수한 목회자 양성을 위한 한명동 목사의 비전이 얼마나 시대를 앞서가는 것인지 알 수 있다.

한명동 목사와 칼빈대학의 비전

칼빈대학은 고신교회의 비저너리(visionary) 한명동 목사의 꿈과 비전이었다. 한명동은 일제강점기에 1928년 부산상업학교(훗날 부산상업고등학교)

---

7. 허순길, "한명동 목사와 칼빈학원", 나삼진 편, 《한명동 목사와 개혁주의 교회 건설》, 140.

를 졸업하고 창신학교 교사가 되었고, 주기철 목사가 시무하는 문창교회에서 회계집사로 봉사하였다. 문창교회는 마산포교회라 이름하던 경남의 대표적인 교회였다. 교회에 직원이 따로 없었고 한명동은 회계집사였기 때문에 주기철 목사와 자주 교회의 일을 의논하던 사이였다. 신사참배 강요로 인한 일제의 압박이 더욱 심해짐에 따라 함께 한국 교회의 미래를 걱정하며 기도하였다.

주기철 목사는 한명동 집사가 평양 장로회신학교에 공부하고 있는 형 한상동 전도사의 뒤를 따라 신학을 공부하려는 뜻을 듣고, 그에게 평양에 있는 신학교가 아니라 발달된 문물을 경험하기 위해 일본으로 가서 신학을 공부하도록 권하였다. 이는 일본이 우리나라 보다 더 발전된 사회이므로, 일본을 더 알고, 그 속에서 신문물을 더 익히도록 권한 것이었다. 그래서 1935년 한명동은 일본 고베 중앙신학교로 유학을 떠났다. 고베신학교는 미국 남장로교회 선교부가 설립한 신학교로, 예과 2년 본과 3년 5년제 신학교로 철저하게 칼빈주의 신학을 가르치는 곳이었다.

고베 중앙신학교에 유학, 신학을 공부했던 한명동은 예과 2년, 본과 3년 과정을 마쳤다. 그는 1940년 재일본조선기독교대회에서 목사 안수를 받고, 일본에서 아마가사끼교회, 니시노마야교회, 오오기교회 등을 개척하였고, 오사카 고노하나교회(현 고베교회)를 담임하였다. 1944년 귀국한 그는 수산교회를 거쳐 해방 후 영도교회를 목회하였는데, 이는 부산에서 두 번째로 설립된 유서깊은 교회였다. 한명동 목사는 영도교회를 목회하던 중, 고려신학교 교수 요원이었던 박손혁 목사에게 영도교회를 물려주고, 스스로 한상동 목사를 돕기 위해 고려신학교 강당에서 개척교회를 하며 신학교 행정을 담당하고 신학생 관리를 하였다. 그는 일본 유학시절 신학교에서 영적인 훈련이 부족하다고 여겨, 학생들을 엄격하게 훈련하기로 유명해 당시의 학생들에게 헌병과 같다는 의미에서 MP라는 별명을 얻었다.

해방 후에는 정상적인 고등학교 졸업자도 귀하던 시기였기 때문에 고등성경학교에서 성경을 배우고 진학하여 목회자가 된 이들이 많았다. 고신교단에서는 박치덕, 박정덕, 임종만 등 여러 인물들이 있었다. 그러나 교육에 대한 관심이 점차 증가하는 상황에서 이전과 같은 형태의 신학교육으로는 지도자가 되는데 한계가 있다고 생각하였다. 그래서 한명동 목사는 신학교 예과를 대학 과정으로 전환을 시도하였던 것이었다.

재석이 대구신학교 3학년을 졸업한 후 칼빈대학에 편입을 하였다. 고려신학교에 입학하기 전에 좀 더 체계적인 대학 공부를 하고자 한 뜻에서였다. 칼빈대학은 예과 졸업생들이 졸업하지 않고 3학년으로 진급되는 식으로 학제가 개편되었고, 4개 학년이 다 찬 1955년에 공식적으로 칼빈대학이라 이름하였다. 칼빈대학은 칼빈이 종교개혁의 일환으로 설립한 제네바 아카데미를 모델로 한 기독교 인문대학이었다.

기독교 인문교육을 강조하였던 칼빈대학은 교육과정은 세 가지 뚜렷한 특징을 발견할 수 있는데, 분명한 개혁주의 신학 교육, 철저한 경건 훈련, 그리고 철저한 어학 훈련이었다.

칼빈대학에서는 영어와 독일어는 필수였고, 라틴어, 불어, 헬라어, 히브리어를 가르쳤기 때문에 칼빈대학은 "어학 잘하는 학교"로 알려졌다.[8] 재석이 영어를 좋아하게 된 것은 기본적인 실력이 있었고, 이 시기에 철저한 어학 훈련을 받았기 때문일 것이다. 칼빈대학에서 공부한 이들 중에 김의환, 허순길, 석원태, 유환준 등 한국교회에 유수한 학자, 목회자, 선교사들이 있다. 허순길

---

8. 고신대 개교 40주년 특집 "칼빈대학의 이념과 한명동 목사", 〈고신대신문〉 106호, 1986. 9. 17.

은 칼빈대학과 고려신학교를 졸업한 후 대구 서문로교회를 목회하며 계명대 교육학과로 편입을 해 졸업하고 네덜란드 개혁파신학교에서 신학석사와 신학박사 학위를 받고 평생 고려신학대학원에서 교수로 가르치다가 원장으로 귀한 봉사를 하였다. 김의환은 미국으로 유학을 갔다가 템플대학교에서 박사학위를 받고 나성한인교회를 목회하면서 세계 선교를 위해 설립한 국제신학대학원(International Theological Seminary)을 설립해 총장으로 일했으며, 이후 귀국해 총신대학교 교수로 부임했다가 총장을 지냈으며, 훗날 칼빈대학교 총장을 지냈다.

영적인 사관학교 칼빈대학 시절

부산 광복동 교사에 두고 있던 고려신학교 예과는 1955년 9월 감천에 있던 영국군 부대가 사용하던 막사를 학교 교사로 하고, 칼빈대학을 정식으로 개교하였다. 부산 감천동에 있었던 교사는 50명을 수용하는 교실 네 동으로 800명을 수용할 수 있었고, 교수실 1동 100평, 강당 50평 1동, 도서실 50평 1동, 전도관 50평 1동, 기숙사 100명을 수용하는 1동, 식당 및 취사장 약 100평 1동이었다.[9] 칼빈대학은 1956년 4월에는 신학 예과, 영문과, 철학과를 두었는데, 예비 신학생으로서 재석은 영어에 흥미를 가졌고, 또 신학교에 입학하면 많은 원서를 읽어야 하므로 이를 준비하기 위해 영문과를 택하였다.

칼빈학원의 원장은 한명동 목사, 전임교수 김진홍 목사, 장석인 목사, 전임강사 조용석 선생, 김도환 선생이었고, 박윤선 목사, 한상동 목사, 이상근 목사, 박손혁 목사, 한부선 선교사, 마두원 선교사, 한가태 선교사, 마두원 선교사 부인, 안용준 선생, 조용석 선생, 이정복 선생 등이 강사로 가르치고 있었

---

9. 장석인, "칼빈 학원 연혁", 〈파수군〉 1956년 9월호(영인본), 101-103.

다. 장석인 목사가 교무과장, 김진홍 목사가 학생과장이었고, 신학예과장 김진홍 목사, 영문학과장 이상근 목사, 철학과장 장석인 목사였다. 장석인 목사는 〈사상계〉를 발행해 이승만과 박정희 대통령에 대한 반독재투쟁에 앞장섰던 장준하 선생의 아버지이다.

재석이 공부하였던 영문학과에는 한부선 선교사와 그의 부인 한가태(Catherine Hunt)와 방문교수였던 윌리암스 도로시 부부도 있었다. 그가 칼빈대학에서 공부하는 동안 기숙사 생활을 하였다. 일반대학에서 영문학과라도 외국인 교수가 거의 없었을 때 칼빈대학은 외국인 선교사 부부의 참여로 실제적인 영어 학습이 가능했다. 재석이 공부하고 졸업한 후에는 김영재, 김진경, 차영배, 김성환, 김승곤, 조용석 등 여러 젊은 교수들이 합류하여 학생들을 가르쳤다. 그가 졸업한 후에는 오랫동안 미국과 네덜란드에서 유학한 이근삼 박사가 귀국해 잠시 칼빈대학 학장을 맡아 봉사했다.

칼빈대학은 그 시절 영적인 사관학교와도 같았다. 신학 예과 외에도 영문학과와 철학과가 있었지만, 모든 학과가 실제적으로 신학 교육을 위한 준비 과정이었기 때문에 신학교의 분위기와 다를 바 없었다. 매일 새벽기도회가 5시부터 30분 동안 있었고, 모든 수업도 기도로 시작하고 기도로 마쳤다. 당시는 한국전쟁을 마친 지 얼마되지 않아 대학마다 면학 분위기가 조성되지 않는 경우가 많았지만, 칼빈대학은 기숙사 학교라 학사 관리와 경건 훈련이 철저했다.

대구신학교 3학년을 마치고 칼빈대학 3학년에 편입한 재석은 1958년과 1959년 2년간 어학과 문학과 철학 등 인문학적 훈련을 강하게 받았다. 헬라어, 라틴어, 프랑스어를 수학했고, 교리학개론(영어), 칼 바르트 연구(독일어), 영문신학 강독, 독어 성경, 독문 특강 등의 어학 과목을 배웠고, 서양 현대철학사, 중국철학사, 기독교 철학 등 철학 과목, 현대 영문소설, 영문학사, 세익스피어 연구 등 영문학, 그리고 교양과목으로 수사학, 심리학, 교육학, 사도행전, 국사, 체육 등의 과목을 공부하였다. 재석이 공부한 2년은 대구신학교와 달리 마치 어학과 철학, 그리고 인문학 사관학교와 같은 교육과정이었다.

칼빈대학은 1956년에 첫 졸업생 6명을 배출했는데, 승병선, 정문호, 장상선, 황보연준, 강진선, 한순남 등이었다. 이들의 출신 지역을 보면 경남 1명, 전남 1명, 황해 1명, 평남 1명, 평북 2명이었는데, 기독교 교세가 강했던 이북 지역 출신들이 전쟁으로 인해 피난을 온 때였고, 이 시기에 이들이 고신교회와 연합하여 고려신학교가 절정을 이루었던 시기였다. 졸업생들은 훗날 한국 교회의 지도자들이 되었다.

친구 김용달의 경우[10]

칼빈대학에 입학한 학생들이 잘 성장하여 교회의 지도자들이 되었지만, 칼빈대학에 입학한 모든 학생이 학교생활에 만족한 것은 아니었다. 재석이 칼빈대학에 편입했을 때 특별한 친구 김용달을 만났다. 김용달은 칼빈대학에 입학하였지만, 대학의 교육 환경이 마음에 들지 않아 방황하고 있을 때 재석이 만났던 인물이다. 그가 경험했던 칼빈대학에 대한 평가가 짜다.

"고신교단 초창기 순교적 열정으로 고려신학교가 개교되었다. 그 뜨거운

---

10. 이 항목은 김용달, "평생을 약한 자를 편들며 사신 삶"을 재구성 한 것이다. 《꿈과 열정으로 살아 온 80년》, 72-76.

교육의 불길은 칼빈대학을 세웠다. 개혁의 정신은 하늘을 찌를 듯했으나 모든 설비와 여건은 부족했다. 교사는 미군(저자 주: 영국군의 오기)이 쓰다 폐기한 임시막사, 교수들은 임시강사들, 교육과정은 짜깁기 한 비전공과목, 학교는 정식 인가 없는 강습소에 불과했다. 전국에서 모여든 학생들은 40여 명, 열심과 믿음, 그리고 꿈은 하늘에 닿을 것 같으나 현실은 멀기만 했다."

그 무렵 김용달은 "가난과 외로움, 장래가 보이지 않는 절망 가운데 허덕이고 있었다. 그에게 칼빈대학은 기대하던 상아탑이 아니라 한반도 남쪽 바닷가에 창고 같은 학교였고, 그는 거기서 몸부림치고 있었다. 의지할 곳은 오직 하나님의 도우심뿐이었다."라고 그 시절을 회상했다.

용달은 방황하던 때에 편입생(김용달은 재석을 복학생으로 이해하고 있었다) 재석을 만났고, 재석은 그에게 "학우이고 상담자, 의지할 기둥과 같았다. 건장한 체격, 웃음을 잃지 않는 여유, 무엇을 잡은 것 같은 확신, 몸에 밴 경건생활은 앞날의 푯대를 결정한 확신에 찬 학교생활이었다."

칼빈대학은 설립 목적이 뛰어난 목회자 양성을 위해 인문교육을 철저히 하는 것이었기 때문에 모든 가르침이 신학 준비에 맞추어져 있었다. 그 시절 목회의 소명 없이 방황하던 용달에게 재석은 좋은 길잡이가 되어 주었다. 용달은 마음의 안정을 취하지 못하고 2년을 공부한 후 칼빈대학을 떠났다.

김용달은 훗날 그곳에서의 교육과 훈련이 귀한 것이라 생각했고, 미디안 광야에서의 모세를 위한 교육과정과 비슷하다고 생각하였다. "하나님은 애굽의 최고 교육기관보다 광야같은 칼빈대학 강단의 가르침이 훨씬 값진 것을 세월이 많이 지난 후 알게 하셨다". 이러한 깨달음은 당시 좋은 친구가 되어 주었던 재석을 생각하게 했고, 그를 수소문하여 재석이 운영하는 시설을 찾게 했다.

그렇게 10년이 흘렀고, 용달은 그동안 대학을 마치고 교사가 되어 삶이 어느 정도 안정이 되면서 재석이 보고 싶었다. 1968년쯤의 일이었다. 자신을 아껴주던 형님 같은 멘토, 앞이 보이지 않은 절망 속을 헤맬 때 힘을 준 동료였기 때문이었다.

용달은 수소문 끝에 재석이 신학을 잠시 접고 고아원 사업을 한다는 사실을 알게 되었고, 그는 무궁애학원이 있는 물금을 찾았다. 그가 방문한 곳은 양산군 물금면에 있는 낙동강변의 작은 농촌이었다. 다른 동료들은 신학교를 졸업하고 목회의 길에서 지도자로서 영예를 누리는데, 재석은 갈 데 없는 고아들을 자녀로 삼고, 극심한 보릿고개를 겪으면서 고생을 하고 있었다. 용달은 고아들로 구성된 대가족을 거느리는 것이 존경스러워 한동안 그를 바라보았다. 용달은 재석과 사역을 보며 생각했다.

'아, 이것도 목회구나. 칼빈대학에서 공부하면서 학문을 연마하고, 하나님과 씨름하며, 기도하며, 몸부림 끝에 하나님께 들은 응답이구나.'

그리고 용달은 재석이 놀라운 하나님의 약속을 바라봄이라 보았다. 김용달은 그후 송산과 더욱 가까워져 형님 같은 친구로 지내게 되었고, 자주 만나고 무궁애학원도 자주 오갔다. 1980년에는 두 부부가 함께 14일 동안 성지순례를 다녀왔다. 2000년 초 무궁애학원 감사를 맡아 봉사했다.

용달은 1986년 무궁애학원이 새로운 보금자리를 만들었을 때 입당예배에 참석했다. 그는 보금자리도 함께 둘러보며 자신이 이룬 일과 같이 기뻐하며 감격에 젖었다. 용달은 돌아오면서 자신도 모르게 송명희 시인의 '나 가진 재물 없으나'를 흥얼거렸다.

"나 가진 재물 없으나
나 남이 가진 지식 없으나

나 남에게 있는 건강 있지 않으나
나 남이 없는 것 있으니

나 남이 보지 못한 것을 보았고
나 남이 듣지 못한 음성 들었고
나 남이 받지 못한 사랑 받았고
나 남이 모르는 것 깨달았네

공평하신 하나님이
나 남이 가진 것 나 없지만
공평하신 하나님이
나 남이 없는 것을 갖게 하셨네."

송산은 청년 시절부터 동료들을 따듯하게 대하였고, 꾸준한 관계를 맺으며 격려했다. 송산의 그러한 대인관계는 결과적으로 그의 무궁애학원 사역에 큰 힘이 되었다. 김용달도 그런 인물들 가운데 하나였다.

김용달은 칼빈대학을 떠난 후 홍익대학교 상경과를 졸업하고 교사가 되어 평생 학생들을 가르쳤는데, 마지막에는 브니엘고등학교 교장으로 정년퇴직을 하였다. 교장으로 정년 퇴직한 후에도 다시 한동안 천안에 있는 한 탈북청소년대안학교 교장으로 봉사하기도 하였다. 그렇게 아름다운 봉사는 서로에게 영향을 미치는 것 같았다. 그는 송산의 무궁애학원 취지에 적극 공감하고 동참하여 무궁애학원 감사로 일하기도 했다. 김용달은 송산의 생애를 두고 "일평생 약한 자를 편들며 사신 삶"이라 하였고, "좁은 길이고 찾는 이가 많지않은 외로운 길이었고, 작은 자를 편들기와 무궁애학원에 전력투구한 삶"이라 했다.

　재석과 칼빈대학 동기생들은 4년을 함께 공부하고 1960년 제5회 졸업생이 되었다. 함께 공부한 친구들은 적은 수였지만, 동지적인 유대감을 갖게 되었다. 그들은 졸업을 앞두고 함께 부여 백마강을 거쳐 합천 해인사를 다녀오는 졸업여행도 다녀왔다. 그 여행에는 원장 한명동 목사 부부도 함께 했다. 평소 엄격하여 MP라 불렀던 원장 한명동 목사와 며칠을 지내보니 꽤 친밀한 분이었다. 친구들도 이제 졸업을 앞두고 마음껏 사귈 수 있었다. 한명동 목사는 함께 여행을 하는 중에 자신의 목회 경험을 많이 이야기해 주었다. 마산 문창교회에서 집사 시절 주기철 목사와의 관계 이야기나 일본 유학 시절의 경험을 이야기할 때면 학생들의 안목이 크게 열렸다.

　재석이 칼빈대학에서 만난 친구들 가운데 큰 명성을 얻은 이들이 몇 있었다. 석원태는 부산대 국문학과에 다니다가 사명감으로 인가도 나지 않은 대학으로 편입해 왔고, 숭실대 등 여러 대학에서 전학을 온 학생들도 있었다.[11]

---

11. 허순길,《고려신학대학원 50년사》, 108.

석원태는 열정적인 신앙을 품고 칼빈대학에 다니면서 전국학생신앙운동 임원으로, 전국SFC 위원장으로 열심히 봉사하였다.

그는 신학교에 들어가서는 삼일교회와 부산남교회에서 전도사를 하며 한상동, 한명동 목사의 특별한 사랑을 받았고, 강도사로서 대구경북 지방에서 고신교회를 대표하는 서문로교회를 담임하였다. 그는 제일영도교회를 거쳐 서울로 상경, 경향교회를 설립해 굴지의 교회로 성장시켰다. 그는 등촌동 서울여자정보고등학교를 인수해 교회와 학교가 함께하는 대형교회의 모델을 만들었고, 고려측 총회장과 고려신학교 교장을 역임했다.

김성린은 칼빈대학을 졸업한 후 고려신학교에서 공부하고 고려신학대학 교수로 부임하여 철학을 가르쳤고, 고려신학대학 교수로 재임하면서 고려대학교 교육대학원을 거쳐 충남대 대학원에서 철학박사 학위를 받았다. 그는 고신대학에서 은퇴한 후에는 러시아 선교사로 봉사하다가 득병, 귀국하여 하나님의 부름을 받았다. 재석의 동기생들은 그렇게 열심히 공부하고 철저하게 경건훈련을 하면서 한국 교회의 큰 인물로 성장하였다.

송산의 칼빈대학 졸업식은 1960년 3월 23일 부산남교회당에서 개최되었다. 함께 졸업한 졸업생은 김성린, 박재석, 석원태, 김성배, 이완희, 김성민 등 여섯 명이었다. 당시 칼빈대학이나 고려신학교 졸업식은 전국의 고신교회가 함께 하는 유월절 잔치와 같았다. 신학을 공부하고 목회로 나가는 졸업생들은 교회쇄신운동의 최전선에 선 장교와 같았기 때문이었다. 부산 경남의 교회의 지도자들이 졸업식에 참석하여 축하해 주었다. 졸업식은 단순한 축하에 머물지 않고, 전장에 나가는 병사들을 위한 출정식과도 같은 비장한 분위기였다.

당시 칼빈대학은 대학이라고 할 수도 없는 어려운 학습 여건이었지만, 그들이 받은 강한 훈련은 영적인 사관학교와 같아서 대학도, 학생들도, 이들을 교역자로 모신 교회도 큰 자부심을 가졌다. 재석이 칼빈대학에서의 교육과 훈련은 하나님 나라에 대한 분명한 소명의식을 갖게 하였고, 그의 신앙과 인격, 리더십 형성에 견고한 기초가 되었다.

그러나 칼빈대학은 안타깝게도 중앙대 설립자 임영신과의 재산 분규가 일어났다. 그는 이승만 대통령의 신임을 받으며 초대 상공부장관을 지낸 여걸이었다. 고려신학교와 칼빈학원 이사장 한상동 목사는 신앙만 알고, 그 신앙을 지키기 위해 감옥에 가기를 두려워하지 않고 순교도 각오한 인물이었지만, 세상 경영을 알지 못하였다. 결국 기독교 인문대학을 꿈꾸었던 칼빈대학은 8년 만에 꿈을 접고, 1963년 고려신학교 대학부로 편입되었다. 재산 분규는 대법원에서 승소하였지만 결국 재산을 빼앗길 수밖에 없었다. 참 안타까운 일이었다.

7. 작은자들과의 첫 만남

전쟁 이후

　1950년 6월 25일에 발발한 한국전쟁은 3년 1개월간이나 계속되었다. 1953년 7월 휴전협정으로 휴전이 되고, 기존의 38선 대신 새로 휴전선이 그어지게 되었고, 전쟁으로 인해 수많은 이재민이 발생하였다. 북한은 인구의 28.4%인 272만 명이 죽거나 난민이 되었고, 남한에서는 133만 명이 사망하거나 다쳤다. 미군 사망자와 부상자는 6만 3천 명에 달했다. 또 북한을 지원했던 중국군은 100만여 명이 사망했다. 이 전쟁 중 자유를 찾아 월남한 인구는 40-69만 명에 달했다. 1951년 8월 당시의 정부가 집계한 피난민(월남 피난민 포함)은 약 380만 명, 전시에 가옥과 재산을 잃은 전재민은 약 402만 명이었다. 1951년 남한의 전체 인구가 약 2,100만 명이라는 사실을 감안한다면, 남한 인구의 절반이 구호를 필요로 하는 상황에 처해 있었다.[12]

　전쟁으로 남북한 전체 400만 명이 다치거나 목숨을 잃었고, 30만 명이 행방불명되었다. 전쟁 미망인이 30만 명, 전쟁 고아는 10만 명에 달하였다. 피

---

12. 한국기독교역사학회 편, 《한국 기독교의 역사》 3, 서울: 한국기독교역사연구소, 2009,

난민은 240만 명에 달했고, 북한으로 납치된 인사들이 84,500명에 달했다, 전쟁은 처참했다.[13] 전쟁은 심각한 후유증을 나타내었는데, 전쟁으로 부모를 잃은 고아가 급격하게 늘어났다. 전쟁이 준 사망의 행렬 속에서도 학생들은 수양회를 가졌고, 참가한 학생들은 강력한 영적인 도전을 받았다. 이것이 고신교회의 학생운동 학생신앙운동(Student For Christ)이 시작될 때의 모습이었다. 당시의 처참한 상황을 고신교회 내부의 목소리를 들어보자.[14]

"1950년 6.25 사변과 함께 이 백성은 또다시 동족상잔의 비극적 참화 속에서 울부짖었다. 항도 부산은 수도가 되고 피난민 수용소로 변모될 때 이 학생들의 불길은 더 강력했다. 1951년 7월 23일부터 개최된 제5회 전국남여학생부흥대회는 피난민의 무리로 장사진을 이룬 무리들 속에서 이루어졌다.

부산의 거리는 공포와 죽음과 혼란이 뒤섞여 춤추고, 인파의 부산 거리에는 날마다 이채로운 광경들로 가득했다. UN군들의 왕래와 전선으로 나아가는 힘찬 청년들의 모습, 피난 살림에 갈증을 만난 민간, 군, 총, 칼, 싸움, 상이군인, 학원, 친구, 도적, 살인, 강도 …… 정말 혼란의 파도 그것뿐이었다. 정말 사망의 행렬이었다."

전쟁은 청년을 전쟁에서 죽게 만듦으로 과부가 많아졌고, 부모를 잃고 고아가 양산되었다. 기독교 안에서 고아들을 돕는 일이 일어났다. 미국과 유럽의 여러 나라가 전쟁 복구와 전쟁고아를 지원하는 사업을 선교사들이 이끌었다. 많은 그리스도인들이 고아들을 구호하는 사업에 참여하였고, 국제적인

---

13. 이상규, 강용원, 나삼진, 《대한예수교장로회(고신) 교회교육 역사》, 52.
14. 석원태, 《학생신앙운동 20년사》, 27.

구호가 이루어졌다. 컴페션, 한국 선명회, 홀트아동복지회 등 외국 원조기관들이 한국전쟁 기간에 발생한 고아들의 생계를 지원하기 위해 생겨난 단체들이었다.

동명보육원 총무로

칼빈대학에서 영문학을 전공한 재석은 철저한 어학 훈련으로 영어를 잘하는 편이었다. 칼빈대학은 어학과 철학과 인문학을 중요하게 생각하며 교육하였다. 여러 선교사들이 영어를 가르치고, 성경공부를 하는 중에 회화를 가르쳤다.

재석은 주중에는 칼빈대학 기숙사에서 공부하였고 주말에는 마산에 와 누나 박순이 집사 부부가 운영하는 동명보육원을 도왔다. 그에게 맡겨진 일은 후원자들에게 감사의 편지를 쓰는 일이었다. 매월 한 사람의 후원자가 10달러를 보내왔는데, 그것도 적지 않은 금액이었다. 재석은 이들에게 감사 편지를 적어 보내었고, 편지를 받은 후원자들은 더욱 힘을 내어 후원을 계속하곤 하였다.

재석은 이 기간에 동명보육원 총무로 일을 하면서 가까이에 시온 영어강습소를 운영하며 학생들에게 영어를 가르쳤다. 어학강습소는 주말에 운영했지만, 영어를 배우고자 하는 학생들이 많았기 때문에 운영이 잘 되었다.

재석은 주중에는 칼빈대학에서 공부를 하고 주말이 되면 마산으로 내려왔다. 재석은 이렇게 누나가 운영하는 동명보육원에서 총무라는 직책으로 작은 자들과 첫 만남이 시작되었다. 그는 처음 영어가 필요한 사람들에게 도움을 주면서 학비를 버는 형식이었다. 재석은 이때까지도 그가 작은자를 위해 생애를 바치게 될 것을 생각하지 못했다.

고아들을 돕던 외원 기관들

한국전쟁 후 고아들이 많이 생겨났고, 미국교회를 중심으로 이들을 돕는 외원기관들이 속속 생겨났다. 컴패션(Compassion)과 선명회(World Vision) 등은 매월 헌금으로 고아들의 생활을 책임져 주었고, 홀트아동복지회는 주로 고아들을 입양하고자 하는 외국의 가정에 연결시켜 주었다.

컴패션은 스완슨(Everett Swanson, 1913-1965) 목사가 전쟁중인 한국을 방문하고 당시에 수 만명의 어린이들이 깡통을 들고 먹을 것을 얻으러 다니는 것을 보았다. 나라가 가난하여 이들을 위해 음식을 나누지도, 이들을 돌보지도 못하던 시절이었다. 그는 그 절망적인 어린이들을 보면서, '너는 이들을 위해 무엇을 할 것인가?'는 하나님의 강력한 부름을 들었다. 그리고 이들을 돕기 위해 컴패션을 시작했다. 그는 미국의 후원자들과 한국 전쟁고아들과의 결연 프로그램을 운영해 매월 10달러를 후원하는 운동을 하였다.

그는 미국 전역을 다니며 전쟁고아를 돕는 캠페인을 벌였다. 1954년부터 1:1 어린이들을 양육하는 프로그램을 시작했다. 그가 벌인 캠페인으로 미국의 수많은 교회, 주일학교, 전도회, 혹은 가족 단위의 헌신자들이 생겨났다. 이들의 후원으로 어린이들의 생계를 지원하는 것이었다. 당시 10달러는 어린이들이 한 달 생활을 할 수 있는 적지 않은 돈이었는데, 국내 아동들이나 봉사기관에는 큰 힘이 되었다. 컴패션의 그러한 결연 프로그램은 전쟁 고아들에게는 큰 희망을 주었고, 후원자들에게는 이웃 사랑을 실천하는 귀한 기회가 되었다. 그는 1952년부터 시작해 한국 경제가 성장되어 한국에서 완전히 철수한 1993년 3월까지 41년간 약 10만 명의 어린이들을 도왔다.

컴패션과 비슷한 외원기관 세계기독교선명회(World Vision International)는 1953년 5월 미국에서 밥 피어스(Bob Pierce, 1914-1978)목사에 의해 창설된 단체다. 한국전쟁으로 인해 고아들의 구호를 위해 설립된 이 기관은 1953

년 5월 서울에 사무실을 열고 어윈 레이츠 목사를 초대 한국회장으로 하여 전쟁 고아와 미망인 구호사업을 시작했다.

재석은 그 무렵 동명보육원 총무로서 컴패션에서 송금을 하거나 편지가 오면 그것을 번역하여 아이들에게 주고, 아이들의 편지를 영어로 번역하여 후원자들에게 감사 편지를 보냈다. 재석의 이러한 봉사는 고아원 운영에 큰 힘이 되었고, 이런 서신들의 왕래는 후원자들이 지속적으로 고아들을 후원하게 만들었다. 자신이 가진 영어 실력으로 편지로 고아들을 도울 수 있는 보람된 일이었다.

컴패션의 헌신적인 지원으로 많은 고아원들이 컴패션에 가입하였고, 매년 한 차례 수양회를 개최하기도 했다. 재석이 처음 그 일을 시작할 때는 전쟁이 끝난 지 몇 년 되지 않았을 때로, 국가적으로 전후 복구가 다 이루어지지 못했던 시기였다. 나라의 재정이 여의치 않아, 남북한의 긴장을 고려하여 국방비와 교육비가 가장 많은 부분을 차지하고 있었고, 사회복지는 국가의 예산편성에서 후순위에 있었다. 아직 복지 개념이 나오지 못했을 때였기 때문에 사회복지를 위해 많은 재정이 배정되지 못하였다. 전쟁으로 부모를 잃은 많은 아이들이 거리를 헤매고 있었지만, 나라는 예산이 없어 고아나 장애인들을 책임져주지 못하였다.

당시의 많은 고아원들은 전쟁으로 인해 부모를 잃은 아이들을 불쌍히 여긴 그리스도인들이 '사랑의 실천'으로 운영하고 있었고, 컴패션이나 선명회 등 외국의 많은 구호기관이 고아들의 생활과 교육을 지원하고 있었다. 결국 헌신적으로 이웃을 사랑하는 사회사업가들에게 맡겨진 일이었다.

컴패션이나 월드비전, 혹은 홀트아동복지회 등 자선기관들이 한국전쟁 결과로 생겨났고, 지금은 세계적인 구호기관들이 되었다. 이 기관들은 많은 나라의 어린이들을 지원하는 프로그램을 운영하며, 그리스도인들이 이러한 사업에 이웃 사랑을 실천하는 형식으로 힘쓰고 있었다.

성경은 고아와 과부와 나그네를 특별히 배려하도록 명령하고 있다. 고아는 부모가 없어 생존이 불가능한 아이들이다. 힘이 있어야 일할 수 있는데, 과부는 힘있는 남편이 없어 정상적인 경제활동이 어려운 여인들을 말한다. 나그네는 다른 나라 출신으로서 이스라엘에 와 사는 거류민으로 공동체로부터 사회적 배려가 필요한 사람들이었다. 이들은 사회적 약자였다.

이러한 사회적 약자들은 경작할 땅이 없고, 또 그것을 경작할 힘도 없는 사람들이다. 그래서 가난에서 벗어날 수 없는 사람들이다. 모압 출신의 룻이 과부로서 시어머니 나오미를 봉양해야 했는데, 그는 추수하는 사람들 틈에 끼여 보아스의 배려로 추수꾼들이 남겨 놓은 이삭을 주워 생계를 이어갔다. 그래서 성경은 추수를 할 때에 이러한 사회적 약자들을 배려하도록 가르쳤다.

성경을 배우고 신학을 하는 재석의 마음에 이들 사회적 약자들을 배려하는 성경의 가르침이 수천 년이 지났지만, 정말 귀한 말씀이라 생각되었다.

"너희가 너희의 땅에서 곡식을 거둘 때에 너는 밭 모퉁이까지 다 거두지 말고 네 떨어진 이삭도 줍지 말며 네 포도원의 열매를 다 따지 말며 네 포도원에 떨어진 열매도 줍지 말고 가난한 사람과 거류민을 위하여 버려두라. 나는 너희의 하나님 여호와니라"(레 19:9-10).

"네가 밭에서 곡식을 벨 때에 그 한 뭇을 밭에 잊어버렸거든 다시 가서 가져오지 말고 나그네와 고아와 과부를 위하여 남겨두라. 그리하면 네 하나님 여호와께서 네 손으로 하는 모든 일에 복을 내리시리라. 네가 네 감람나무를 떤 후에 그 가지를 다시 살피지 말고, 그 남은 것은 객과 고아와 과부를 위하여 남겨두며, 네가 네 포도원의 포도를 딴 후에 그 남은 것을 다시 따지 말고, 그 남은 것은 객과 고아와 과부를 위해 남겨두라. 너는 애굽 땅에서 종 되었던 것을 기억하라. 이러므로 내가 네게 이 일을 행하라 명령하노라."(신 24:19-22).

8. 부지런한 부부

결혼

　재석은 칼빈대학에 다니던 1957년 1월 15일 결혼을 하였다. 그의 나이 스물 다섯이었다. 신부는 청도군 매전면 동산리 출신의 이금지 규수였다. 신부는 아버지 이만기와 어머니 석상위의 3남 4녀 중 넷째 딸이었다. 같은 동향인 청도 사람이었고, 장인 이만기 씨는 교회에서 영수로 봉사할 정도로 믿음이 깊었다. 이금지 양은 대구에서 성경학교를 졸업하고 편물학원에서 편물을 배우며 가사를 돕고 있었다.

　그의 결혼은 사촌 형인 박재만 장로가 혼담 소식을 전해 옴으로 시작되었다. 독실한 기독교 신앙인인 데다가 신랑 측 가계와 인품 등을 상세히 들은 신부 측 부모가 흔쾌히 결혼을 승낙하고 혼인 날짜를 잡은 것이었다. 그 시대는 신랑과 신부가 미리 만나고 데이트를 즐기던 시절이 아니었다. 결혼식은 신부 측 교회인 청도군 매전면 동산교회에서 있었고, 집안 아저씨뻘인 박용묵 목사가 주례를 맡았다.

　100여 명이 모인 결혼식은 양가 부모와 일가친척, 친구들, 그리고 성도들이 함께 한 뜻깊은 자리였다. 친구 양일수, 장춘환, 박은규, 김복태 등도 참석

하여 트럼펫과 나팔 등의 악기 합주로 친구의 결혼을 축하하였다. 그가 출석하던 신마산교회를 시무하는 민영완 목사는 시편 128편으로 축하하였다.

여호와를 경외하며 그의 길을 걷는 자마다 복이 있도다.
네가 네 손이 수고한 대로 먹을 것이라. 네가 복되고 형통하리로다.
네 집 안방에 있는 네 아내는 결실하는 포도나무 같으며,
네 식탁에 둘러 앉은 자식들은 어린 감람나무 같으리로다.
여호와를 경외하는 자는 이같이 복을 얻으리로다.
여호와께서 시온에서 네게 복을 주실지어다.
너는 평생에 예루살렘의 번영을 보며 네 자식의 자식을 볼지어다.
이스라엘에게 평강이 있을지로다.

재석이 새 가정을 이루면서 민영완 목사가 준 말씀을 마음에 깊이 새겼고, 간절히 기도했다.

"하나님, 우리 가정이 무엇보다도 하나님이 기뻐하는 가정이 되게 해 주옵소서. 앞으로 많은 자녀도 허락하여 주옵소서. 이들을 잘 키우게 하옵소서."

재석은 결혼식 후 사흘 동안 신부 가정에서 신혼을 보냈고, 신부 이금지도 사흘 만에 시가댁으로 시집을 왔다. 신행은 시어머니 예천금 씨의 회갑 잔치를 겸하는 모임이었다. 그래서 온 집안은 물론 교회와 동네가 함께 한 잔치가 되었다.

신부 이금지가 시집을 왔지만, 시집이 낯선 곳은 아니었다. 신부는 같은 청도 출신으로 낯선 타향이 아니었고, 두 가정이 함께 하나님을 믿는 신앙의 가정이어서 마음이 안정되었다. 재석과 금지는 새로운 보금자리에서 신혼살림을 하며 다가올 신혼생활을 그릴 수 있었다. 어머니의 회갑 잔치와 함께 밀양

박씨의 집성촌이었던 데다 교회의 성도들이 함께 합류하였으니, 재석 부부는 신혼 초에 화목한 가정을 이루도록 간절히 기도하였다.

신마산 교회와 동명 보육원

신행을 마친 후 재석 부부는 마산시 신창동에 신접살림을 차렸다. 누나 박순이 집사가 동명보육원을 운영하고, 재석 자신도 칼빈대학에 다니면서 시온 영어강습소를 운영하고 있었던 관계로 마산이 새로운 보금자리가 되었다. 부부는 주일이 되자 신마산교회에 출석하여 신앙생활을 했다. 그 무렵 신마산교회를 목회하던 민영완 목사는 일본 관서신학교를 졸업하였고, 김해읍교회를 시무하고 있던 중 신사참배 청산 문제로 총회파와의 분쟁으로 고려신학교를 따르던 성도들과 함께 빈손으로 교회를 떠나 김해중앙교회를 설립하였던 이였다. 그는 1952년에 예배당 건축을 한 후 교회의 내부의 불편한 일로 1953년 10월에 신마산교회에 이동해 목회하고 있었다. 민영완 목사는 회고록에서 재석과 그의 누이 이야기를 하고 있다. 그 증언을 들어보자.

"교회 옆에 동명보육원이라는 전재(戰災) 고아들의 고아원이 있었다. 이 고아원 원장 부부는 신앙적으로 초신자에 불과했다. 그러나 내가 자주 심방을 하고 기회 있는 대로 신앙적으로 권면했다. 또 매주 목요일마다 저녁에 그 고아원에 가서 집회를 열어 말씀을 가르치고 간절히 기도로 도왔다. 고아원의 분위기는 점차 바뀌어 원장 부부는 열심히 교회에 나왔고, 원아들은 모두 순량해지고 유년주일학교와 중고등부에 동참하였다. 그리고 직원 식모들도 다 교회에 나왔다.

교회는 물심양면으로 그들에게서 큰 도움을 받았다. 원모 박순이 씨는 첫 열심, 첫 사랑으로 교회를 열심히 봉사하였으며, 곧 세례도 받고 집사까지 되었다. 고아원 건물이 너무 낡아 새집으로 옮겨가게 되었을 때, 원래 쓰던 땅 팔십 평을 파격적인 싼값, 십만 원에 거의 교회에 바치다시피 내놓았다."[15]

신마산교회는 민영완 목사가 목회하면서 교회가 부흥하여 270명으로 성장하였고, 3년 만에 힘을 모아 1955년 석조 예배당을 건축하였다. 교회의 부흥에는 재석 남매와 동명보육원의 역할이 적지 않아 민영완 목사에게 큰 힘이 되었다.

재석 부부가 처음 출석할 때 신마산교회는 신사참배 강요에 저항하였던 고려신학교 측을 지지하여 설립된 교회로 개척교회 수준이었다. 재석은 교회 출석과 봉사에 충실하였고, 재석과 누나 가정은 신마산교회에서 민영완 목사의 지도로 신앙이 자랐다.

민영완 목사는 교회당 건축을 마친 후 고신교회의 수도권 진출의 필요에 따라 서울중앙교회 윤봉기 목사의 천거로 서울 서문교회에 부임해 갔다. 민영완 목사는 1938년 일본에 유학, 세이소쿠상업학교를 졸업하고 고베 간사이성서신학교를 졸업한 재원이었다. 민영완 목사가 서울로 떠난 때는 1958년 3월로 그의 나이 41세였다. 서울 지역의 보강을 위한 고신교회의 요청도 있었지만, 일본 유학까지 한 그가 볼 때 서울은 자녀교육을 위해 매력적인 곳이었다. 자녀들이 막 청소년 시기를 지나고 있었기 때문이었다. 이때는 재석이 결혼을 한 후 불과 3개월이 된 때였다. 재석이 결혼한 지 한 해가 지나면서 1959년 새해에 교회에서 집사로 임명되었다.

당시 서문교회는 땅을 빌려 천막을 친 초라한 교회였지만 열심히 목회하

---

15. 민영완 회고록, 《때를 따라 도우시는 은혜》, 145.

였고, 교회당 건축에 착수하여 1965년 크리스마스에 입당하였다. 서문교회의 건축은 서울지역의 고신교회를 강화하는 데 큰 도움이 되었다. 민영완 목사는 고신교회의 서울 지역 교세 확장을 기대하며 서울로 이동하였지만, 서문교회에서의 목회는 그리 순탄하지 못했다. 교회당 건축까지 마쳤지만 일부 교인들의 배척으로 민영완 목사는 3년 만에 다시 강서교회를 개척하여 나가야 했다.

민영완 목사는 재석과는 깊은 관계를 맺을 시간이 없었지만, 누나 박순이 집사와는 끈끈한 관계를 유지하고 있었다. 민 목사는 그의 회고록에 박순이 집사를 세 차례나 언급할 정도였다. 민영완 목사는 회고록에서 강서교회 개척을 할 때 박순이 집사가 그를 방문했던 기록을 남기고 있다.

"한 번은 마산 동명보육원의 원모 박순이 집사가 찾아와서 우리 형편을 보고는 그대로 엎디어 통곡을 하면서 하는 말이 "목사님 서울로 가신다기에 좋은 교회, 큰 교회로 가신 줄 알았는데, 이런 천막교회에서 고생을 사서 하시는 줄 몰랐다"고 할 때 우리도 같이 울었다. 신마산교회에서 찾아오는 사람마다 같은 말을 하였다."

재석의 누이 박순이 집사는 민영완 목사의 목회에 큰 힘이 되었고, 서울로 이동한 후에도 민 목사를 찾아가 큰 위로가 되었다. 이것이 재석 남매가 교회를 섬기는 마음이요 목회자를 대하는 방식이었다.

민영완 목사는 고신교회가 승동 측과 합동과 환원 이후 총회 교육부장으로서 교단 교육 사업을 펼쳤다. 그는 1967년 총회 교육부장으로 선임되어 1975년까지 7년 동안 일했다. 민영완 목사는 교회의 젊은이들인 이만열, 박중재, 도군삼 등과 함께 교단교육에 힘썼다. 그는 총회 교육부장으로 있으면서 교과과정심의위원회를 발족시켜 오병세 박사에게 책임을 맡겼고, 이 위원회는 '교단교육 이념과 목적'의 제정, 고신측의 공식적인 '생명의 양식' 교육과정 개발에 큰 역할을 하였다.[16] 그는 서울 신촌에서 강서교회를 개척해 20년 간 목회하였고, 훗날 총회장을 역임한 후 다시 총회 총무로 대정부 관계 일에 많은 수고를 하다가 은퇴하였다.

재석이 신마산교회에서 민영완 목사와 함께 신앙생활을 하였지만, 민목사가 서울로 떠난 것이다. 결혼 후 신접살림을 하고는 불과 세 달도 채 되지 않았던 때였다. 그러나 재석은 민영완 목사가 자신의 결혼식에서 축사를 한 말씀을 마음 깊이 간직하고 살았다.

부지런한 청년 부부

재석은 칼빈대학을 다니면서도 그가 아버지로부터 받은 가훈, 곧 근면, 검소, 봉사를 마음에 깊이 새겼다. 그는 아버지의 신앙과 삶으로부터 배운 체질적으로 부지런함과 성실함을 물려받았다. 대학을 다니면서 영어로 편지를 번역해 주면서 학비를 벌었고, 시온영어강습소를 열어 학생들을 가르쳤다. 학원은 주말에 학생들에게 시간에 맞추어 영어를 가르치는 일이었다. 그러면서 마산에 집을 하나 마련하고 있었다.

아내 이금지도 생활력이 있어서 연탄보급소를 하고 있었다. 남편 재석이 학교에 가면 아내 금지는 시누이가 하는 동명보육원 일을 몸을 사리지 않고 열심히 도왔다. 이러한 것이 훗날 무궁애학원 운영에 큰 도움이 되었다.

재석 부부는 주일이면 교회에 나가 마음을 다해 예배하였다. 재석은 주중에는 부산으로 나가 칼빈대학에서 공부를 하였고, 주말에는 마산으로 돌아왔다.[17] 부산에서 기차를 타고 마산역에 내렸다. 금요일마다 마산으로 돌아왔는데, 이금지는 항상 열차 시간에 맞추어 마산역에서 만났으니, 이것이 주말 데

---

16. 이상규·나삼진, 《대한예수교장로회(고신) 교회교육 역사》, 83.
17. 그의 신혼 초 결혼 회고담은 〈교회복음신문〉 2010년 12월 25일자에 실렸던 것을 정리한 것이다.

이트가 되었다. 결혼 전에 데이트를 즐기지 못했던 그들이 이제 주말 데이트를 즐기게 된 것이었다. 비가 오나 눈이 오나 때로는 강추위가 몰아쳐도 금지는 한결같이 금요일 오후면 마산역으로 재석을 마중 나왔다.

재석이 부산에서 마산행 열차에 오르면 물금을 지나 삼랑진까지는 경부선 철로를 이용하였고, 삼랑진에서부터는 경전선 철로를 이용하였다. 재석은 마산에서 주중에 부산으로 나와 공부하고, 주말에 돌아가곤 했는데 열차는 물금을 지나는 것이었다. 재석은 열차를 타고 매주 물금을 지나쳤지만, 그때까지만 해도 자신이 물금에 정착해 평생을 보낼 것이라고는 생각하지도 못했다.

마산역에서 만난 재석과 금지는 함께 집으로 걸어가며 재석은 학교에서 있었던 이야기를 하였고, 금요일마다 그 데이트는 금지의 마음에 평생 행복한 기억으로 남았다. 이런 일은 오랜 후에 송산이 부산에서 21세기 포럼이 수여하는 애처가상을 받았을 때 회고한 내용이었다.

재석이 결혼을 하고 이듬해 1959년 장남 신현이 태어났고, 연이어 1960년에 차남 포현, 1962년에 삼남 석현이 태어났다. 그는 아직 공부를 하던 대학생이었지만, 가장의 책임이 점점 무거워져 갔다.

당시는 국가적으로 의료, 보건 상태가 좋지 않아 태어나 어릴 때 죽는 일도 많아서 아이가 태어나면 바로 출생 신고를 하지 않고, 한두 해 키워보고 건강하여 살 것 같으면 그때 출생 신고를 하는 일이 많았다. 재석 부부는 아이들이 건강하게 자라는 것을 보며 하나님께 감사하였다. 재석은 하나님의 은혜로 사는 인생인 것을 자녀들이 건강하게 자라는 것을 보며 다시금 생각하게 되었다.

가족이 늘면서 집안이 복잡해 자녀 양육도 쉽지 않았지만, 부부는 자녀들에 대한 특별한 사랑을 가졌고, 이들에게는 즐거운 한때였다. 그 무렵 재석의 가정에는 결혼식 때 민영완 목사가 읽고 축복해 주었던 시편 128편 말씀이 하나씩 실현되고 있었다.

9. 고려신학교 입학

고려신학교 입학

　송산은 대학을 마치고 영어강습소 운영을 하다가 1962년 3월 고려신학교에 입학하였다. 그동안 학제가 바뀌어서 새 학년도가 시작되었고, 3월에 입학하였다. 송산이 고려신학교에 입학한 것은 칼빈대학을 마친 후 두 해가 지나서였다.

　그 무렵 고신교회는 1960년 12월 13일 서울 승동교회에서 합동총회를 개최하였을 때 한상동 목사는 총회장에 선출되었다. 그리고 다음 해에 다시 총회장에 재선되었다. 1948년 이자익 목사가 총회장에 재선된 이후 처음이었다. 한상동 목사는 극구 사양하였지만, 마지못해 재선 총회장이 되었다. 그것이 함정이었던 것을 그는 훗날 깨닫게 되었다. 합동총회에서 신학교 문제를 논의하면서 고려신학교와 총회신학교가 같은 총회 안에 있는데, 한 이사회가 두 신학교를 관리한다는 의미에서 '신학교 일원화'를 결의하였고, 이사회 구성은 양 교단 동수로 하기로 정하였다. 그러나 한 해 만에 이것이 바뀌었고, 신학교 이사회에서는 고려신학교를 총회신학교에 병합하는 상정안을 제출하였고, 그의 사회로 받아들여진 것이었다.

그는 1962년 9월 제47회 총회를 마치고 내려오면서 마음이 매우 복잡하였다. 그는 총회를 사회하면서 이사회 보고를 제지하지 못하였다. 그는 총회를 마치고 부산으로 내려오며 무척이나 마음이 무거웠다.

한상동 목사는 1962년 10월 17일 고려신학교 경건회를 인도한 후 고려신학교 복교를 선언하였다. 그때까지 고려신학교는 한상동 목사를 이사장으로 하는 사립학교였기 때문에 가능한 일이었다. 한상동 목사는 구 이사진과 논의도 하지 않았고, 그 선언을 들었던 교수와 학생들은 당황하였다. 총회 결과를 전해 듣고 있었던 교수와 학생들은 논란을 계속하였고, 시내 목회자들과 전국교회 목회자들 사이에도 논란이 계속되었다. 찬성하는 사람, 반대하는 사람, 중도적인 입장을 가진 사람들로 나뉘었다.

한상동 목사가 복교선언을 한 후 두 주가 되었을 때, 고려신학교 학생들은 의견을 수렴하여 10월 31일에 학우회 총회를 갖고 한상동 목사의 고려신학교 복교에 대한 결의문을 성명서로 발표하였다.[18] 성명서 말미에는 재학생들의 찬

---

18. 《고려신학대학원 50년사》, 《총신대학교 100년사》, 624-625.

반 명단을 부기하였는데, 찬성하는 학생이 최만술 등 53명, 중간적인 태도를 가진 학생이 오상진 등 6명, 반대하는 학생은 광주신학교 출신 3명을 포함해 최기채 등 5명이었고, 재석은 복교를 찬성하지만 총회에 참석하지 못한 학생으로 이름을 남겼다.[19] 그렇게 어수선하게 학기가 마무리 되었다. 새학기 개학을 앞두고 1963년 2월 25일 고려신학교 제5회 졸업생들이었던 홍반식, 이근삼, 오병세 교수는 회합을 갖고 고려신학교 복교에 동참하는 성명서를 발표하였다.

이들의 동참으로 고려신학교가 정착하고 신학교육이 크게 안정되었다. 이 선언으로 교단과 신학교가 복잡한 양상을 띠게 되었다. 송도 교사가 이전에 고려신학교 교사였기 때문에 합동 측을 따르던 이들은 영도로 옮겨갔다. 한상동 목사의 복교 선언으로 총회신학교 졸업을 얼마 앞둔 10월에 남영희, 이지영, 진학일, 최만술, 최진교 등 다섯 명의 고려신학교 출신 졸업생들이 부산으로 내려왔고, 총회 측은 이들의 강도사 고시를 허락하지 않았다.

이후 고신교단 환원이 준비되었는데, 1963년 8월 8일 부산노회를 시작으로 8월 12일 전라노회, 9월 3일 경북노회, 9월 4일 경기노회, 9월 10일 경남노회, 10월 10일 진주노회와 경동노회가 환원하였고, 제13회 총회를 환원총회로 개최하였다. 고신교회는 합동과 환원으로 많은 인적 자원들이 합동 측에 잔류하였고, 지도자 공백기가 되었다. 그러한 이유로 재석의 친구들은 목사 안수를 받은 지 얼마 되지 않아서 일찍부터 고신교회의 지도자 그룹으로 부상하였다.

신학교에서 만난 친구들

송산이 고려신학교에서 한 해 동안 함께 공부한 이들은 최해일, 조긍천, 석

---

19. 고려신학교 학우회 성명서, 1962. 10. 31.

원태, 양승달, 최성환 등이었다. 재석은 무궁애학원을 인수하면서 신학 공부를 계속하지 못하였지만, 친구들은 2년을 더 공부하고, 1964년 12월에 고려신학교 제19회 졸업생이 되었다.

최해일 목사는 동기들 중에 언제나 앞서 갔던 인물로 부산 삼일교회, 서울 서문교회 등에서 담임목사로 목회하였다. 한상동 목사가 별세했을 때 그의 후임이 될 정도로 주목받던 젊은 목회자였다. 행정 장교 출신으로 한국전쟁에 참전했던 최해일 목사는 행정에 밝아 고신교단 총무로 오래 일하였고, 10년 이상 한국기독교지도자협의회장으로 봉사하였으며, 대한예수교장로회(고신) 총회장을 지냈다. 총무로 있으면서 〈월간 고신〉을 서울에 정착시켰고, 고신교회를 수도권에 뿌리를 내리기 위해 총회회관을 건축하는 구상을 하였다. 총회회관 건축은 1993년에 그의 후임으로서 전임총무였던 심군식 목사가 실무를 맡아 완공했다.

학생시절부터 영어를 잘 하고 명석했던 양승달 목사는 일찍이 네덜란드로 유학을 떠나 학자의 길을 걸었는데, 서울시민교회를 개척하여 훗날 굴지의 교회가 되었다. 그는 고려신학대학 교수로 부임했으나 안타깝게도 간경화로 일찍 하나님의 부름을 받았다. 그는 한국 교회 1세대 실천신학자로, 내래모어의 《목회상담학》을 번역하였고, 《설교학》을 저술하기도 했다.

조긍천 목사는 경남 거제 출신으로 칼빈대학 제1기 학생이었다. 그는 칼빈대학과 고려신학교를 졸업한 후 제4영도교회를 평생 목회하여 건실한 교회로 성장시켰다. 그는 오랫동안 고려신학대학원에서 교회 정치와 헌법 과목을 강의했으며 역시 총회장을 지냈다.

신학교 동기생들이 힘써 경건을 훈련하고 목회자로 준비되는 동안 송산은 조용히 고아들을 먹이고 입히고 가르치며 은둔의 세월을 보내었다. 이는 마치 모세가 미디안 광야에서 이드로의 양을 치며 하릴없이 세월을 보내는 것과 같았다.

송산은 아내 이금지에게 몇 차례 신학을 계속하지 못한 아쉬움을 드러내기도 했다. 친구들은 존경받고 전국을 다니며 마음껏 설교를 하고 있었다. 합동과 환원 과정에서 이북 출신 목회자들이 승동 측에 잔류한 이들이 많아, 동기생들은 일찍부터 고신 교회에서 리더십을 갖게 되었고, 고신교회에서 특별한 역할이 주어졌다.

실제로 고려신학교 제18회 졸업생들 18명 중에 조긍천, 최해일, 원종록, 석원태 네 사람이 총회장을 지냈다. 그의 친구들 중 이북 출신의 목회자들이 승동 측과의 합동 후 대거 합동 측에 잔류하였다. 이 때문에 동기생들은 일찍 고신교단의 지도자로 활동하였고, 1980, 90년대 고신교회에서 큰 역할을 하였다.

재석이 처음 무궁애학원을 맡았을 때는 어느 정도 안정이 되면 아내에게 맡기고 신학교에 돌아가 목회할 생각이었다. 그는 여러 차례 신학교로 돌아갈 기회를 찾았으나 기회를 얻지 못했다. 친구들이 목회자가 되고 건실하게 목회할 때 그는 교회를 섬기는 집사로 일했고, 그는 1970년 1월 2일에 장로로 장립을 받았다.

당시만 해도 물금은 전형적인 농촌으로, 교회도 주목받지 못하는 농촌교회였기 때문에 재석은 사람들에게 잊혀진 존재와도 같았다. 재석은 친구 목회자들의 괄목할만한 성장을 보며 내심 부러웠지만, 재석은 자신에게 주어진 장로로서 역할에 충실했다. 고아원에 원아들이 많아지면서 아내 혼자로서는 감당하기 어려운 일이 되어갔다. 결국 송산은 신학교로 돌아가지 못하였고, 그가 처음 가진 뜻과 같은 '교회의 목회자'가 아니라 고아와 장애인을 돌보는 '작은자들의 목회자'가 되었다.

제3부
고아의 아버지

참된 경건은 곧 고아와 과부를 그 환난 중에 돌보고,
또 자기를 지켜 세속에 물들지 아니하는 그것이니라.
(야고보서 1: 27)

10. 한국전쟁과 그 후유증

한국전쟁

  1945년 8월 15일 일본 천황이 항복을 선언하면서 태평양전쟁이 종식되고, 우리나라가 해방되었다. 그런데 36년 동안의 일본 제국주의의 압제로부터 해방되었지만, 이는 스스로의 힘으로 된 것은 아니어서, 바로 완전한 독립국가를 이룰 수가 없었다.

  UN 결의로 한국은 38선을 경계로 하여 남한은 미군이 중심이 되고, 북한은 소련군이 중심이 되어 군정이 시작되었다. 1948년에야 대한민국 정부가 수립되었다.

  대한민국 정부가 수립되면서 정치적, 군사적, 경제적 역량이 부족한 우리나라로서는 새로운 나라를 건설하기 위해 재정과 인력이 투입되어야 하는 일들이 많았고, 해방 후 자유가 분출되는 시기였기 때문에 국민의 요구도 다양하게 분출했다.

  정부는 국가의 기본을 세우는 일이 시급하였고, 예산도 여의치 않아 국방이 허술하기 그지없었다. 북한에서는 38선 이북을 점령한 소련군의 지지하에 김일성 정부가 수립되었고, 경제적, 자원적인 우위를 기반으로 한 군비 증강으로 남침을 계획해 단계적으로 준비하고 있었다. 북한에 김일성이 공산당 정권을 세우는 데 성공하면서 1948년 12월에 전략적으로 소련군 철수가 이루어졌고, 남한에서 미군의 철수도 요구하게 되었다.

이에 1948년 12월 UN 결의에 따라 고문단 500명만 남기고 이듬해 6월까지 철군이 이루어졌다. 자유민주주의의 신봉자 이승만 대통령은 반공과 북진통일을 주장하고 있었기 때문에 미국은 남한의 한국군 무장을 경계하여 대포나 탱크는 없이 소총 정도로만 무장하도록 했다.[1] 남한의 국방이 북한에 비해 형편없는 것이었다.

1950년 1월 12일 미국 국무장관 애치슨의 '애치슨 선언'(Acheson line declaration)으로 미국의 방위선에서 한국을 제외하면서 북한의 남침의 빌미를 제공했다. 북한의 김일성 정권은 정부 수립 이전부터 남침을 계획하며 치밀한 준비를 하였다. 인민군은 1950년 6월 25일 주일 새벽 보병 10개 사단, 전차 242대, 항공기 211대의 중무장한 군대로 남침을 결행하였다. 한반도는 전쟁의 소용돌이 속으로 빠져들어갔다.

한국전쟁과 그 후유증

1945년 해방과 함께 시작된 전쟁 준비로 1950년 6월 25일 전쟁이 발발하였고, 인민군의 총공세로 국군은 여지없이 무너져 사흘 만에 서울을 점령당하고, 인민군은 파죽지세로 남하를 계속했다. 7월 20일에 북한 인민군은 대전을 점령했다. 전쟁 발발 불과 두 달 만에 정부의 피난은 물론, 정부의 행정력이 미치는 땅은 낙동강을 경계로 하는 칠곡 이남 지방만 겨우 보존하고 있었다. 전쟁기간 중에 정부는 7월 16일에 대구로 와 잠시 머물렀다가 8월 중순에

---

1. 변태섭, 《한국사통론》, 505.

다시 부산으로 옮겨갔다. 온 나라가 풍전등화와 같았다.

7월 9일 미 제8군 사령부가 대구에 설치되었고, 전쟁이 워낙 시급한 상황이라 대구의 많은 학교들이 미군에 징발되었는데, 재석이 공부했던 대구공고도 한 해 동안 미군에 의해 징발되었다.

전쟁이 발발한 후 미국이 UN군 파병안을 UN 안전보장이사회에서 다루게 되었다. 파병 결의는 단 한 상임이사국이라도 반대가 있으면 불가능한 일을 소련 대표가 유엔이 중공의 가입을 거부했다는 이유로 회의 참석을 거부하고 있던 중이어서 거부권 행사가 이루어지지 않았다.

한국군과 유엔군은 낙동강을 방어선으로 삼았고, 8개 사단을 투입했다. 1개 사단은 만 명 내외였는데, 당시 한국군 전체는 10만 명이 채 되지 않았다. 낙동강은 국군과 인민군의 피로 물들었고, 전쟁의 광기가 처절하였다. 그 사이에 치열한 낙동강 전투가 있었다. 9월 15일 연합군은 인천상륙작전을 성공시켰고, 서울로 진격하여 9월 28일에 중앙청에 다시 태극기를 내걸었다.

낙동강을 방어선으로 하여 그 이남을 지키기 위한 치열한 전투가 계속되었는데, 왜관의 철교가 폭파되었고, 미 공군은 인민군을 집중 포격하여 인민군 4만 명 중 3만 명이 전사하거나 부상하였다. 대구 북쪽 20여 킬로 떨어진 김천 근교의 다부동 전투는 한국전쟁 동안 가장 치열한 전투였다. 3만여 명의 인민군과 전차 34대가 동원되었지만, 미 공군의 공습 앞에서 견디지 못하였다.

부산으로 피난 온 이북의 목회자와 성도들은 한상동 목사가 시무하는 초량교회에 모여 간절히 하나님의 은혜와 도움을 구하였다. UN군의 참전과 9.15 인천상륙작전으로 전세가 완전히 뒤집히고, 인민군의 허리가 두 동강 난 가운데, 국토가 회복되기 시작했다.

UN군과 국군은 남한 전역을 탈환하면서 퇴각하는 인민군에 합류하지 못한 패잔병들은 지리산으로 숨어 빨치산이 되었고, 낮에는 대한민국 정부가 치안을 담당하고, 밤이 되면 인민군이나 빨치산의 세상이 된 곳도 많았다. 재석이 살던 대구 가까이 팔공산도 그런 지역 가운데 하나였다. 국군은 UN군의 참전과 인천상륙작전으로 여세를 몰아 다시 평양을 거쳐 압록강 가까이 초산까지 진격해 갔다. 통일을 향해 나아가려던 분위기는 중공군의 개입과 인해 전술로 다시 후퇴하게 되었다.

한국전쟁 3년 기간에 피해가 막심했다. 인민군은 농민들을 압제했다고 하여 지주를 적대적으로 대하였고, 기독교인을 미국의 앞잡이라 생각하여 박해해 많은 그리스도인들이 순교를 당했다. 북한 김일성 정권은 기독교를 적대시하였기 때문에 전쟁에서 기독교가 입은 손실이 엄청났다. 한국전쟁 기간에 267개 교회가 완전 소실되었고, 705개 교회가 파괴되었다.[2] 그동안 여수순천 사건 때 두 아들 동인과 동신이 순교한 지 2년 만에 여수애양원에서 교회를 지키던 손양원 목사가 순교를 당했다. 많은 기독교 지도자들이 납북되어 그 후 소식을 알지 못하였다.

---

2. 민경배, 《대한예수교장로회 100년사》, 544.

11. 생의 변곡점, 무궁애학원과의 만남

대구공고를 졸업한 재석은 목사가 되기로 작정하고, 대구신학교에 입학하였다. 그러나 신학교에서는 전임교수가 없었고 목회자들이 담당하는 강의는 대학 인가도 나지 않았고, 교육의 수준도 성경공부 수준이어서 만족스럽지 않았다. 그는 3년을 수학한 후 고려신학교 예과가 칼빈대학으로 개편되었다는 소식을 듣고 칼빈대학에 편입하였다. 그는 2년 동안 강한 훈련을 받고 1960년 칼빈대학을 졸업했다. 1962년 3월에 고려신학교에 입학해 한 해를 공부하고 방학을 맞으면서 송산의 생애에서 변곡점을 맞는 일이 있었다.

그는 누나가 운영하는 동명보육원에서 총무로 일하면서 시온 영어강습소를 운영하고 있었는데, 평소 알고 지내던 경상남도 사회복지시설연합회 사무국장으로부터 무궁애학원을 방문하자는 제의를 받았다. 1962년 12월 성탄절을 며칠 앞둔 날로 날짜가 정해졌다.

한국전쟁이 발발하면서 서울에 있던 무궁애학원이 피난길에 올라 남으로 남으로 내려와 부산 근교 양산 물금에 자리잡고 있었다. 부산시내로는 진입하지 못하고 비교적 싼 지역인 물금에 자리하고 있었다. 무궁애학원은 1955년 경상남도 지사로부터 후생시설 인가를 받았고, 1957년 보사부장관으로부

터 재단법인 무궁애학원 인가를 받았다.

　무궁애학원은 뒤편으로 오봉산이 병풍처럼 펼쳐져 있고, 곡창지대 양산평야가 한눈에 보이는 좋은 위치였다. 그러나 그 시설은 형편이 없었다. 무궁애학원은 마땅한 장소가 없어 양산교육청 소유의 20평 건물과 루핑 지붕을 한 20평 천막같은 건물에 원생 30여 명을 수용하며 어렵게 생활하고 있었다. 부엌에는 19공탄 연탄을 세 개를 넣는 드럼통이 있었다.

　무궁애학원에 들어선 순간, 재석은 눈 앞에 펼쳐진 광경을 믿을 수가 없었다. 지붕은 당시에 값싼 건축자재였던 루핑으로 하늘을 가리우는 정도였고, 방은 판자로 칸을 질렀지만 구멍이 숭숭 뚫려 있었고 그 사이로 바람이 통하고 있었다. 비가 내리면 천정에서 비가 새서 방안에서 양동이로 물을 받아 내어야 했다. 곳곳에 비가 흘러내린 흔적이 벽에 남아있었다. 전쟁으로 부모를 잃은 원생들은 허기진 배를 안고 신음하고 있었다. 비가 그치면 천정과 벽에 다시 곰팡이가 생겨 불결하였다. 방에서 밤에는 하늘의 별이 보였고, 마당에 누운 것과 별반 다르지 않았다.

　고아원 환경이 불결하고 위생 상태가 좋지 않으니 병에 걸린 아이들이 많았다. 영양 공급이 원활하지 않아 아이들의 면역성이 떨어져 질병에 시달리는 경우였다. 그곳에는 차마 눈을 뜨고 볼 수 없을 정도의 모습을 한 고아들 30명이 살고 있었는데, 거지와 같은 모양새를 하고 있었다. 고아원 시설은 무너지기 직전의 모습 같았다. 재래식 화장실은 입구가 가마니로 가리워져 있었고, 나이 어린 아이들이 용변을 보다가 떨어질 위험도 있었다. 무궁애학원에는 지도 교사 1명, 식모 1명, 원장이 일하고 있었는데, 대식구가 살아가기 어려운 형편이었다.

마음에 큰 충격을 받은 재석은 아이들을 보니 눈물이 핑 돌고 영적, 육적으로 너무 불쌍하게 여겨져 이들을 어떻게 해야 할 것인가를 생각하지 않을 수 없었다. 예수께서 그를 찾아온 사람들을 보고 "무리를 보시고 불쌍히 여기시니 이는 그들이 목자 없는 양과 같이 고생하며 기진함이라"(마 9:36)고 했다. 여기 '불쌍히 여기시니'는 창자가 뒤틀리는 고통을 느꼈다는 것이다. 이날 송산이 무궁애학원에서 본 아이들로 인해 그 스스로가 그러한 마음이었다.

'하나님, 왜 이렇습니까? 내가 이들을 도와야 할까요?' 하고 생각하였다.[3]

그때는 전쟁이 끝났지만, 국가적으로 전후 복구가 끝나지 않아 고아원 등 복지시설에 대한 지원이 충분하지 않았다. 나라에 물자가 부족해 사람들의 생활이 어려웠고, 고아원 운영은 더 어려웠다. 전쟁이 끝난 지 8년이 지났지만, 아직 그 전쟁의 상흔이 곳곳에 남아있었다. 산이 많은 부산에 대청동, 영주동, 초량동, 수정동 등 산복도로 윗쪽으로는 판자집이 즐비하던 때였고, 곳곳에서 거지들이 깡통을 가지고 떼를 지어 동네를 돌며 음식을 구걸하던 때였다.

당시 어느 고아원 시설이나 그러했지만, 무궁애학원은 정부에서 약간의 지원을 받았지만 후원자들이 없어 고아들이 먹을 양식도 해결할 수 없었다. 함께 무궁애학원을 방문한 그 직원은 재석에게 이 시설을 맡아주도록 요청했다. 당시 기관의 사람들은 힘든 일을 하기를 원하지 않았고, 정부의 지원이 거의 없었기 때문에 선한 생각으로 일을 시작했어도 계속하지 못하는 경우가 많았다. 아이들이 이런 환경에 자라게 해서는 안 된다는 생각을 하게 되었다. 하나님이 그의 마음을 움직였고, 송산은 자신의 마음을 주께 드렸다.

송산은 그 자리에서 무궁애학원을 인수하기로 하였다. 송산은 그 자리에서 이를 인수해 시설을 개선하여 아이들이 건강하게 자랄 수 있게 해야겠다는 마음을 먹었다. 송산은 당장 융통할 수 있는 돈이 없었다. 마산 신창동에 살던 집과 아내가 운영하던 연탄 보급소, 그리고 학원과 고향의 땅을 조금 정리해 70만 원의 인수자금을 마련하였다.

두 달의 기간이 지나면서 인수금을 다 치루고, 재석은 1963년 2월 22일 아직 낙동강변의 바람이 차갑던 때에 그 바람을 맞으며 물금으로 이사를 했다.

---

3. Evangelia University 명예 선교학박사 학위 수여식 연설문. 《꿈과 열정으로 살아온 80년》, 556.

아직 낙동강의 찬바람이 예사롭지 않았다.

    재석은 우선 인가를 갱신하고, 시설을 개선하기 위해 고향 청도의 토지 700평을 매각하여 시설을 깨끗하고 새롭게 단장하였다. 재석으로서는 자신의 모든 재산을 투자하는 것과 같았다.

12. 무궁애학원 초기 사역

시설 개선과 인가 갱신

송산이 무궁애학원과 함께 정착한 양산군 물금면은 부산에 가까웠고, 경부선 철길이 물금을 지나고 있었지만 여전히 시골이었다. 김해는 물론 밀양이나 삼랑진, 물금 등 인근 지역 사람들은 쌀이나 보리, 곡식 등 농사를 지은 것을 구포장에 나가 팔곤 하였다. 김해평야에서 생산된 농산품들이 구포장에서 거래되는 경우가 많았다.

송산은 관공서 등의 일로 분주했고, 고아원 운영에 필요한 물품을 구입하는 일은 아내의 일이었다. 그는 마산이 익숙했고, 마산은 경남의 중심되는 도시라 물건들도 싸게 나오는 것이 많았다. 더구나 마산에서 삼랑진을 거쳐 부산으로 가는 열차편이 있었기 때문에 초기에는 주로 마산에 나가 시장을 보았다. 이금지는 첫째 신현은 할머니 댁에, 둘째 포현은 외할머니 댁에 맡기고, 셋째 석현은 등이 업고 양손에 보따리를 몇 개씩 이고 지고 필요한 물품을 물금으로 날라야 했다.

송산의 아내 이금지는 청도 양재학원에서 배운 재봉틀로 밤 늦게까지 옷을 수리하기도 하고, 새옷을 직접 지어 입히기도 했다. 밤 늦게까지 세탁해야 했고, 지친 몸이지만 새벽기도회를 갖고 아동들의 아침 식사를 챙겨주고 학용품을 챙겨 학교로 보내어야 했다. 무궁애학원에서 아동들을 가장 많이 수용했을 때는 150명까지 수용했는데, 일손이 부족한 가운데 그 모든 것이 아내의 몫이었다.

송산은 처음에는 농사를 지어 원아들이 먹을 쌀도 손수 마련했다. 아이들의 작은 집과 농토를 마련하여 농사를 지으며 무궁애학원에 전념하여 시설 개선 작업에 몰두하였다. 그렇게 1년을 돌보았더니 아이들의 영양과 위생 상태가 눈에 띄게 좋아지기 시작했다.

주경야경

'주경야독'이라는 말이 있다. 낮에는 농사를 짓고 밤에는 등불을 켜 공부한다는 것을 말한다. 그 무렵 송산은 낮에도 일하고 밤에도 일하는 '주경야경'의 시절이었다. 송산이 관계기관을 방문하려 외출하면 아내가 고아원 실무를 다하고, 원아들을 돌보아야 했다.

송산은 낮에는 주로 외근을 하며 관계기관을 방문하여 무궁애학원의 실정을 설명하고 도움을 청하였다. 인근 미군부대도 그 대상이었다. 그때는 관공서에 가서도 어떤 일을 처리하기 위해 기다리는 것이 일이었는데, 공무원들의 퇴근 때나 되어서야 일을 마칠 수 있었다. 업무를 마치고 늦게 돌아오면 낮에 처리하지 못한 일들이 산더미처럼 남아있어서 하루 24시간이 부족한 실정이었다. 밤이 되면 기독교 사회봉사회 케어 물자, 양친회, 스칸디나비아 아동구호 단체, 월드 미션, 컴패션 등에 편지를 보내는 것이 일이었다.

무궁애학원은 사회복지법인이라 관공서에서 요구하는 월보, 연보, 예산서, 결산서, 이사회 회의록, 경리원장, 세목별 장부, 증빙철 등 서류가 많았다. 모든 서류를 철저히 구비해야 했는데, 송산은 이를 가장 우선적인 일로 생각하고 철저히 관리했다. 이것이 관공서에서 신뢰를 받는 계기가 되었다. 그 당시는 전자계산기가 없었기 때문에 주판으로 모든 계산을 일일이 해야 했다. 주판으로는 더하기와 빼기는 할 수 있었지만, 상고를 나오지 않았던 송산으로서는 곱하기와 나누기는 어려웠다. 그러한 애정이 묻어 있기에 그 당시의 주판이나 편지를 써 보내던 타자기가 남아 있는데, 무궁애학원의 초기의 역사를 보여주는 유물과도 같다.

법인을 운영하면 이를 기회로 개인의 영리를 취하는 경우도 적지 않아서 행정당국에서 한 해 한차례 정기감사가 나오고, 필요시 수시로 감사가 나오기도 했다. 그러나 무궁애학원이 언제나 좋은 성적을 받은 것은 송산이 흠없이 철저하게 관리를 하였기 때문이었다.

뜻밖의 손님들

송산이 무궁애학원을 인수하여 시설을 개수하고 얼마 되지 않았을 때 잊지 못할 사람들의 방문이 있었다. 송산이 무궁애학원을 인수한 이듬해, 1964년 11월이었다. 미국은 넷째 주 목요일은 추수감사절로 지킨다. 추수감사절에는 가족들을 만나고, 이웃도 초대해 성대한 파티를 갖는다. 한국전쟁이 끝난 지 10년이 되었는데, 그때까지도 미군들이 나라 곳곳에 주둔하고 있었다. 양산시 상북면 신불산에 주둔하던 미군 통신부대도 그러한 부대들 가운데 하나였다.

우리나라는 추석이나 설이 최고의 명절이지만 미국은 추수감사절이 최고의 명절이다. 미국에서는 추수감사절이 되면 흩어져 살던 가족들이 모여 칠면조를 잡고, 그동안 못다한 이야기를 나누며 가족의 정을 나눈다. 군에 입대하여 한국에까지 파견된 이들은 얼마나 더 가족이 그리웠으랴. 가족이 그리웠던 주한미군들이 추수감사절을 맞아 고국에서 가족들이 모이던 추수감사절 잔치를 생각하며 칠면조 고기와 통조림 등 미군들이 즐겨 먹는 음식과 장난감과 초콜릿 선물도 가지고 무궁애학원을 방문했다. 무궁애학원의 원아들은 미군들과 함께 생전 먹어보지 못한 맛있는 음식으로 추수감사절 파티를 즐겼다.

송산은 그들과 대화가 가능했지만, 아이들은 미군들과 말이 통하지 않았고, 생전 처음 먹는 음식에 생경한 추수감사절 잔치였지만, 여간 신나는 일이 아니었다. 그해 추수감사절 잔치는 아이들도 미군들도 대단히 즐거운 시간이었고, 송산 부부에게도 무궁애학원 사역 첫해 큰 위로가 되었다.

원아들의 일탈

송산 부부는 아이들을 사랑하며 그들에게 일일이 정성을 쏟았다. 송산 부부가 사랑으로 돌보면서 원아들이 송산 부부를 부모로 생각하기 시작했다. 무궁애학원을 시작한 지 오래지 않았고, 첫사랑을 쏟아부었다. 아이들이 건강을 회복하고 잘 자라는 것이 기쁨이고 보람이었다. '이런 마음으로 고아원을 운영하는구나'는 생각을 할 때가 많았다. 그의 자녀는 어느듯 100명이 되고 있었다.

송산 부부가 원아들을 사랑으로 돌보았지만, 모든 일이 쉽지는 않았다. 원아들이 어릴 때 시설에 들어왔지만, 아이들은 자라면서 어떤 이유에서든지 부모로부터 버림받았다는 인식을 하게 된다. 아무리 사랑으로 잘 돌보아 주어도 부모에게서 버림을 받아 사랑이 결핍된 아이들이라 마음 한 곳에는 채

워지지 않았다.

 원생들의 일탈과 비행도 자주 일어났다. 아이들끼리 다투는 일도 거의 매일 일어났다. 또 이웃집에서 자주 물건을 잃어버리는 일이 발생하였고, 대부분은 원생들의 소행일 때가 많았다. 이런 일이 잦다보니 이웃이 이들을 반길 리가 없었다. 이런 일이 피난을 온 후 10년이나 계속되어 무궁애학원도 한계에 봉착하고 있었다. 그러나 송산이 무궁애학원을 맡고부터는 송산 부부가 이웃과 지역사회를 위해 언제나 진심으로 앞장서고 힘쓰는 것을 잘 알고 있었기 때문에 불만을 표출하지는 않았다.

 송산은 부모의 사랑을 받지 못하고 자라는 아이들에게 하나님의 사랑을 알려주어야 했다. 송산 부부가 사랑으로 이들을 돌보았지만, 이 아이들을 다 책임지는 것은 어려운 일이었다. 결국 이들의 아버지가 되시는 하나님께 도움을 구할 수밖에 없었다. 그는 아이들의 신앙적인 훈련이 중요하다고 생각해 매일 6시 30분부터 30분 동안 예배를 드렸다. 이것은 송산이 칼빈대학에서 성경과 신학을 공부하였고, 신학교에서도 한 해를 공부했기 때문에 엄두를 낼 수 있는 일이었다. 기도는 직원들과 아이들이 교대로 기도하였다.

송산은 비록 고아들을 위해 말씀을 전하는 것이었지만 가벼이 할 수 없었다. 그 매일의 설교를 위해 성경을 읽고 묵상하고 깊이 준비해야 했다. 송산은 원아들을 위해 기도하며 예배를 준비하는 중에 자신이 은혜를 받은 때가 많았다. 송산은 자신이 신학을 마치고 목회자가 되지 못한 것에 대해 마음의 큰 위로가 되었다.

송산이 정성을 다해 말씀을 준비하고, 진실된 마음으로 아이들을 돌보면서 아이들의 변화가 눈에 띄었다. 아이들이 예배를 드리면서 찬송과 기도와 말씀으로 믿음으로 자라는 것이 눈에 보였다. 송산 스스로 고아들을 목회하는 것으로 이해하게 되었다. 송산이 평생 하나님의 말씀 앞에서 살 수 있는 힘을 주었다.

아이들을 내보내고

송산 부부가 무궁애학원 사역을 본격적으로 시작하면서 자녀들을 함께 돌보는 것에 한계가 있었다. 아내와 의논하여 아이들을 부산으로 내보내어 할머니가 돌보게 했다. 장남 신현이 초등학교 5학년, 포현이 4학년 때였다. 집이 초량으로 정해졌다. 초량은 부산중학교와 부산고등학교가 있는 곳이고, 신앙적으로는 한상동 목사가 시무하는 삼일교회 가까이라 적당하게 여겼다. 물금역에서 기차를 타면 그리 멀지 않는 초량이라 적당하였다.

해방 후 초량교회를 담임하였던 한상동 목사가 교회쇄신운동을 전개하면서 총회 측과 갈등을 갖게 되었고, 제36회 장로교 총회가 고려신학교와 고려고등성경학교 관계를 끊고 돌아오라 하였다. 총회 결의를 근거하여 당시 교회 재산권을 가지고 있었던 경남노회 유지재단이 교회 명도를 요청하였다. 초량교회의 성도들 90%가 한상동 목사를 지지했지만 교회를 비워주고 나와 새로이 시작한 교회가 삼일교회였다.

한상동 목사는 고려신학교 설립자로서 종종 고려신학교나 칼빈대학 경건회에 나와 설교를 하였고, 모든 학생들이 존경하며 따랐기 때문에 송산도 존경하는 마음을 가지고 있었다. 삼일교회는 한상동 목사가 담임목사로 있었고, 심군식 전도사가 유년주일학교를, 신현국 전도사가 중고등부를 지도하고 있을 때였다.

송산은 아이들을 위해 방을 얻어주고 이사를 한 후 교회를 방문하여 아이들의 신앙교육을 간곡하게 부탁하였다. 첫째 신현과 동생들이 삼일교회에서 자란 것이 그런 연유였다. 송산이 어느 토요일에 삼일교회를 방문, 심군식 전도사와 신현국 전도사를 만났다. 그들은 송산보다 몇 년 후배로 칼빈대학에서부터 잘 알고 있던 사이였고, 송산이 장로로 임직받은지 오래되지 않았던 때였다.

그들이 반갑게 맞아주었다.

"장로님, 어떻게 오셨습니까?"

송산은 칼빈대학 시절에 선후배로서 반갑게 인사를 나누었다.

'전도사님, 반갑습니다. 제가 아시다시피 고아원을 운영하느라 자녀들을 돌볼 시간적 여유가 없습니다. 그래서 아이들의 학교 가까이에 방을 얻었는데, 앞으로 삼일교회에 출석하게 되었습니다. 전도사님들이 우리 아이들을 잘 보살펴 주시고, 신앙을 잘 지도해주시면 고맙겠습니다."

송산은 아이들만 교회에 보낼 수밖에 없었지만, 직접 교회를 방문해 담당 교역자를 찾아 신앙 지도를 부탁하였다. 송산이 심었던 '믿음의 씨앗'이 이제 그의 자손들에게 아름답게 꽃을 피우게 된 것이었다. 아버지로서 부족하다고 늘 느꼈지만, 아이들이 건실하게 자라주었다. 송산이 훗날 "내가 고아원 아이들을 돌보는 동안 하늘 아버지가 우리 아이들을 돌보아주었다"는 고백을 한 바 있었다.

13. 아버지의 마음 어머니의 마음

'고아의 아버지' 죠지 뮐러

영국 브리스톨에서 고아원을 경영한 조지 뮐러(George Muller; 1805-1898)는 고아의 아버지라 불린다. 조지 뮐러는 1805년 독일 프로이센에서 세무관의 아들로 태어났다. 그는 어릴 때 문제 청소년이었지만 17세기 독일의 경건주의자들이 설립한 할레대학에서 신학을 공부하였고, 1834년 영국으로 이주하여 목사 임직을 받고 브리스톨에서 고아원을 경영했다.

조지 뮐러는 고아원을 운영하던 65년 동안 사람들의 도움을 받기보다는 순간순간 기도하며 고아들을 돌보았다. 고아원 경영을 위해 많은 후원자들의 도움이 필요했지만, 조지 뮐러의 고아원은 운영 방식은 지극히 단순했다. 그는 고아원에 필요한 모든 것을 기도로 간구하여 받아 살았다. 이른바 페이스 미션(faith mission)이었다. 조지 뮐러는 사람들을 찾아다니며 손을 벌리지 않고, 고아원에 필요한 것을 오직 하나님께 기도하며 문제를 해결하였다. 이러한 그의 고아원 운영 원칙을 잘 알고 있었던 후원자들이 뮐러가 무엇을 부탁하기 전에 필요한 것을 공급해주어 문제를 해결했다.

그가 기도하며 고아원을 운영하였던 한 스토리이다. 폭우가 쏟아지던 어느 날 아침 그의 고아원에는 아이들이 먹을 음식이 하나도 남아있지 않았다. 조지 뮐러는 시간이 되어 식당을 찾아온 400명의 고아들과 함께 식탁에 둘러 앉았다. 빵도, 햄도, 우유도 떨어졌다. 먹을 음식이 아무 것도 준비되지 않은 상태에서 뮐러는 아이들의 손을 맞잡고 식사 감사기도를 드렸다.

그 어느 때보다도 간절히, 오직 이 고아들의 아버지께 간절히 기도하였다. 조지 뮐러의 간절했던 식사 기도가 끝났을 때 고아원에 노크 소리가 들렸다. 고아원 문 앞에는 한 대의 마차가 아침에 막 구운 빵과 신선한 우유를 가득 실은 채 문을 두드린 것이었다. 알고보니 인근 공장에서 종업원들을 위한 야유회를 위해 빵과 음식을 준비했지만, 폭우로 야유회가 취소되면서 모든 음식을 고아원에 보내온 것이었다.

뮐러는 식사 준비가 되지 않아서 음식을 차려놓지 못하고 식사 기도를 했지만 '고아의 아버지' 하나님이 그 아이들에게 먹을 것을 공급해 준 것이었다. 하늘에서 비가 쏟아지게 하고, 야유회를 취소하게 하고, 그 준비된 음식을 정확한 시간에 조지 뮐러의 고아원으로 배달시켜 주신 것이었다. 조지 뮐러의 전기를 보면 이런 신비한 일들이 수없이 나타난다. 조지 뮐러는 그렇게 5만 번 기도하며 15만 명 이상의 고아들을 돌보며 살았고 '고아의 아버지'로 불리고 있다.

이러한 조지 뮐러의 여러 스토리는 고아원을 운영하는 송산에게는 언제나 큰 감동이었다. 스스로도 늘 하나님의 도움과 은혜를 구하며 사역하였다. 그가 평생 하루도 새벽기도회를 쉬지 않은 것도 하나님의 도움을 구하는 시간이었기 때문이었다.

조지 뮐러가 영국에서 고아의 아버지였지만, 송산 부부는 한국에서 '고아의 아버지', '고아의 어머니'였다. 송산은 1963년 2월에 낙동강변의 차가운 바람이 불던 날 물금으로 이사한 후 꾸준히 고아들을 돌보았다. 무궁애학원 아이들은 그를 아버지로, 이금지 권사를 어머니로 불렀다.

송산 부부가 고아원을 처음 시작할 때는 전쟁으로 인해 부모를 잃은 고아들이 대부분이었다. 1960년대에는 가난한 집에서 아이들을 기를 수가 없어서 부자집이나 고아원, 혹은 경찰서에 버린 아이들이 무궁애학원으로 들어오는 경우가 많았다.

갓난아기들을 버리는 것이 범죄 행위이고 법으로 처벌받아야 했지만, 1960년대와 70년대까지 출생해 버려지는 아이들은 수도 없이 많았다. 오늘날은 유전자 감식을 통해 부모를 찾을 수 있지만, 그때는 부자집이나 교회, 혹은 경찰 지서 앞에 어린 아기를 두고 가면 절차를 거쳐 고아원으로 옮겨지는 것이 다반사였다.

미혼모가 아기를 낳고 사회적인 인식이 좋지 않아 생존을 위해 아기를 유기하는 경우도 많았다. 당시는 산부인과에서 임신 중절수술로 무자비하게 살인이 이루어지고 있었다. 지금은 출산을 하지 않아 세계 최저 출산율을 기록하고 있지만, 당시는 산부인과가 가장 인기 있고 수입이 많았던 시기였다. 한국전쟁이 끝난 지 70년이 되었지만 아직도 아이들이 외국에 입양되는 일이 많다. 한국 아이들이 외국으로 입양되어 문화적, 언어적, 정체성 갈등을 겪는 경우를 많이 본다.

아버지의 마음, 어머니의 마음

무궁애학원에 온 아이들은 송산과 이금지 권사를 부모 삼아 자랐고, 송산 부부는 이들을 돌보는 것을 큰 보람으로 여겼다. 아이들이 여러 경로로 고아원에 들어와 고등학교까지 교육을 시키는 것이 목표였고, 18살이 되면 고아원을 떠나야 했다. 정부의 지원도 그때까지만 가능하였다. 준비가 되지 않은

아이들을 내보내야 할 때 송산 부부는 여간 힘들지 않았다.

1963년 고아원 사역을 시작한 이래 그들은 '고아의 아버지'와 '고아의 어머니' 역할을 했다. 기른 학생들이 모두 1,400명이나 된다.

이들이 어려서부터 송산 부부를 어머니 아버지라 부르며 자라다가 때가 되면 이 둥지를 떠나야 했다. 아이들이 무궁애학원을 떠날 때는 온통 눈물바다가 되었다. 아이들은 고향을 떠나는 것에 눈물을 흘렸고, 송산 부부는 이들이 살아갈 세상이 걱정이 되어 눈물을 흘렸다. 아이들이 자라고 살기 위해서는 부모의 울타리가 중요한데 부모의 돌봄이 없는 마치 파도가 출렁이는 바다에 외로이 떠 있는 돛단배와 같이 생각되었다.

무궁애학원을 떠난 아이들이 자주 전화를 하거나 편지를 주곤하였다. 둥지를 떠난 아이들은 곧잘 편지를 보내오거나 명절이 되면 방문을 하곤 했다. 그럴 때면 내가 기른 자식이라 마음이 뿌듯하였다. 문귀옥, 박동석, 백재완 등이 그러했고, 문기옥과 남편인 박용현은 자주 편지를 보내오곤 했다. 이들의 편지를 보자.

어머니 전상서

장마철에 건강은 어떠하신지요? 아버진 잘 계시며 건강하신지요?

어머니, 친구를 만나고 와서 편지함을 열어보니 저의 편지가 있는데,

어머니의 이름 세 글자가 저의 눈시울을 뜨겁게 했답니다.

너무 반가워 웃음이 멈춰지지가 않았답니다.

어머니 정말 답장이라고는 전혀 생각하지 않았는데, 정말 고마워요.

항상 칭찬을 아끼지 않으시고, 격려 아끼지 않으시고, 사랑 듬뿍 주시니 그 힘으로 살아간답니다.

힘이 들고 어려울 때 칭찬과 격려로 손 내미시는 어머니,

다시 한번 감사하다는 말 전하고 싶네요.

어머니, 저는 어머니께서 염려해 주시는 덕분에 잘 지내고 있습니다.

집안 식구들과 더불어 요즈음 취직자리 알아보느라 분주한 가운데 지내고 있지만,

일꾼을 구하는 데가 없더군요.

어머니, 요즈음 컴퓨터를 배우고 있답니다. 다시 무엇인가 배운다는 게 저의 생활에 활기를 부어 준답니다.

어머니, 포현이 오빠 박사 논문 통과되었다니 정말 경축드려요.

어머니, 언제나 건강하시고 밝고 밝은 어머니가 되세요.

그리고 아버지 많이 사랑해 주세요. 저도 아버지와 어머니를 위해 늘 기도드릴게요.

어머니, 안녕히 계세요.

어머니가 보고픈 딸 문기옥이가 기장에서 드립니다.

기옥의 남편 박용현도 스스로 사위라 부르며 자주 편지를 보내왔다. 부부가 무궁애학원에 와 이틀을 지내고 돌아간 후에 보낸 편지다.

부족한 제가 여기서 이틀을 유하는 동안 장인 장모님 사랑에 탄복했습니다.
교회 일, 직장 일, 기타 등등 사람들이 알아주지 않는 곳에서 이름도 없이 빛도 없이
천국 소망 바라보시며 묵묵히 나아가시는 그 모습을 바라볼 때에
저절로 숙연해지는 것을 느꼈습니다.
아버지 어머니를 바라볼 때 문 선생하고 잘 만났다고 다시 감사해 봅니다.
제가 잠시 있는 동안이나마 좀 더 잘해 드리고 싶었지만, 성격상 그렇게 하지 못했습니다.
보답하는 길은 저의 아내를 좀 더 사랑해주는 것이 보답인 줄 알고
주님 안에서 성실, 근면하게 살겠습니다. 내내 건강하십시오.

사위 박용현 올림

이런 편지는 수도 없이 왔다. 박동석 군은 첫 월급을 탔다면서 편지와 함께 선물을 보내왔고, 고등학교에 진학하면서 기숙사에 들어간 이몽룡은 가정의 달을 맞아 부모에게 편지를 쓰는 마음으로 편지를 보내왔다. 편지를 쓴 아이들은 장차 성공한 모습으로 다시 찾아 뵙겠다는 말을 잊지 않았다. 무궁애학원을 떠난 아이들은 송산 부부가 어떻게 신앙생활을 하는지 잘 알았다.

군에서 편지를 보낸 백재완 군은 휴가 때 일을 많이 도와주지 못한 것을 아쉬워하면서 다음에는 더 많이 돕겠다고 다짐하기도 했다. 무엇보다도 송산 부부가 마음에 기뻤던 것은 지금까지 도움을 받았던 것을 감사하며, 앞으로

는 남을 돕겠다는 다짐을 잊지 않는 것이었다. 적은 수입에도 십일조를 바치고, 남을 도와주는 일을 하겠다는 다짐을 하곤 했다. 송산은 이러한 아이들 때문에 고생도 기쁨이 되었다.

송산 부부는 아이들이 무궁애학원에서 지내는 동안 스스로 독립적으로 살아갈 수 있는 힘을 길러주어야 했다. 기본적으로 학교에 보내어 공부를 하게 했고, 기술이라도 배워서 스스로 생활할 수 있게 만들고자 힘썼다.

송산은 코흘리개 아이들이 무궁애학원에 들어와 무럭무럭 자라 결혼을 하고 새가정을 이루는 일이 가장 기쁜 일이었다. 이들이 자라 회사에 취직을 하고 결혼한다는 소식을 들을 때가 기쁜 날이었다. 한 사람의 어엿한 사회인이 되는 것을 보면서 보람을 느끼곤 했다. 그들 사이에서 짝을 이루는 경우도 많았는데, 송산이 직접 50명의 결혼을 주례를 하고 가정을 이루어 주었다.

명절이 되면 고향을 찾는 자녀들처럼 무궁애학원을 찾아올 때는 참으로 고마울 뿐이었다. 이런 일은 송산 부부의 사랑과 수고, 눈물과 희생의 열매이기도 했다.

무산된 주일 운동회

송산은 평생 사회사업가로 살았다. 그러나 그의 정체성은 그 무엇보다도 그리스도인이었다. 송산에게 주일성수는 신앙생활에서 양보할 수 없는 중요한 덕목이었다. 아버지의 근면한 모습을 보며 자라 평소 성실한 삶을 살았던 송산은 엿새 동안 힘써 일하고 안식일에 안식하는 습관을 가졌다. 한 주 동안 열심히, 최선을 다해 일하면 주일에는 안식해야 하는 것이었다. 이것이 성경이 가르치는 창조의 원리였다.

주일성수는 개인적인 신앙생활에서는 물론 무궁애학원을 운영하는 것에서도 동일했다. 한번은 아이들이 다니는 물금초등학교에서 주일에 운동회를 하려고 일정을 잡았다.

무궁애학원 아이들은 평소 송산이 어떻게 생활하는가를 잘 알고 있었다. 학교 운동회 일정이 공고되자 아이들도 당황하여 송산에게 알렸다. 아이들도 주일에 다른 일을 하지 않는다는 것을 잘 알고 있었기 때문이었다.

송산은 학교를 찾았고, 교장 선생님을 만나 예의를 갖추었지만, 단호하게 자신의 입장을 밝혔다. 운동회 날짜에 대해 유감을 표하고, 꼭 주일에 운동회를 한다면 무궁애학원 아이들이 참여하기 어렵다는 이야기를 했다. 학교가 운동회를 정한 것을 다시 변경하는 것은 교장이나 학교의 권위에 손상을 주는 일이었지만, 학교에서는 무궁애학원에 속한 150명이나 되는 학생들이 운동회를 빠지면 운동회가 제대로 되지 않았기 때문에 '참, 예수를 별스럽게 믿는다'는 생각을 하면서도 운동회날을 변경해 주었다. 그후로는 주일에 운동회나 행사를 잡는 일이 없었다. 송산은 대신 학교에 특별한 관심을 가지고 모

든 일에 협력하였다.

고아들의 아버지, 고아들의 어머니

한국의 경제가 조금씩 나아지면서 외국 원조가 줄고 있었다. 한국이 경제적으로 성장하면서 한국 스스로 문제들을 해결해야 했다.

그 사이에 아이들이 성장해 사회로 진출하였다. 그는 20년간 1,400명의 고아들을 돌보았다. 그는 '고아들의 아버지'가 되었고, 이금지는 '고아들의 어머니'가 되었다. 고등학교까지 공부할 수 있도록 지원했고, 졸업 후에는 직장을 알선해 주었다. 그동안 50쌍이 그의 주례를 받고 가정을 이루었다. 안정된 삶을 살아가고 있고, 부모로 생각하고 편지를 보내오고 있다.

송산 부부는 이들의 편지에 답장을 하는 것을 보람으로 여겼다. 때로는 낮에 일이 힘들어 꾸벅꾸벅 졸면서 편지를 쓴 일도 많았다. 무궁애학원을 떠난 아이들이 부모나 가족 없이 혼자 살아가야 하는데, 이 답장이 그들에게 큰 힘이 되겠거니 생각하곤 했다.

아이들에게 편지를 쓰는 것이 이금지의 일이라면, 영어로 후원자들에게 감사의 인사를 쓰는 것은 송산의 일이었다. 송산은 타자기를 사용해 국내의 후원자들과 외국인 후원자들에게 정기적으로 감사 서신을 보내었다. 이것은 감사의 표시이기도 했지만, 계속적인 후원을 받는 길이기도 했다. 정기적인 보고서로 고아원 운영 상태를 보고하면 이것이 신뢰를 갖게 해 지속적인 후원이 가능하기도 했다.

주는 복 받는 복[4]

1970년의 일이었다. 무궁애학원을 인수할 때 송산은 자신이 가진 가산을 정리했다. 이제 다른 사람의 도움을 받아가며 일해야 했다. 그 무렵 미국 출신 한 후원기관의 실무자가 무궁애학원을 방문하고, 송산의 집에서 식사를 하게 되었다. 송산은 그 사람을 보며 생각했다.

'저 사람은 참 복을 많이 받은 사람이다.'

송산은 그 사람을 부러워하면서 칭찬도 할 겸 덕담으로 말했다.

"당신은 참 복된 사람입니다. 성경 말씀에 주는 자가 받는 자보다 복되다 했으니, 당신은 진짜로 복 받은 사람입니다."

그런데 그 말을 들은 그 사람이 정색을 하면서 말하였다.

"미스터 박, 당신은 두 가지 복을 다 받은 사람입니다."

"그게 무슨 말씀이신가요?"

다시 말했다.

"나는 적은 도움을 주지만 미스터 박은 받은 것을 시설에서 생활하는 사람들에게 나누어 주는 복을 받지 않았습니까?"고 대답했다. 송산은 이 말을 들은 후 성경적인 물질관을 새롭게 정립할 수 있었다. 무조건 받는 것만 좋은 것이 아니다. 그렇다고 주는 것만 좋은 것이 아니다. 성경에 '주는 것이 받는 것보다 더 복이 있다' 했으니, 받은 것도 복이지만, 받은 것을 다른 사람에게 나누고 있으니, '나는 행복한 사람이라' 생각되었다.

송산은 그때부터 더 많이 나누어 주는 복을 받기 위해 열심히 노력하게 되었다. 송산이 이후 삶에서 특별히 물질에 대해 청지기적인 삶을 산 것은 이때의 경험이 큰 계기가 된 것이었다.

---

4. 〈새힘〉 제66호, 2003년 2월호.

14. 하나님이 주시는 지혜

고아원 일이 사명을 가지고 시작했지만 쉬운 일은 아니었다. 그래서 송산은 하루하루 더욱 열심히, 그리고 성실히 살았다. 그는 칼빈대학 시절부터 철저한 자기관리를 해 왔다. 말씀을 묵상하고 기도하는 생활에 철저했다.

그는 아침 6시 30분에 일어나 아내와 함께 매일 새벽기도회에 다녀온다. 새벽기도회 시간에 하나님과 영적인 교제의 시간을 갖는다. 말씀을 듣고 기도하고 자신의 하루 일과를 생각하며 지난 하루를 돌아보기도 한다. 송산은 교회나 지역사회 사람들을 위해 기도하기를 힘썼는데, 그러한 중보기도도 기도회 시간에 해야 할 기도들 가운데 하나였다. 송산이 어린 시절 전쟁을 경험했고, 형 들도 목숨을 잃었기 때문에, 나라를 위한 기도, 통일을 위한 기도도 빠지지 않았다. 송산은 어려서부터 가족의 소중함을 깊이 생각하며 살아온 것이었다.

아침마다 목욕탕에서 목욕과 맨손 체조로 건강을 돌보고 아침 8시 30분이면 무궁애학원에서 아침 예배를 인도한다. 50년 동안 계속해 온 습관이다. 교회에서도 어떤 일이 있어도 예배 시간을 빠지지 않는다. 송산은 고아원을 경영하면서 때를 따라 무궁애학원의 자립을 생각하며 일반 사업을 함께 운영하였다.

조지 뮐러는 기도하며 응답을 받아 고아원을 운영했고, 평생 5만 번의 기도 응답을 받았다. 송산은 지금은 외원 기관들의 지원으로 생활하는 아이들이 앞으로도 계속될 것이라고 생각하지 않았다. 그래서 스스로 자립할 수 있는 무궁애학원이 되어야 한다고 생각했다. 송산은 기도하며 사업을 하면서 스스로 재정을 조달한 것이었다.

이것은 그에게 주신 하나님의 지혜였다. 먼저 고아원의 대식구를 먹여살리는 일을 위해 시작한 일이 농사를 짓는 일이었다. 처음에는 농장을 운영하여 쌀 생산을 직접했다. 그리고 젖소를 키우기도 했다. 넓은 목축장에 수십 마리의 젖소와 육우가 풀을 뜯는 모습을 보며 아이들이 신기해 했다. 수박 농사를 하여 여름이면 이것을 내다 팔 뿐 아니라 고아원 아이들도 마음껏 먹을 수 있었다.

신문사 지국 운영

송산은 물금에 이주한 후부터 부지런한 그의 성품으로 지역사회가 필요로 하는 일에 힘썼다. 그는 여러 가지 사업을 하였는데, 먼저 시작한 것이 한국일보 지국을 운영한 것이었다. 책이 많지 않았고 텔레비전이 없던 그 시대에 신문은 대중전달의 중요한 수단이었다.

사람들은 신문을 통해 온 세상의 소식을 접하였다. 서울에 본사를 둔 신문사들이 도청 소재지의 중요 도시에는 주재기자가 있었지만, 작은 읍까지 주재기자를 파견할 수 없었다. 이에 신문 보급과 소식을 지국장이 담당하였고, 지국장의 선정은 기사 작성이 가능한 사람들에게 맡겼다. 당시 대학 졸업자들이 많지 않았던 때라 송산은 어렵지 않게 지국장을 맡을 수 있었다.

당시 신문사 지국장은 신문을 받아 가정으로 배달만 하는 것만이 아니라, 지역 소식을 기사화 해 보내었기 때문에 지역언론인으로 대우를 받았다. 송

산은 1964년 6월 1일 한국일보 물금지국장을 맡아 일하기 시작했다. 당시는 지역 주재기자가 없었기 때문에 지국장이 기사를 작성해 보내면, 전국부 데스크에서 비중을 따라 기사로 보도하였다.

1960년대는 물론 1970년대까지 부정부패가 심하던 시절이어서 지역 언론은 지국장의 기사가 영향을 끼쳤기 때문에 지역에서도 언론의 힘이 있었다. 송산은 신문 보급만 아니라 사회면 소식이지만, 이러한 일도 보람을 가지고 일했다. 양산군언론인연합회를 구성하여 사건을 공동 취재하기도 했다. 송산은 이러한 일을 1996년까지 무려 33년 동안 이 일을 맡아 왔다. 1991년에는 한국일보 사장으로부터 우수사원 표창을 받기도 했다.

쉬지 않는 지역 봉사들

송산이 적극적으로 돌보는 동안 무궁애학원 사역이 조금씩 자리를 잡아갔고, 원생도 점차 증가하였다. 원생들이 때로 말썽을 부리고 하여 이웃에 어려움을 주었기 때문에 이웃을 위한 봉사에 더욱 관심을 가지고 참여하였다. 송산의 그러한 봉사는 지역사회로부터 호응을 받아 여러 가지 봉사를 아끼지 않았다.

송산은 1981년부터 영신새마을 유아원을 운영하며 원장으로 봉사하였다. 유아원을 설치하고 운영하는 일은 주로 아내 이금지 권사의 몫이었다. 이금지 원장은 유아원을 개설해 돌봄과 교육이 결합된 이상적인 보육기관이 되었고, 1967년 경상남도지사로부터 우수유아원 표창을 받기도 했다. 또 송산은 리더십이 있어서 1977년부터 1월부터 4년 동안은 새마을유아원 경상남도협의회장을 맡아 봉사하였다. 또 어린이집을 운영하면서 1977년 1월부터 4년 동안 한국어린이집 경상남도협의회장을 맡아 봉사했다. 그 과정에서 1967년 경상남도지사로부터 아동복리유공자 표창을, 1971년에는 우수 유아원 운영 공로로 표창을 받았다.

송산은 지역의 의료보험조합이 설립되면서 오랫동안 운영위원으로도 참여하였고, 경남 5지구의료보험조합에서 감사패를 받았다. 근면하고 성실하고 검소한 사람인 송산은 그를 필요로 하는 여러 기관에 나가 힘써 봉사하였다. 현장의 필요를 통한 제안을 해 많은 사람들의 인정을 받았다. 송산은 지역 유지가 되었고, 관공서나 지역에서 그는 여러 가지 봉사를 마다하지 않았다.

1964년부터 7년 동안 법무부장관의 위촉으로 양산군 갱생보호지도위원장 되었다. 반공연맹 물금지도위원장을 맡아 봉사하였다. 1970년에는 방위협의회 위원이 되었다. 1980년부터 양산시 아동복리지도위원회 위원으로 19년 동안 봉사하였다. 1985년부터 10년 동안 사단법인 신라오릉보존회 물금읍분회장으로도 봉사하였다. 이렇게 송산의 일은 양산과 물금읍에서 전방위적이었다.

송산은 고아원을 경영하고 있었기 때문에 초기부터 경찰과 지역사회를 위한 봉사에도 앞장 섰다. 송산은 그러한 과정에서 1966년과 1974년 두 차례 양산경찰서장으로부터 경찰행정 협조 감사장을, 1974년 경상남도 경찰국장으로부터 경찰 행정 협조 감사장을 받았다. 1981년에 양산경찰서장으로부터 어린이 선도 표창을 받았다.

송산은 교회의 지도자로서 꾸준히 교회와 경찰 간의 협력을 해 오면서 경찰의 복지에도 관심을 가지고 협력했다. 1994년 3월부터 2년 동안 양산시교경협의회 회장으로서 교회와 경찰간의 업무 협의를 담당하였다. 송산은 교경협의회장으로서 경찰의 필요사항에 적극 협력하였고, 지역사회와 교회의 필요를 제안하기도 하였다. 크고 작은 일들이 많아 경찰과의 협의가 이루어졌고, 경찰에서도 교회에 필요한 것을 요청하여 힘을 보태게 되었다. 또 제2건국 범도민추진위원회 위원으로 협력했다. 1981년 5월에 청소년 선도 감사장을, 1971년 5월에 어린이 선도 표창을, 1967년 5월 5일 어린이날을 맞아 경상남도지사로부터 아동복리 유공자 표창을 받았다. 이즈음에 송산은 물금은 물론 양산에서도 가장 부지런하게 일하는 사람으로 소문이 났다.

목욕탕 사업

송산이 무궁애학원을 위해 일하였던 사업 가운데 가장 주된 일은 목욕탕 사업이었다. 고아원이나 장애인시설에 대한 관심과 지원이 적었던 당시에, 외국에서 오는 원조가 언제 끝날지도 몰랐고, 언젠가는 스스로 독립적으로 운영해야 했기 때문에 그러한 일환으로 시작되었다.

송산은 교회 건축으로 한 차례 연기가 되었지만, 교회당 건축이 끝난 후 1970년에 목욕탕 사업을 했다. 고아원을 운영하는 중에 당시만 해도 보일러 시설이 없고 재래식으로 솥에 물을 데워 목욕을 시켜야 했다. 고아들이 백 명이나 되었으니 먹이고 입히는 것 만아니라 겨울철에는 목욕과 겨울철 옷의 세탁이 보통 문제가 아니었다.

고아원의 공동생활은 위생 관리가 중요했으므로 정기적인 목욕을 소홀히 할 수 없었다. 경제적으로 어려웠던 1960년대만 해도 보일러 시설이 없었다. 아이들이 목욕을 하려면 쇠죽을 끓이는 가마솥을 걸어 놓고 물을 끓여 한 사람씩 목욕을 했다. 그런데 더 큰 문제는 겨울철에 아이들이 목욕을 하면 남겨진 빨래가 산더미 같이 쌓였다. 특별히 겨울철 내의나 겉옷은 부피가 커 적은 일손으로는 여간 힘든 일이 아니었다. 그 일을 곁에서 지켜보았던 2남 포현은 이렇게 말한다.

"공중목욕탕이 있기 전에는 겨울철 목욕이 전쟁터를 방불할 만큼 소란스러웠다. 목욕날이 되면 창고 같은 공간에서 물을 데워서 어린이, 여자, 남자 순으로 3일에 걸쳐 목욕을 해야 했다. 그런데 문제는 그 이후에 남겨진 빨래였다. 부피가 큰 겨울옷에 내복까지 포함하여 빨래가 산더미처럼 쌓였지만, 차가운 우물물은 비누도 잘 풀리지 않고 또 손이 얼어 여간 어려운 문제가 아니었다."

해마다 겨울철이면 겪게 되는 이 어려운 문제를 해결하기 위해 송산이 고안한 사업이 목욕탕 사업이었다. 영업 시간에는 일반인들을 위해 영업을 하고, 영업이 끝난 때에 고아원 아이들이 목욕하고, 그 따뜻한 물로 빨래를 할 수 있는 일석삼조의 장점이 있었다. 송산은 목욕탕 사업을 하기로 하고, 건축을 위한 준비를 하나씩 하기 시작했다. 벽돌을 다 준비하여 공사를 착공해야 할 시점이었다. 그때가 1969년의 일이었다.

그때 이삼열 목사가 물금교회에 부임하여 열심히 목회 하여 교회가 성장 일로에 있었고, 교회당 공간이 부족해 건축을 해야 했다. 송산은 교회 건축을 사실상 책임을 져야 했기 때문에 두 가지를 함께 추진할 여력이 없었다. 결국 교회당 건축이 먼저 진행되었고, 송산은 목욕탕 건축을 위해 직접 찍어 준비한 벽돌을 교회당 건축을 위해 기부하였고, 이것이 교회당 건축을 위해 사용되었다.

교회당 건축이 끝나면서 송산은 목욕탕을 건축하여 은화탕을 개업했다. 이전까지 사람들은 쇠죽을 끓이는 가마솥에 물을 끓여 목욕하였는데, 목욕탕이 생기니 많은 사람들이 정기적으로 이용했다. 물금면에서 유일한 목욕탕이었기 때문에 손님이 많았고, 경제적으로도 큰 도움이 되었다. 목욕탕은 주일에 문을 닫았다. 처음에는 사람들이 불평을 했지만 나중에는 이에 적응하여 평일 저녁에 목욕을 하니 큰 문제가 없었다. 아이들의 위생 상태도 날이 갈수록 좋아졌다. 이 목욕탕 사업은 아이들의 목욕과 세탁에 큰 도움이 되었고, 경제적으로도 자립하는 계기가 되었다. 목욕탕 사업은 교회당 건축으로 늦어졌지만, 오히려 사업이 더 잘되어 경제적으로 큰 유익을 보았다.

15. 믿음의 동지들

송산은 일을 해 가면서 사회복지계에서 여러 믿음의 동지들을 만났다. 송산이 사회복지 사업을 함에 만나고 함께 가까이 모신 이는 마산에서 고아원 인애원을 경영하는 '고아의 어머니' 조수옥(1914-2002) 권사였다.

송산은 경상남도 사회복지협의회 임원과 이사로 오랫동안 봉사하였고, 회장으로 6년 동안 봉사하였다. 이는 송산이 관계자들과 그 업계에서 얼마나 존경받는 사회사업가였는지 잘 보여주고 있다고 하겠다.

무궁애학원은 물론 이웃의 시설을 격려하고 성실하게 돌보는 사이에 그의 영향력이 점차 커졌다. 그러나 송산이 자신을 드러내거나, 자신의 주장을 내세우지 않는 편이었다. 다른 사람을 격려하는 데 익숙한 사람이었기 때문에 사람들이 좋아했다. 송산은 사회복지계 모임에 빠짐없이 참여하고, 격려하면서 사람들의 인정을 받게 되었다. 자연스럽게 경남 지역의 사회복지계에 중요한 역할을 하게 되었다.

그가 경남지역에서 함께 일한 인애원장 조수옥 권사는 놀라운 사랑의 실천자였고, 주변을 압도하는 권위가 있었다. 그는 일제강점기에 신사참배를 반대하며 투옥되어 6년간의 옥고를 치루었고, 해방 후에는 고아원을 경영하면서 평생 독신으로 살았던 인물이다. 그는 일제강점기에 삼천포교회 전도사로 봉사하였는데, 일제강점기에 한상동 목사가 신사참배 반대운동을 조직적으로 전개할 때 함께 했다. 최덕지 전도사와 함께 경남여전도회연합회와 협력하여 여성들의 신사참배 반대운동의 핵심을 이루었다. 그는 신사참배를 반대하다 1939년 일제검거 때 체포되어 경남도 경찰부를 거쳐 평양 형무소로 압송되었고, 6년 동안 옥고를 치루었다.

조수옥이 옥고를 마치고 해방과 함께 평양형무소에서 출옥하였을 때 요양과 회복을 거쳐 고향으로 내려왔다. 그의 눈에는 가난으로 고아들이 즐비한 것을 마음 아프게 여겨, 이들을 돌보는 것을 해방 후 조국에 자신이 할 사명으로 생각하게 되었다. 그는 잠시 진해에서 이약신 목사가 운영하던 희망원에서 사역하였지만, 독립해 마산에 인애원을 설립하였고 평생 고아의 어머니로 살았다.

조수옥 원장은 자애로운 어머니같이 아이들을 사랑으로 돌보았고, 2천 명의 어린이들이 그를 어머니로 하여 자랐다. 조수옥 권사는 인애원을 내실 있게 경영하여 경남에서도 모범적인 시설이 되었다. 경남지방에서 사회복지 분야에서 중요한 인물이었다. 그는 경남 사회복지협의회 회장으로 일하면서 송산을 아꼈고, 송산은 부회장으로서 그를 적극적으로 도왔다.

조수옥 회장은 같은 고신교회 성도라는 신앙적인 유대가 강했고, 송산이 책임있게 고아원 사역을 하는 것이 대견스러웠다. 더구나 송산이 신학을 공부하고 목회자가 되려 했던 이가 고아원을 함께 경영하고 있었으니 철저한 기독교 신앙을 가진 조수옥의 입장에서는 고마운 일이었다. 그래서 그를 특별히 생각하였고, 회장으로서 조수옥 권사는 송산을 신뢰하여 안심하고 일을 맡겼다.

평생 '고아의 어머니'로 살았던 조수옥 원장은 이러한 사랑과 봉사가 사회에서 널리 인정을 받았다. 그는 국민훈장 동백장(1986), 김용기 장로의 삶을 기념하는 일가상(1997), 한국여성단체연합회의 용신봉사상(1997), 유관순의 정신을 이어받는 인물로 선정되어 제1회 유관순상(2002) 등을 수상했다. 심군식 목사가 쓴 그의 전기 《조수옥 권사의 생애와 신앙》, 일본인 학자 와따나베 노부오 목사가 대담기로 엮은 증언서 《신사참배를 거부한 그리스도인》이 있다.

진해재활원 원장 박종갑 장로도 그 가운데 한 사람이었다. 그는 송산보다도 일찍 사회복지 사업에 뛰어든 선배로 같은 고신교단 제일진해교회 장로로 좋은 관계를 맺은 선배이기도 했다. 그는 진해재활원의 50주년 행사에 초대를 받아 그동안 심혈을 기울여 봉사해 온 지난 50년을 축하해 주었다. 송산이 경상남도 사회복지협의회 회장과 경상남도사회복지공동모금회 회장으로서 한 일이었다. 그는 원장 박종갑 장로가 1959년 사회복지사업에 몸담았고, 여러 가지 닮은 점을 생각하며 축사하였다. 그는 신학의 길을 걷고자 했지만 중단하고 사회복지 사업에 참여한 것이 하나였고, 목사가 아니라 장로가 되어 그 일을 하나님의 일로 생각하고 헌신하였다. 정년도 없이 계속할 수 있음을 축하했다. 정부가 장애인들에 대한 관심을 가지고 장애인시설로 전환할 때 같이 장애인 복지에 관심을 기울였다. 매우 잘한 일로 생각하고 축하를 하였다. 어려운 일을 후계자가 이를 이어 계속하고 있음을 축하하였다. 송산이 사회복지 사업을 할 때, 이렇게 곳곳에 믿음의 동지들이 있는 것이 기쁜 일이었다.

송산이 경상남도 사회복지협의회장으로 있으면서 《경상남도 사회복지 50년사》를 발행했는데, 부록으로 경상남도 지역에서 오랫동안 생애를 사회복지를 위해 헌신해 왔던 원로들의 회고담을 실었다. 모두 여섯 명 가운데 직전회장 박종석 회장, 소양보육원 지득용 대표이사, 인애복지재단 조수옥 대표이사, 진해재활원 박종갑 원장 등 다섯 명이 고신교회 평신도 지도자들이었다. 이들이 존경받는 지도자였는데, 당시 경상남도 사회복지계의 판도가 그러하였다.

그들이 운영하는 시설들이 모범적인 시설이었고, 개인의 영리가 아니라 그리스도의 사랑으로 고아나 장애인들을 돌봄으로 모범적인 시설과 프로그램을 갖게 되었고, 이들이 그 시대의 경상남도 사회복지를 이끌고 있었다. 송산은 고신교회가 '신앙의 정통과 생활의 순결'을 강조하는 고신교회 평신도 지도자들에 의해 이웃 사랑이 실천되고 있음에 감사하였다.

慶南社會福祉五十年史

발 간 사

경상남도사회복지협의회장 　박 재 석

1년, 2년… 흐른 시간이 쌓여 경남 사회복지가 올해로 50살이 되어 강산이 변한다는 10년을 5번이나 보냈습니다. 그 동안 우리 사회는 많은 변화를 거듭해 왔습니다.

고도의 경제성장으로 그 동안 사회복지의 주 활동이었던 절대빈곤의 상황이 해결되었고 이제는 그 경제성장이 가져다 준 사회적인 불균형과 여러 가지 사회문제들이 우리가 해결해야 할 과제로 남았습니다.

경상남도 역시 거듭되는 발전으로 많은 변화가 있었으며, 5번이나 변한 강산 못지않게 주민들의 삶 자체의 변화뿐만 아니라 주민들과 함께하는 사회복지 역시 많은 변화와 발전을 거듭하였습니다. 이제는 삶의 질을 이야기하고 있습니다. 이러한 경남 사회 복지의 50년을 이 책에 담고자 하였습니다. 여러가지 미흡한 부분이 있지만 이제까지 걸어온 경남 사회복지의 역사를 회고·정리하여 이 시대의 교훈으로 삼고, 미래의 사회 복지활동은 어떻게 전개되어야 하는지를 모색하는 계기로 삼고자 합니다. 21세기를 바로 앞둔 이 시점에서 많은 의미가 있다고 생각 됩니다.

이 책이 나오기까지 많은 수고를 해 주신 사회복지계의 선배님들과 편찬·집필위원 모든 분들께 감사드리고, 우리의 발걸음 발걸음이 복지국가 실현에 커다란 원동력이 됨을 확신하며, 경남의 사회복지는 언제나 주민들의 삶과 함께 할 것을 약속 드립니다.

제4부
장애인들의 아버지

그의 거룩한 처소에 계신 하나님은
고아의 아버지시며 과부의 재판장이시라
(시편 68:5)

16. 시대의 변화, 사역의 전환

사회의 변화

우리나라의 사회복지는 몇 단계를 거치며 변화하여 왔다. 이에 따라 송산의 사회사업도 몇 단계의 변화를 보여왔다. 1950년대 한국전쟁 후 전쟁고아가 많이 발생해 처음에는 이들이 주된 돌봄의 대상이었다. 송산이 1963년 2월 무궁애학원을 인수할 때까지도 한국 사회는 전쟁고아가 주류를 이루었다. 이들이 송산 부부의 돌봄으로 자라 성인이 되어 사회로 나갔다. 전쟁고아들이 많은 헌신적인 사회사업가들의 봉사를 통해 건실한 시민이 된 것이다.

1960, 70년대에는 온 나라가 가난해 아이를 키울 수 없어 아이를 버리는 경우가 자주 있었다. 부모에게서 버림을 받아 아이가 버려지면 경찰서를 거쳐 무궁애학원으로 흘러오는 경우가 많았다. 청소년이 원하지 않는 임신으로 아기를 출산 후 자신의 교육과 미래를 위해 아기를 버리는 일도 더러 있었다. 이들도 부모를 알지 못하고 고아원에서 자라야 했다.

무궁애학원에 온 아이들은 이렇게 부모로부터 버림받은 경험으로 인해 사랑이 결핍된 채 살았다. 각각 차이는 조금씩 있어도 많은 아이들이 그러한 결핍의 특징을 보이곤 했다. 이것이 일탈행동으로 나타나는 경우가 적지 않았다. 이웃들은 도난에 시달려야 했고, 송산 부부는 늘 미안한 마음으로 이웃을 대해야 했다. 송산이 지역사회와 깊은 관계를 갖게 된 것도 그러한 일이 자주 발생하였기 때문이었다. 결핍된 아이들의 빈 마음 한편을 채워주며 어머니의 마음으로 돌보는 것이 이금지 권사의 몫이었다.

박정희 정부의 경제개발 5개년 계획이 강력하게 추진되면서 온 나라가 가난을 극복하고자 하는 노력을 하였다. 사람들은 '잘 살아보세'를 외치며 가난을 극복하기 위해 자신들의 권리를 스스로 양보하였다. 새마을운동으로 사회의 분위기가 많이 달라졌다. 전쟁이 끝난 지 20년이 되면서 전쟁 고아들이 꾸준히 감소하였고, 아이들이 성장하면서 고아원을 떠났다. 송산 부부는 이들이 고아원을 나가서도 독립적인 사회생활을 잘 할 수 있도록 도왔다.

1970년대까지만 해도 한국 사회에서 장애인을 보는 시각이 일천하였다. 장애인들을 '병신'이라 부르는 야만적인 시각이 많았고, 이들의 불편을 배려하는 일이 거의 없었다. 이러한 분위기는 교회 안에서도 다르지 않았다. 제사장은 흠 없는 사람이어야 한다는 레위기 21:16-21의 가르침을 문자 그대로 적용하여 육체적인 흠이 있는 장애인들에게 목사 안수를 주지 않는 경우도 있었다. 사회에서나 교회에서나 장애인들이 기본적인 인권을 보장받지 못하였던 것이다.

고아원 육아 사업의 필요가 줄어들면서 정부의 강력한 권고로 인해 고아원들이 장애인 복지 시설로 전환되기 시작했다. 장애인들을 위한 필요가 공감을 불러일으킨 것이었다. 송산도 사회 복지 분야에서 시대가 바뀌어 고아의 시대가 장애인의 시대로 넘어갈 것을 내다보았다. 1977년 12월 31일 자로 육아 시설을 종결하였다. 이는 송산이 고아원 사업을 시작한 지 14년 만의 일이었다.

송산은 무궁애학원을 1978년 2월 10일에 맹농아시설로 전환하여 인가를 받았다. 처음 수용인원은 50명이였고, 고아들과 장애인들이 함께 거주하는 기간이 있었다.

1980년대에 접어들면서 장애인에 대한 관심이 증가하기 시작했다. 88올림픽 후 장애인 올림픽도 개최되어 장애인에 대한 인식이 많이 개선되었다. 당시만 해도 장애를 둔 것이 부끄러워 집 안에 가두어 두며 외출도 시키지 않는 일이 많았고, 시설도 부족하여 장애인들이 돌봄을 제대로 받지 못하였다. 고아들은 줄어들고 장애인들은 증가하면서 정부는 고아원 시설을 장애인 복지시설로 전환하도록 독려하였다. 장애인들이 증가하는 가운데 국가적으로 이들을 수용할 시설이 많지 않았기 때문이었다.

1982년 8월 30일에는 심신장애인 복지시설 허가를 받았다. 1984년 1월 7일에는 장애인복지법에 따라 시각, 청각, 언어장애인 재활시설을 운영하는 것을 목적으로 하는 정관 변경이 이루어졌다.

1985년에는 사회복지법인 무궁애학원과 영신원이 합병하면서 영신원은 소멸되었고, 장애인 시설로 업그레이드가 되었다. 지금까지 무궁애학원은 1,700명의 고아와 장애인들을 보호, 양육, 재활교육을 해오고 있다.

사회복지사 연수와 계속교육

오늘날 사회복지계에 종사하는 이들은 정부가 정한 법규에 따라 교육과 자격시험을 거쳐 사회복지사 자격을 구비하여야 한다. 사회복지사는 현대 사회에서 발생하는 청소년, 노인, 여성, 가족, 장애인 등 다양한 사회적, 개인적 문제를 겪는 사람들에게 사회복지학 및 사회과학의 전문지식을 이용하여 문제를 분석, 평가함으로써 문제해결을 돕고 지원하는 업무를 담당하는 자를 말한다. 사회복지사는 전문적인 교육과 자격시험을 통해 자격을 얻는다.

그런데 송산이 처음 고아원을 인수하고 원아들을 돌볼 때는 정부에 그러한 법규가 마련되어 있지 않았던 때였다. 대학에서 사회복지학을 전공하는 프로그램도 거의 없었다. 전쟁고아들이 급격하게 늘어났지만, 1970년대까지는 사회복지시설 종사자들에게 자격 제도가 도입되지 않았던 것이다. 고아원이나 양로원을 운영하는 이들을 통상 자선사업가라 불렀다. 1970년 사회복지사업법이 제정되어 사회복지사업 종사자 자격증 제도가 도입되었다.

송산도 변화하는 제도에 따라 정부에서 정한 절차를 거쳐 1972년 12월 1일 사회복지사업 종사자 자격증을 경상남도지사에게서 받았다. 1984년 사회복지사업법 개정으로 사회복지사 제도가 신설되었는데, 1985년 8월 6일 보건사회부장관으로부터 사회복지사 2급 자격증을 받았다. 국가적으로 113호였으니 자격증 취득이 이른 편이었다. 송산은 다시 전문교육과정을 거쳐 1991년 4월 3일 사회복지사 1급 자격증을 받았다. 1980년대 이후 많은 대학에서 사회복지학을 전공하고 장애인 사역을 하는 일이 많아졌다.

이금지 권사는 무궁애학원의 여건이 좋아지면서 젊은 시절 기회를 얻지 못했던 공부를 더 하고 싶었다. 그가 자라던 때는 시골에는 중학교가 없었고, 읍내에 나가야 했다. 초등학교만 마치고 결혼하는 이들도 많았던 시기였다. 양식이 부족하던 시절에 입을 하나 덜기 위해 빨리 시집을 보내기도 했다.

한국 사회가 성장하면서 교육의 기회가 확대되었고 이금지 권사도 좀 더 공부를 하고 싶었다. 지금까지는 자신이 배운 편물 기술로 아이들의 옷을 만들어 주고 하여 실력을 발휘하였지만, 장차 장애인 사역에도 전문성을 발휘해야 할 때가 올 것을 예상하면서 준비를 하고 싶었다. 앞으로 해당 분야에서 책임있게 사역하려면 지식이 갖추어져야 했기 때문이었다.

이금지 권사는 1958년 송산과 결혼하여 다복하게 4남 1녀를 두었고, 아이들이 건강하게 잘 자라주었다. 그동안 그는 송산과 함께 무궁애학원을 위해 온 힘을 쏟아부었고, 자녀들의 교육도 힘써 했다. 그동안 고아원 일과 개인 사업도 맡아 했기 때문에 하루도 제대로 쉴 날이 없었다. 계속하여 공부를 하고 싶었지만, 이를 엄두도 내기 어려웠다. 아이들이 대학에 가면서 장남 신현이 대학을 마치고 대학원에 막 입학했을 때였다. 앞으로 동생들이 줄줄이 대학을 가야 할 형편이었다. 그도 이십 년을 일하다 보니 새로운 충전이 필요하였고, 아이들이 청소년기를 지나면서 공부하기에 늦은 시간이 다가오고 있었다. 그는 고등학교 과정을 성경학교에 입학해 공부할 정도로 신앙적인 관심이 컸다. 교회를 봉사하는 데도 도움이 될 것 같아 성경과 신학을 공부하기로 했다.

마음에 결심을 한 이금지 권사는 하루 시간을 내어 송산과 의논하였다. 새학년도를 준비해야 할 겨울이었다.

"아무래도 아이들이 크기 전에 공부를 좀 해야겠어요."

아내의 마음을 알고 있었던 송산이 적극 나섰다.

"잘 생각했습니다. 쉽지는 않겠지만, 알아보고 새학기에는 시작을 합시다."

아내의 제안에 송산은 쉽지 않은 공부에 대해 걱정을 하면서도 기쁘게 찬동해 주었다. 이금지 권사는 그렇다고 대학생들과 같이 매일 학교에 나갈 수도 없었다. 송산과 함께 알아본 후 자신의 입장을 고려하여 적당한 프로그램으로 통신으로 신학을 공부하는 과정을 발견하였다.

서울장로회신학교에서 통신과정을 운영하고 있었다. 금지는 결심을 하고 학교를 떠난지 근 20년 만에 다시 학교에 들어갔다. 마치 여학교에 입학할 때와 같이 마음이 설레었다. 통신과정으로 성경과 신학을 공부하기 때문에 자신에게 적당한 프로그램이었다. 그러나 공부를 시작해보니 시간관리가 어려웠다. 차라리 매일 수업 시간에 강의실에 들어가 공부하는 것이 쉬울 것만 같았다.

그가 입학한 통신교육 프로그램은 스스로 시간을 관리하며, 스스로 책을 읽고, 스스로 과제를 작성해 제출해야 했다. 어려서부터 성경을 많이 읽었던 금지였지만, 성경을 읽는 것과 신학을 공부하는 것은 또 다른 일이었다. 종일 고아원 살림과 비즈니스에 분주한 터에 시간을 내어 공부하는 것이 여유가 없었다. 고아원 아이들이 그를 기다리고 있었고, 자녀들도 언제나 더욱 어머니의 손길을 기다리고 있었다.

이금지 권사는 그럴 때면 과제며 읽어야 할 책도 많아 졸면서 공부를 할 때도 많았다. 출석 수업을 해야 할 때는 경부선 기차를 타고 밤차로 서울에 올라가면 새벽에 도착했고, 졸리는 눈으로 수업에 참석해야 했다.

이금지 권사는 그렇게 3년을 공부하고 1979년 2월 2일에 졸업식을 가졌다. 그가 성경학교를 졸업한 지 20년도 더 된 일이었고, 무궁애학원을 시작한 지 18년 만의 일이었다. 이금지 권사는 그렇게 의지의 여성이었다.

17. 장애인들과 함께 한 평생

고아원 운영을 접고 장애인 시설로 전환하였지만 장애인 사역은 고아원과는 또 다른 일이었다. 고아원의 아이들은 성장하면서 말썽을 피우기도 했지만 스스로 생활할 수 있었다. 그러나 장애인들은 사정이 달랐다. 이들을 돌보는데 일일이 손이 갔고 개인적인 돌봄이 필요하였다. 무궁애학원에는 여러 직원들이 있었지만, 송산 부부의 일이 적지 않았다. 물금교회에 부임했던 임종만 목사가 무궁애학원을 방문했을 때의 인상을 보자.

"무궁애학원은 뒤에는 병풍처럼 펼쳐진 오봉산과 앞으로는 곡창지대인 양산 평야가 눈앞에 보이는 공해없는 좋은 위치였다. 그런데 들어가 보니 구역질이 날 정도로 냄새가 풍겼다. 장애아동들이 98명, 듣지도 말하지도 못하는 아이들, 앞을 못 보는 아이들, 전신마비로 사지가 비틀어진 정신박약아들의 대소변을 받고 보니 그럴 수밖에 없었다. 나는 그들을 보고 마음이 괴로웠다."[1]

---

1. 〈크리스천 라이프〉 1993년 10월호. 48-52.

고신대총장을 지낸 김성수 교수의 경우도 마찬가지였다. 그가 1992년 미국 도르트대학의 교환교수를 마치고 귀국하면서 물금교회 성경대학을 인도하는 협동사역자로 부임했다. 임종만 목사는 교회가 부목사를 둘 형편은 되지 않았을 때, 교회의 프로그램을 강화할 필요가 있던 차에 김성수 교수를 주일을 중심으로 협력교수로 설교와 강의를 부탁했다. 송산은 김 교수가 교회에 부임한 첫 주일에 오후 프로그램을 다 마치고 그를 무궁애학원으로 안내했다. 김 교수는 처음 만나는 광경에 적지 않게 당황했다. 그의 회고를 들어보자.

"무궁애학원은 지적 장애인들을 돌보는 복지시설이다. 이들 장애인들의 숙박시설과 교실 환경, 그리고 작업치료 시설을 돌아보는 동안 천진난만한 이들이 나를 쳐다보고, 내 손을 잡고, 매달리고, 이해할 수 없는 말을 걸어올 때, 정말 말하기 부끄럽지만 나는 피곤하고 머리가 아파서 어서 빨리 그 자리를 빠져나오고 싶은 마음뿐이었다. 그런데 장로님과 이금지 권사님은 이들을 친자식처럼 대하면서 이들의 더럽고 냄새나는 모든 부분까지 씻어주시고 대화하고 가르치며, 그리스도의 사랑을 베푸는 일을 일생 동안 감당하셨다."

무궁애학원의 사역에서 이금지 권사의 역할은 송산의 역할만큼이나 크고 두드러졌다. 송산과 칼빈대학에서 함께 공부하였던 김용달 교장은 송산의 성공적인 사역을 이금지 권사의 아낌 없는 헌신과 내조를 꼽았다.

"나는 장로님 부부와 이스라엘 성지여행을 경험한 적이 있었다. 그 사람을 알려면 그와 함께 여행을 하라. 나는 14일간 동행하며 박재석 장로님의 위업의 배경이 된 비밀을 알게 되었다. 권사님의 포근한 외모, 가까이하고 싶은 웃음, 부드러운 심성은 전쟁고아들, 외롭게 버려진 작은자들의 어머니가 되기에 충분했다. 모두를 이해하고 참으로 수용하며, 모두에게 자상하고, 매사에 부지런하여 대가족을 거느리는 맏며느리다운 모습에서 무궁애학원의 분위기가 어떤지를 얼마든지 상상할 수 있었다." 자녀교육은 물론 무궁애학원을 일구는 일에서 이금지 권사의 역할이 절대적이었다. 무궁애학원의 살림에는 이금지 권사의 손길이 묻어 있었다. 이 권사는 아이들에 대해 김성수 교수에게 말한 적이 있었다.

"작업 요법을 위해서 봄철에 쑥을 뜯어오라고 실물교육까지 시켜 내보냈는데, 화단의 국화를 한 바구니 뜯어오는 천진난만한 아이들입니다."

사실이 그러했다. 송산 부부는 이들에게 끊임없는 사랑을 쏟는 것밖에는 다른 방도가 없었다.

무궁애학원의 원훈

송산은 선대로부터 '근면, 검소, 봉사'를 가훈으로 하였다. 그러나 그가 예수를 믿고난 후 1970년대부터 무궁애학원의 원훈을 '항상 기뻐하라, 범사에 감사하라, 쉬지 말고 기도하라'고 정하였고, 가훈도 그리 정하였다. 편집부의 요청으로 이를 〈월간고신 생명나무〉에 실었는데, 그 이유는 다음과 같다.[2]

> 항상 기뻐하라!: 주 안에서 기뻐하라 구원의 기쁨은 환경을 초월하는 기쁨이다. 마음의 기쁨은 육신도 건강하게 한다. 마음의 즐거움은 양약이라도 심령의 근심은 뼈를 마르게 하느니라 (잠언 17:22). 즐거운 삶은 영육을 건강하게 만든다. 1990년에 송산이 건강 진단을 하였는데, 간암으로 진단을 받았다. 의사들이 영어로 말하면서 환자에게는 말하지 말라고 이야기하는 것을 들었다.

---

2. 〈월간 고신 생명나무〉 2009년 6월호, 46-47. 송산의 글을 재구성하였다.

송산은 이후 '항상 기뻐하라'는 말씀을 새기면서 살았다. 무궁애학원에서도 때로 답답한 일이 있고, 기뻐할 일이 없어도 기뻐하기로 결심하며 살았다. 송산은 암 진단을 받은 후 20년이나 더 살면서 왕성하게 일한 후 80세에 하나님의 부름을 받았다.

범사에 감사하라!: 범사에 감사하는 것은 쉬운 일이 아니다. 그러나 말씀에 의지하여 순종하면 감사를 체험하게 된다. 송산이 무궁애학원을 이전해야 하는 때의 일이었다. 그의 처음 계획은 가촌리로 이전하는 것이었다. 그러나 도시계획 관계로 행정당국으로부터 이전 불가 통지를 받았고, 그것 때문에 크게 낙심을 했다. 새로운 이전 부지를 알아보아야 했다.

송산이 그렇게 양산 일원을 헤매고 있던 중 지금의 장소를 골랐다. 송산이 이 장소를 처음 대했을 때 서글프기 짝이 없었다. 그러나 막상 건축을 시작해 시설을 준공하고 보니 장소가 너무 좋았다. 새로운 곳으로 이전한 후 양산 지역이 급격하게 번성하였고, 그 지역을 위해 계속하여 좋은 일들이 일어났다. 부산 토성동에서 있었던 부산대학교 의과대학과 부속병원이 무궁애학원 가까이 이전해 왔다. 이렇게 무궁애학원은 처음 고려한 장소보다 훨씬 좋은 결과를 가져왔고, 부동산의 가치도 크게 올랐다. 송산은 자신의 생각과 달리 진행되어도 이를 불평하거나 원망하지 않고 감사하면 더 큰 감사를 가져오는 것을 경험하였다. 송산이 받은 복은 이렇게 모든 일에 감사한 결과였다.

쉬지 말고 기도하라!: 송산은 모든 일을 기도로 시작하고 기도로 진행하고 기도로 마친다. 기도로 승부하고 있는 것이다. 송산에게 결론적으로 중요한 것이 '이것이 그리스도 안에서 너희를 향하신 하나님의 뜻이니라'이다. 하나님의 뜻이 하늘에서 이루어진 것 같이 땅에서도 이루어지이다.

송산은 살면서 어느 순간부터 모든 일에 자신의 뜻과 계획을 고집하지 않게 되었다. 예수께서 "내 뜻대로 마옵시고 아버지의 뜻대로 되기를 원하나이다"하신 것처럼 기도하곤 한다.

아이들에게 필요한 목욕을 위해 태양열 온수시설을 삼성복지재단의 지원 사업으로 설치하였다. 이런 과정으로 원세가 날로 확장되어 아이들이 좀 더 행복하게 자랄 수 있도록 도왔다. 교회 외적인 사업에 필요가 점차 증가되어 1999년 6월 이금자 권사에게 원장을 넘기고 자신은 이사장으로 무궁애학원을 관장했다.

사회복지학을 전공한 막내 민현이 합류하면서 2000년에는 미래직업재활원이 개원되었다. 무궁애학원의 운영 목적은 "일반적이고 전문적인 차원에서의 생활 지원이 필요한 장애인이 입소해 장애인의 욕구에 따른 필요 서비스를 제공하는 것이 우리가 주로 하는 사역입니다. 이를 통해 장애인이 독립적인 사회의 구성원으로 생활해 갈 수 있도록 지원하며, 이 땅에 그리스도인의 사명을 실천하고자 노력하는 것입니다."

체계적인 교육과 직업 재활 프로그램

무궁애학원은 1984년부터 2년 동안 장애아동을 위한 특수교육을 위해 여러 어려운 여건 가운데서도 시설 내 특수학급을 설치하여 연 20명 정도의 장애아동이 초등 특수교육의 혜택을 받도록 했다. 1987년부터 1996년까지 교실 2개를 신축하는 등 장애아동들의 교육 환경을 개선하였다. 1997년부터는 중등 특수학급으로 확대 실시하여 105명 가운데 45명이 초등 2개 특수학급, 중등 3개 학급 등 5개 특수학급에서 교육을 받게 하였다. 이는 장애인 교육 재활에 크게 기여하게 되었고, 1983년에는 장애인 보호 작업장을 운영하여

연 375명의 장애인이 농업, 임업, 칼라믹스, 제과 제빵, 조립 등의 과정을 통한 잠재력 개발로 직업 재활 증진에 크게 이바지하고 있다.

송산은 장애인을 위한 시설 투자에 적극적으로 임했는데, 3억 3천만 원의 사재를 출연해 운영비 보충 및 기능 보강사업을 시행하였고, 1995년에도 시가 3억 원 상당의 건물 및 토지를 법인에 기부하였다. 송산은 '무궁애학원이 밑빠진 독과 같다'는 생각을 하기도 했지만, 그것도 일시적인 생각이었다. 그동안 물질의 축복을 받았으니, 이것을 잘 사용해야 한다고 생각했다. 송산의 그러한 헌신을 통해 무궁애학원은 경남지역에서 최고의 시설이 되어갔다.

내실있는 프로그램 개발과 시행

무궁애학원이 그렇게 규모있는 시설을 갖추어감에 따라 시설에 입소하려는 장애인 가족이 꾸준히 증가하였다. 이것은 시설의 집단화, 대규모화가 이루어지는데, 이에 따른 시설 운영의 단점을 극복하기 위해 한 사람 한 사람을 관찰, 진단하여 특수학급 소속 장애아동을 1년간 일반학교에 보내어 교육이 이루어지도록 했다.

장애아동 2명을 1년 동안 일반유치원에 보내어 교육이 이루어질 수 있도록 했다. 미술에 재능을 보이는 아동을 미술학원에 보내어 가르치는 등 아동들의 개인적인 재능에 따라 재활 프로그램을 적극 실시하여 적은 수의 장애인이라도 내실있는 프로그램을 제공하고, 통합 프로그램을 실시해 장애인의 사회통합의 자신감을 심어주기 위해 노력했다.

또한 전체 입소 장애인 105명을 대상으로 개별교육을 실시하여 그 결과를 토대로 재활교육에 적극 임하였다. 직원들의 퇴직이나 이동시 장애인들 양육자의 변경 또는 타 시설로의 전원 등으로 인해 인적 물리적 환경 변화가 있을 때에도 동일 장애인에게 일관성있는 재활교육이 실시되도록 적극 힘쓰고 있다.

1997년 7월부터는 지역주민을 위한 프로그램을 시작했다. 이는 지역 주민

들이 무궁애학원을 방문하여 개방하고 시설을 함께 이용할 수 있도록 했다. 처음 시작된 프로그램은 칼라믹스 만들기, 쿠기 만들기, 수화 교실, 리그 만들기, 종이접기, 어성초 설명회, 여름철 건강관리, 도자기 만들기, 자연 건강법, 미용 강좌, 꽃꽂이, 종이접기, 여름철 피부관리, NIE교육, 자녀교육 등이었다. 한 달에 한 차례 지역민을 위한 강좌가 큰 관심을 받게 되었다. 물금이 읍으로 승격했지만, 문화활동이 거의 없었던 때에 주민들의 반응이 좋았다. 이러한 프로그램들을 통해 주민들과 장애인 시설과의 거리감을 좁히는 등 장애인 인식 개선에 적극 앞장섰다.

1998년 5월에는 오픈 하우스를 실시하여 지역주민을 장애인 시설로 초대하여 장애인 재활에 대한 인식을 새롭게 하는 계기가 되었다. 1998년 8월에는 대구 성덕교회 현악 4중주단과 크로마하프팀이 참여한 가운데 장애인 시설과 '지역주민들이 함께하는 여름밤의 작은 음악회'를 개최하였다. 이런 일은 다양한 기관들을 통해 계속되었다.

장애인 사역 소식을 나누기 위해 소식지 〈새힘〉을 꾸준히 발행하고 있다. 이는 무궁애학원 내에서 소통의 창구가 되고 있지만 무궁애학원 후원자들에게도 정보를 제공해주는 의미있는 작업이었다.

1998년 3월부터 매월 한 차례씩 장애인이 지역 주민의 가정을 방문하도록 주선하여 자연스럽게 그들과 어울림과 동시에 입소 장애인은 일반가정을 견학하여 어떻게 가정생활이 이루어지고 있는가를 배울 수 있게 했다. 입소 장애인을 대상으로 매년 단체 소풍 2회, 해수욕 1회 등 프로그램을 준비하여 단체행동을 배우는 학습 기회로 활용하고 있다.

무궁애학원은 원아들의 건강관리를 위해서도 특별한 관심을 갖고 있다. 부산대학교 의료봉사팀에 의뢰하여 원생 개인에 대한 건강 진단을 연 2회 실시하여 중병화되기 쉬운 장애인의 건강을 보살펴 장애인의 건강을 사전에 점검하고 있다.

  부산건치협회 치과 진료팀과 협력하여 연인원 400명의 치아 관리를 해 오고 있으며, 연 1,200명의 후원자를 확보하여 기본 후원에 임하게 함과 동시에 보청기 후원, 유치원비 후원, 학비 후원, 영양제 후원 등 다양한 제목으로 결연 후원을 보다 세부적으로 특성화시켜 후원자로 하여금 참여의 보람과 성취감을 같이 경험할 수 있는 기회를 제공하고 있다.

18. 최고의 시설, 최고의 교육

　송산의 복지사역은 무궁애학원을 단순히 장애인들을 수용하여 보호하고 양육하는 일에 머물지 않았다. 무궁애학원은 장애인에게 맞는 시설을 구비하기 위해 부단한 노력을 기울였다. 각종 장애를 가진 이들의 보호와 양육뿐만 아니라 교육, 재활 치료, 직업 훈련 등 총체적 복지를 지향했다.

　1986년은 무궁애학원으로서는 중요한 변화의 한해였다. 1986년에는 인근의 영신원과 합병하였고, 범어리 산 62-8번지 외 5필지 12,000평 대지 위에 1986년 11월 15일 건평 800여 평 2,644㎡, 1993년에는 범어리 산 61-1번지 생활관 700.54㎡를 신축했다. 송산이 다시 사재를 털어 지금의 무궁애학원 위치에 대지 13,000평을 확보해 법인에 기부하고, 국고 등의 지원을 받아 건물 4개 동 건평 1,200평의 새로운 건축을 하였던 것이었다. 무궁애학원은 그동안 시각, 청각, 언어 장애 재활시설로 변경했는데, 수용인원은 100명에 달했다.

　그 무렵 정부에서 복지 예산을 증액하면서 다양한 지원 프로그램이 나왔다. 대표적인 경우가 복지단체가 부지를 준비하면 정부나 지방자치 단체가 예산을 들여 건축을 해 주거나 시설 개선 작업을 지원해 주기도 하였다. 이 과정에서 무궁애학원의 시설은 크게 개선되었고, 장애인들이 장애를 극복하고 재활할 수 있는 교육과 치료, 훈련을 계속했다. 그런 과정에서 무궁애학원은 경상남도에서 가장 우수한 시설을 마련할 수 있었고, 전국적으로도 최고 수준의 시설이 되었다.

송산은 2002년부터 2011년까지 3단계 계획안을 만들어 시행하였다. 그 중 요사업은 지역사회 시설과 연계를 통한 정신지체 장애인, 재가 장애인 서비스 시행이었다. 이 서비스의 세부사항은 사업 초기 단계의 생활시설 입소 장애인은 자활을 통한 독립, 그룹홈 등을 통해 탈시설화가 가능하다고 보고 그들이 독립을 위한 활동을 돕는 것이었다.

또한 탈시설화 사업으로 단체 사업의 자유로운 시행을 위해 부단히 노력한 결과 궁극적으로는 장애인의 삶의 질적인 향상과 실질적 복지를 추구하였다. 그러한 노력의 결과 경상남도는 물론 전국적으로 가장 발전된 시설과 프로그램을 운영하는 시설로 평가받았고, 모범적인 시설로 인정을 받았다.

그룹홈

그런데 이러한 시설도 장애인들의 눈높이가 높아지면서 해마다 리모델링 공사를 계속해야 했다. 송산이 무궁애학원을 시작할 때는 생존 자체가 목적이었지만, 한국 사회가 경제적으로 성장하여 사회복지시설도 개선 작업이 이루어졌다. 처음에는 큰 방에 집단적인 합숙시설 형태였지만, 점차 원생들의 사생활이 중요하게 되고, 2,000년대에 와서는 한 방에 두 사람 정도를 선호하게 되었다. 2천년대에 와서는 장애인들이 사회에 나가서 적응하며 생활할 수 있도록 그룹홈이 시작되었다. 무궁애학원 안에서 보호를 필요로 하는 장애인들이 있지만, 이제는 가벼운 증상의 장애인들은 그룹홈에서 생활하며 일상적인 삶을 살아가고 있다. 이는 장애인들에게는 중요한 일이어서 양산시에서 아파트 구입비를 지원하고 있어 더없이 감사한 일이다. 최근 들어 복지 예

산이 크게 증가하면서 재정적인 어려움을 일부나마 덜 수 있는 정도가 되고 있다. 또 무궁애학원은 직업재활교육 사업에 힘쓰고 있는데, 여러 기업들이 참여하여 임금의 70%는 기업에서, 30%는 양산시에서 부담하여 일할 수 있는 장애인들의 개인 소득을 보장하고 있다. 국민기초생활 수급자 및 중증 장애인들, 자폐성 장애인들이 함께 생활하며 필요한 일상 생활 재활을 위한 사역을 담당하고 있다.

무궁애학원은 송산이 땅에서 보낸 마지막 해였던 2013년에 90명의 장애인들을 돌보았다. 시대적 요구에 따라 무연고 및 기초생활 수급자와 실비입소자를 위한 생활 보호와 직업 재활 교육, 그리고 그룹홈을 통한 사회 복귀를 지원한다. 그중 사회 복귀 훈련은 현재 20여 가정이 시설과 주변의 원룸과 아파트에서 지역사회 주민들과 조화롭게 적응하면서 하고 있다.

송산은 전국장로회연합회장을 맡으면서 학원 외적인 활동이 크게 증가하여 1999년 6월 이금지 권사에게 원장직을 넘기고, 자신은 이사장으로 사업

전체를 관장했다. 2000년에는 직업재활원을 개원하여 막내아들 민현이 그 책임을 맡았다. 본격적으로 전공을 살려 차원을 달리하는 장애인 사역을 시작한 것이었다.

무궁애학원 서비스 헌장

장애인 시설이 되면서 무궁애학원 직원의 수가 늘어났다. 장애인들은 독립적인 생활을 하지 못하였으므로 한 직원이 두세명을 돌볼 수 없었다. 이전과 같이 그리스도의 사랑으로만 돌볼 수 없는 환경이 되었다. 송산은 이에 <무궁애학원 직원 서비스 헌장>을 제정하였다.

<무궁애학원 직원 서비스 헌장>

우리 사회복지법인 무궁애학원 직원은 생활인의 단 한번 밖에 없는 인생을 위탁받았다. 우리들은 이 사실을 깊이 명심하여 생활자의 인권을 지키고 보다 나은 삶을 위해 지원하는 서비스를 제공하고자 한다.

1. 우리 직원은 장애인 인권 헌장에 기본 이념을 두고 생활인에게 서비스를 제공한다.
2. 우리 직원은 생활인에게 어떠한 이유로도 권위적인 자세를 취하지 않고 폭력 폭언은 절대 사용하지 않는다.
3. 우리 직원은 생활인의 개성을 존중하고 생활인 스스로가 선택, 결정한 것을 존중하며 항상 대등한 입장에서 성실하게 대응하여야만 한다.
4. 우리 직원은 생활인의 장애 상태, 행동, 성격, 성별, 연령 등 그와 어떠한 이유에 의해서도 차별해서는 안 된다.
5. 우리 직원은 생활인이 지역사회 안에서 시민으로서 생활하도록 하기

위하여 항상 지역의 이해와 협조를 도모해야만 한다.
6. 우리 직원은 생활인의 사생활 보호, 비밀 유지, 재정 관리, 또한 사적인 공간과 시간의 확보를 배려해야만 한다.
7. 우리 직원은 항상 생활인의 목소리를 잘 듣고 생활인의 고민이나 서비스 제공 요구에 대해 적절하게 해결할 수 있도록 노력해야만 한다.
8. 우리 직원은 생활인에 대한 격려와 칭찬을 잊지 않고, 모든 생활인이 안심과 자부심을 가지고 생활할 수 있도록 생활인과 함께 만들어가야만 한다.
9. 우리 직원은 서비스 제공자로서 필요한 능력을 높이기 위해 항상 노력해야만 한다.

시설 보수

송산은 처음 열악한 환경 가운데 있었던 아이들을 위해 자신의 가산을 정리하여 고아원을 인수하였다. 시설을 개수하는 데 많은 돈이 들어가야만 했다. 당시만 해도 고아원을 위해 정기후원을 하는 경우는 거의 없었고, 목돈을 후원하지도 않았다. 그 시대에는 기업이 지원하는 경우도 없었다. 외국의 지원이 중요한 수입원이 되었다. 송산 부부가 고아원 사업을 안정적으로 하기 위해서는 전적으로 부부가 발품을 팔아 후원자를 찾아다녀야 했다.

송산은 시설 개선을 위해 많은 노력을 기울였다. 양산이 더욱 발전하면서 미래를 준비해야 할 시점이 되었다. 88 올림픽을 거치면서 사람들의 의식이 크게 바뀌었다. 잘 살게 되었고, 장애인 올림픽을 하면서 장애인에 대한 인식도 많이 개선되었다. 주일학교에 사랑부 혹은 희망부 형식으로 장애인을 위한 부서도 생겨나게 되었다.

대를 이은 복지사역, 민현

막내아들 민현이 아버지의 사역을 이해하고 이를 잇고자 하였다. 민현은 사회복지학에 오랜 전통으로 뛰어난 프로그램을 가지고 있는 대구대학교 사회복지학과에 입학을 해 착실하게 배웠다. 대구대학교는 독립운동가였던 이영식 목사에 의해 1956년 한국사회사업대학으로 설립되었는데 그는 평생 나환자, 장애인, 교도소 선교에 헌신하였던 인물이었다. 민현은 대학에서 사회복지학을 전공하고 졸업한 후에는 영국의 하벤 스쿨과 미국의 템플대학교에서 교육을 받고 아버지를 이어 미래직업재활원을 설치하였다. 체계적인 교육과 실습이 가능한 프로그램을 만들었다.

송산이 이 일을 처음 시작할 때는 오직 이들의 생명을 살리려는 자세로 일을 시작했지만, 이제 민현의 경우는 달랐다. 사회복지계 국내 최고의 프로그램에서 교육을 받고, 영국과 미국의 선진 복지 시스템을 배우고 돌아온 것이었다. 송산은 사랑과 사명만으로 아이들을 돌본 자신들과는 다르다는 생각에 민현이 대견스러웠다.

1999년에는 아내에게 원장을 맡겼고, 자신은 이사장으로 물러났다. 사회적인 봉사와 교회연합기관 봉사에 시간에 많이 소요되었기 때문이었다. 이것은 무궁애학원으로서는 무척이나 아쉬운 일이었지만, 아내가 잘 감당해 주었다. 다른 장애인 시설을 돌아보고 그들의 사역을 격려하고 하는 것도 장애인 사역이라 생각되어 만족하였다.

19. 국제사회복지대회 참가

제25차 국제사회복지대회 참가

송산은 무궁애학원 사역이 어느 정도 안정되면서 재교육의 필요성을 느끼고 있었다. 그는 대학에서 전문적인 사회복지학을 공부하지 않았고, 오직 그리스도의 마음으로 아이들을 돌본 것 뿐이었다. 시설이 안정되고 아이들이 증가하면서 재교육이 절실함을 느꼈다. 대학원에 진학해서라도 사회복지를 본격적으로 공부하고 싶었지만, 계속하여 파도처럼 밀려드는 일로 인해 그럴 기회가 없었다.

송산은 재교육의 기회로 국제사회복지대회에 참가하면서 국제적으로 사회 복지가 어떻게 이루어지고 있는지 보고 배우며 안목을 넓혔다. 송산은 꾸준히 영어를 공부하였기 때문에 외국 유학을 하지 않았지만 기본적인 의사소통이 되었고, 강의들도 어느 정도 이해할 수 있었다.

1990년 6월 20일부터 7월 5일까지 모로코 마라케시 Almoravides 호텔에서 개최된 제25차 국제사회복지대회에 한국대표단과 함께 참여하였다. 65개국에서 500명 정도가 참여한 국제 사회복지대회였다. 이 대회는 '지역개발의 인간적 차원과 도전의 수용'이라는 주제로 모였는데, 박수현 한국사회복지협

의회장, 사회복지협의회 기관 대표, 각 시도 가정복지국장 등을 중심으로한 그룹과 대한적십자사 관계자와 각 지역 시설장들로 구성된 두 그룹 25명이 참여하였다. 송산은 오랫만에 아내와 함께 하였다.

이 대회가 개최된 모로코는 아프리카 서북부에 위치한 나라로 지중해에서 대서양에 이르는 해안국가이다. 면적은 우리나라의 4.4배, 인구는 2,500만 명 정도였다. 왕국으로 존재하는데 정치적 종교적 지도자로 하산 2세(Hassan II)가 국민의 존경을 받고 있었다. 왕은 행정수도 라바트에만 거주하는 것이 아니라 여러 지역에 궁궐이 있어 지역을 순회하며 나라를 다스리고 있었다.

모로코의 카사블랑카를 거쳐 도착한 마라케시에서 6월 24일에 대회 등록을 마치고 여섯 차례 전체회의와 포럼, 두 차례 세미나, 참가 지역별 회의, 전시회, 특별관심회의 등으로 빼곡한 일정이었다. 대회 기간에 참가자 일행은 주 모로코 한국대사관을 방문하였는데, 정부 관계자들이 함께 참가한 관계로 이종업 대사가 직접 맞아주었다. 대사관 개설 이후 이렇게 많은 방문객이 없었다고 하며 모로코의 정치와 문화 사회생활을 상세하게 설명해 주었다.

송산 부부와 참가자들은 행사를 마치고 문화탐방 행사로 스페인의 마드리드, 영국의 런던, 프랑스의 파리 등의 선진 문물을 들러볼 수 있었다. 파리에서는 민간 사회복지시설을 둘러볼 기회가 있었는데, 프랑스의 사회복지 예산이 다른 정부 예산만큼이나 많다는 이야기를 들으며 선진국은 사회복지로 그 질이 결정된다는 생각을 하였다. 주민 중에 휴가비가 없으면 복지사무소를 방문하면 휴가비도 지불한다는 말을 듣고 프랑스의 사회복지의 세심한 배려에 많이 놀랐다.

송산은 이 사회복지대회에 참가하면서 우리 세대와 후세에 어떤 문화 유산, 정신 유산, 신앙 유산을 남겨야 할 것인지 생각하게 되었다. 모처럼 참가한 국제회의에서 인류가 같은 시대에 지구촌이라는 한 울타리 안에서 공통관심사를 나누며 같은 문명 안에서 살아갈 수 없을까라는 생각을 했다. 대회를 마치고 귀국하여 경상남도 사회복지 소식 〈복지〉에 참가기를 실어 회원들이 국제 사회복지의 흐름을 이해할 수 있도록 도왔다.[3]

송산은 1994년 7월 1일부터 15일까지 핀란드 헬싱키에서 개최된 제26차 국제사회복지대회에도 한국대표단의 일원으로 참가하였다. 대회에 참가하고, 또 세계적으로 뛰어난 핀란드의 복지를 돌아보며 우리나라의 복지도 세계적인 수준으로 향상되었으면 하는 바램을 가졌다. 자신이 처음 사회복지를 시작할 때 모습과 생각하면 혁명적으로 바뀌고 있다고 생각하지만, 아직도 갈 길이 멀다는 생각을 지울 수 없었다.

---

3. 경상남도 사회복지 소식 〈복지〉, 제46호(1990년 8월).

아시아태평양 국제복지대회 참가

송산은 이듬해 아시아태평양 국제사회복지 대회에 참가하였다. 이 대회는 1991년 8월 26일부터 31일까지 '환경보고와 사회 발전에 대한 민간단체의 역할'이라는 주제로 홍콩에서 아시아 31개국에서 300여 명이 참가한 가운데 개최되었다. 홍콩 주재 영국 총독이 환영사를 하고, 호주 환경국장이 주제강의를 했으며 이어서 리셉션이 있었다.

이 대회에서는 삶의 질을 위해 자연 환경이 중요함을 인식하였고, 사회 발전에 시민주도적인 민간단체의 역할이 날로 중요하다는 사실을 인식하는 기회가 되었다. 비록 사회환경과 나라와 인종이 다르다고 해도 같은 사회복지계에서 일하는 것 때문에 금방 친숙하게 되었다. 당시만해도 한국이 개발도상국이었기 때문에 환경보호는 정부와 매스컴, 민간 단체와 시민들의 적극적인 협력이 요청됨을 깨닫게 되었다.

대회 참가자 일행은 구세군이 운영하고 있는 홍콩청소년복지센터를 방문

하고 그 활동을 살펴보았다. 3년 전 개관한 이 센터는 구세군 교인들의 자원봉사로 이루어지고 있었다. 센터는 청소년들이 균형있게 성장하도록 단체 활동, 지역 봉사, 소창 활동, 도서관 이용, 가사, 자원봉사자들의 봉사, 상담, 노인 위탁소 등을 담당하는데, 매일 오후부터 저녁 시간까지 운영하고 있었다. 센터에서는 다양한 프로그램에 참여하는데 어린이들은 무료였고, 청소년은 연 5달러, 성인들은 연 10달러의 회비를 받고 있었다.

공식 행사 후에 북경의 중국장애인협회를 방문했는데, 공산주의 국가였지만 장애인 복지가 잘 되어 있다는 인상을 강하게 받았다. 이러한 현장을 살펴보는 것은 무궁애학원의 복지 사역을 업그레이드 하는 데 도움이 되었다.

국제사회복지대회 참가

송산은 다시 2000년 10월 21일부터 11월 2일까지 남아공화국에서 개최된 제29차 국제사회복지대회(International Conference on Social Welfare)에 아내와 함께 참가했다. 대회는 '빈곤, 사회 보기, 사회 개발: 21세기의 도전'을 주제로 케이프타운 오페라 하우스에 있는 니코 극장에서 개최되었는데, 60여 개국 700여 명이 참가했다, 남아공화국에는 국가적으로 사회복지협의회가 조직되어 있지 않았지만 남아공화국 아동가족복지협의회와 남아공화국 전국사회복지서비스 및 개발 포럼이 협력하여 대회를 준비한 것이었다.

국제사회복지협의회는 사회 복지와 사회정의와 사회 개발 증진을 목적으로 하는 국제 민간 단체이다. 이 대회는 그동안 선진국에서 주로 개최해 왔는데, 이번 대회를 남아공화국에서 개최한 것은 1990년 넬슨 만델라의 석방과 흑인 정부의 출범으로 남아공화국 사회복지가 세계 무대에 능동적으로 대처해왔기 때문이었다.

첫날 개막연설을 맡은 남아공화국 개발부장관 졸라 스퀴아(Zola

Skweyiya)는 주민의 40%가 하루 생활비가 1달러에도 미치지 못하는 빈곤한 생활을 하고 있다고 보고했다. 그 결과 질병, 무지, 영양 실조 속에 허덕이고 있는 상태라고 했다. 남아공화국의 빈곤, 에이즈, 실직 등의 문제가 심각함을 함께 보고했다. 이를 위한 치료 대책이 필요하고, 사회적 보호가 필요하다는 것이었다.

이러한 남아공화국의 실정을 보여주듯이 케이프타운 공항에서 시내로 들어가는 도중에 빈민 판자촌이 끝도 없이 즐비한 것을 볼 수 있었다. 1960년대 우리나라의 모습보다 더 비참한 시절이었다.

국제사회복지대회 개막식 문화행사에서 한 흑인이 아프리카 원주민의 서사시를 낭송했는데, 내용을 잘 알 수 없었지만, 그들의 어려운 삶을 호소하는 내용과 같았다. 음성이 무척이나 애잔해 보였다. 계속된 문화행사에서는 남아공화국을 대표하는 하우스할덴 합창단이 원주민 복장으로 아름다운 아프리카 화음으로 노래를 불렀는데, 깊은 슬픔이 내포되어 있음을 느낄 수 있었다. 대회 참가자들의 환영식에서는 많은 수가 참가한 한국 대표단이 크게 환영을 받았다.

학술대회는 15개의 주제 아래 30여 편의 논문이 발표되었고, 워크숍에서는 49개 주제에서 130편의 논문이 발표되었다. 한국 대표단에서는 경제정의 시민연합 구정모 교수가 '한국에서 경제 위기와 사회 안전망'을, 미국의 김바울 박사가 '대한민국에서의 해외 입양과 전망'을 발표했다. 김바울 박사가 제시한 통계는 1958년부터 10년 동안 국내 입양 56,963명, 해외입양 142,302명이라고 밝혔는데, 가히 충격적이었다. 숭실대 박종삼 교수는 '한국의 경제 위기 상황에서 가장 영향을 받는 단체들을 위한 사회안전망'을 발표하였다.

남아공화국은 한국전쟁 때 우리나라에 전투비행 대대와 지상군을 파병해준 우방국이었다. 더구나 무엇보다도 송산이 몸 담고 있는 고신교회와 밀접한 관계를 가지고 있는 포체프스트롬 대학교가 있었다. 물금교회 협동목사이자 고신대총장 김성수 박사를 비롯하여 이승미, 황창기, 이환봉 등 여러 교수들이 그 대학에서 학위를 하고 돌아와 고신대학교 교수가 되었기 때문에 더 친숙함을 느꼈다.

송산 일행은 공식적인 대회 행사를 마친 후 테이블 마운틴, 희망봉과 빅토리아 폭포를 둘러보고, 짐바브웨와 모잠비크 국경 지역에 있는 크루거 국립공원 사파리 투어를 하였다. 하나님이 만드신 대자연 앞에서 인간이 참 작은 존재이지만, 이처럼 세계를 다스리고 있으니 창세기 1:28의 문화명령(하나님이 인간에게 생육하고 번성하고 땅에 충만하고 땅을 정복하도록 임무를 주신 명령)이 실현되고 있다는 생각을 했다.

제5부

교회와 함께한 평생

그를 만물 위에 교회의 머리로 삼으셨느니라
교회는 그의 몸이니
만물 안에서 만물을 충만하게 하시는 이의 충만함이니라
(에베소서 1:22-23)

20. 물금교회와 초기 신앙생활

물금 정착과 물금교회

송산이 무궁애학원을 인수한 후 마산에서 물금으로 이사했다. 그날은 1963년 2월 22일, 금요일이었다. 멀리서 봄이 올 준비를 하고 있었지만 낙동강변에 있는 물금은 차가운 강바람이 불어 날씨가 차가웠다. 송산은 그날을 두고 "폭풍이 몰아치고 차디찬 바람이 옷깃을 여미게 하는 날 사회복지 시설을 방문하고 물금교회를 방문했다"고 회고한 바 있다. 그가 이사한 다음날은 주일이었고, 같은 동네에 있는 물금교회 예배에 참석하고 등록했다. 송산은 그날부터 무궁애학원 운영과 물금교회 봉사를 시작하였다. 물금교회는 그가 출석하였던 신마산교회와 같은 신앙노선을 가진 대한예수교장로회 고신교단 소속이었다.

물금교회는 1906년 설립된 양산읍교회(현 양산교회)에서 정준모 장로가 아들이 물금에 있는 수리조합에 근무하면서 물금으로 이주하게 되었고, 이를 기회로 교회가 개척되었다. 그는 양산읍교회 장로였는데, 물금면 물금리 459번지에 예배당 17평을 건축하고 장로로, 교역자로 시무하며 시작되었다. 당시 그의 나이 62세였다. 그때는 주기철 목사가 양산읍교회에 부임하기 직전이었다.

주기철 조사가 양산읍교회에 부임하면서 주말마다 물금에서 평양을 오가며 공부하였는데, 기차로 근 하룻길이 걸리던 때였다. 주기철 조사는 평양을 떠나온 열차가 늦게 도착하면 정준모 장로 집에서 잠시 쉬었고, 머나먼 평양으로 가기 위해서는 아침 일찍 차를 타기도 했다. 두 사람은 3년 동안 깊은 교제를 나누었다.

한학자였던 정준모 장로는 성경을 읽고 묵상한 바를 한시를 적었는데, 이것을 《경제사율》(經題詞律)이라는 문집으로 1933년에 출판하였다. 주기철 목사는 문창교회 담임목사였는데, 양산읍교회에서의 옛정을 생각하여 책의 서문을 썼다. 출판기념회는 부산경남지방의 지도자들이 함께 했다. 그는 평생 물금에서 살면서 장로와 조사로서 물금교회를 돌보다가, 책을 낸 후 1935년 75세의 일기로 소천하였다.

정준모 장로의 사후 1935년 최명순 전도사가 양산읍교회와 물금교회를 겸임하여 시무하였고, 1942년 강용한 전도사가 해방 후까지 사역하였다. 물금교회도 일제강점기의 여느 교회와 같이 어려운 시절을 겪었다. 물금이 한적한 시골이라 큰 간섭은 없었지만, 면 소재지라 일본 경찰의 주재소가 있었고, 이런저런 간섭도 많았다. 1942년 강직한 성품의 강용한 전도사가 양산교회 전도사로 부임하였는데, 해방이 되면서 신앙의 자유를 되찾았다. 그는 양산교회를 주된 시무지로 하고 물금교회를 함께 돌보았다. 김세주 목사는 1957년 물금교회에 부임하여 1961년 남해 지역으로 이동하였다.

송산이 물금에 올 때 물금교회 담임교역자로 임병민 전도사가 한해 전부터 사역하고 있었다, 당시에는 목사를 돕는 사람이라는 뜻으로 조사라고 불렀다. 송산은 그해 집사로 임명되었고, 학신회나 청년회에서 맡은 일에 최선을 다했다. 1970년에 장로 임직을 받았으며, 2005년 교회법에 따라 정년 은퇴하여 원로장로로 추대되었다. 그리고 하나님의 부름을 받을 때까지 물금교회와 평생을 함께했다. 그가 마지막 가는 길도 물금교회에서 천국환송예배를 드렸다. 그의 삶은 물금교회와 50년을 함께 한 생애였다.

송산이 교회에 등록한 1963년 12월까지는 물금교회는 성도의 수가 많지 않았다. 부산에서 가까운 곳이었지만, 전형적인 농촌이라 일자리가 없어 외부에서 들어오는 이들도 거의 없었다. 환경은 쉬 바뀌지 않았고, 경제적인 어려움은 여느 교회나 비슷하였다. 출석 교인수가 많지 않았으니 재정적으로도 여유가 없었다. 겨우 교역자를 모시는 정도였다.

다행히 송산이 물금교회에 등록하기 한 해 전 교회에 작은 변화가 있었다. 이전의 교회당을 매도하고 물금면 물금리 401-37번지 수리조합 대지 200평과 건평 40평을 구입하여 교회당으로 개조하여 사용하게 된 것이었다. 교역자 사택은 같은 건물의 옆에 방 두 칸이었다.

송산이 처음 물금교회에 왔을 때는 장년 성도들이 30여 명 정도였고, 주일학교 학생은 100명 정도였다. 당시에는 성도들이 농사를 짓고 있어서 경제적인 여유가 없었다. 목회자들이 자주 이동한 것도 교회의 경제적인 상황과 깊은 관련이 있었을 것이다.

임시목사로 황선이 목사가 2년, 이어 김세주 목사가 3년을 채우지 못하고 교회를 이동했다. 김세주 목사가 떠난 후에는 1962년 2월에 임병민 전도사가 부임하여 사역하고 있었다. 임병민 전도사는 전도사로 부임해 1965년 7월 첫 주일에 목사로 임직받고 몇 년을 더 시무했다.

송산이 교회로 이사했을 때 임병민 전도사는 신학교 시절부터 그를 알고 있어 따뜻하게 맞아주었다. 그의 물금교회에서의 신앙생활이 그렇게 시작되었다. 1963년 말 물금교회에 청년 재석이 오니 성도들이 무척 좋아했다. 그가 칼빈대학을 졸업하고, 신학교에서 공부까지 하였으니 더욱 그러하였다.

그는 1964년 1월에 서리집사로 임명되었는데, 당시에는 서리집사도 투표로 제직 과반 이상을 득표해야 했다. 송산은 부지런한 봉사로 성도들에게 영향을 미치기 시작했다. 1967년 7월에 임병민 목사가 기장교회로 이동하였고, 두 달 동안 교역자가 없었는데, 송산은 이 기간에 새벽기도회를 인도하였다.

1967년 9월 첫 주에 첫 위임목사로 이삼열 목사가 부임했다. 송산은 당시 교회의 청년회장이었는데, 청년들과 힘을 모아 교회와 주일학교 교사로 교회가 필요로 하는 곳에 봉사하였다. 위임목사가 오면서 교회의 분위기가 전환되었고 활기가 살아나기 시작했다. 당시만 해도 교회가 어려운 형편이라 교역자의 사례금을 많이 드리지 못했다. 교회가 교역자에게 드리는 사례는 월 6천 원과 성미가 고작이었다. 그것으로는 겨울에 난방도 제대로 하기 어려운 실정이었다.

이삼열 목사는 아들 이성구 형제들과 딸 이성희가 학교를 다니는데 교회의 사례가 충분하지 못해 아이들의 학비를 걱정해야 할 정도였다. 송산은 그러한 사정을 고려하여 개인적으로 연탄보조금으로 매월 1천원(연탄 90개) 씩 2년 동안 봉사하였다. 송산이 회계집사가 된 후 교회의 뜻을 모아 사례를 대폭 인상해 생활에 지장이 없도록 하면서, 개인적으로 드리던 연탄 보조금은 중단하였다.

교회가 그 당시만 해도 재정이 여유가 없었다. 교회당 건축이나 재정적으로 큰 지출을 필요로 하는 일을 바로 결정하고 시행할 수 있는 형편이 아니었다. 이삼열 목사의 열정적인 목회와 청년들의 헌신으로 목회 환경도 교회의 재정 상태도 점차 나아지기 시작했다.

송산은 교회 봉사는 물론 무궁애학원 운영에도 전력을 기울인 결과 무궁애학원도 크게 성장하고 있었다. 가정에서는 아이들도 줄줄이 태어났다. 송산은 평소 신중하면서도 교회 일에 적극적이고 긍정적으로 참여하였다. 그러한 봉사로 오래지 않아 교회의 핵심적인 인물이 되어 갔다.

송산이 물금교회에 출석한 후 처음 맡았던 직분은 청년회장이었다. 청년들이 모여 기도회를 갖고, 교회에 필요한 일이 무엇인가를 찾아 앞장서 일했다. 청년들이 신앙생활을 하는 데 재미가 있으니 청년들이 모여왔고, 교회가 활기를 띠게 되었다.

송산은 이어 유년주일학교 부장을 2년 봉사한 후 1971년부터 6년 동안 학신회 부장을 담당하였다. 학신회는 학생신앙운동의 줄임말인데, 운동이라는 기구의 이름이 익숙하지 않아 그 시대 고신교회에서는 학생신앙운동(Student For Christ)을 줄여 그리 부르는 경우가 많았다. 주일 오후 2시에 학신회 성경공부 모임이 있었다. 중고등부를 지도하는 교역자가 따로 없던 중에 송산은 학생들을 잘 돌본 결과 100여 명의 학생들이 모이게 되었다. 당시만 해도 열정적인 학생들은 주일예배에 참석하고 다시 오후에 학신회 모임에 참여하였다. 이들이 교회의 내일이었으므로, 송산은 이들을 돌보는 일에 특별한 관심을 가졌고, 재미를 느꼈다.

송산은 학신회 부장으로서 학생들의 자발적인 활동과 소통을 위해 학생들의 힘을 모아 회지 〈빛〉을 발행하였다. 기름을 입힌 등사 원지를 줄판에 놓고 철필로 원고를 옮겨 적어 등사기에 밀어 인쇄하는 방식이었다. 인쇄가 서툴면 원지가 찢어지기도 하고, 손과 얼굴에 먹물이 들기도 해 여간 번거로운 방식이 아니었다. 학신회에서 〈빛〉 창간호가 1971년에 발행되었다. 이렇게 하여 학생들이 참여하면서 교회와 학신회에 대한 신뢰와 애정이 쌓여갔다.

학신회에서 〈빛〉을 1983년까지 10년 동안 발행하였다. 학신회는 학생들이 자율적으로 활동을 하였는데, 자신의 이름으로 발표된 작품집을 받아보고 대견해했다. 그의 역할은 등사기와 등산판으로 회지를 만드는 것을 도와주고 또 지도해 주었다. 교회 역사에서도 자랑스러운 일이 아닐 수 없었다.

송산의 경건생활

송산은 한국 교회가 오랫동안 지켜오던 신앙적인 전통에 충실하였다. 주일예배 참석과 주일 성수, 십일조 생활, 새벽기도회 참석 등이 그의 기본적인 경건생활이었다. 송산은 교회의 공식 예배나 수요기도회, 새벽기도회, 금요 구역모임 등을 중요시하여, 빠지는 일이 없었다. 주일에 다른 곳으로 출타하는 일에 대해서도 엄격했다.

송산은 기도와 말씀으로 교회를 섬겼다. 그는 매일 아침 아내와 함께 교회의 새벽기도회에 참석하였다. 이것은 그가 칼빈대학 재학 당시부터 철저한 신앙훈련을 받아 새벽기도가 체질화된 결과였다. 또 당시 고신교회의 열성있는 성도들의 신앙생활의 모습이기도 했다. 한상동 목사가 일제강점기에 신사참배 강요를 이긴 힘이 기도의 힘이었다. 해방 후 총회파와의 갈등을 이기는 힘도 기도에서 나온 것이었다.[1]

송산은 고신교회의 그러한 전통을 체질적으로 받아 기도에 힘을 썼다. 그가 마산에서 영어강습소를 운영할 때부터 간절히 기도하며 하나님의 은혜를 구하였다. 기도할 수밖에 없었기 때문이었다. 송산은 자라나는 다섯 아이들, 온갖 손이 다 가야 하는 100명이 넘는 고아원 원아들을 돌보면서 그의 어깨는 무거웠다.

송산은 무궁애학원을 운영하며 기도할 수밖에 없었다. 날마다 무거운 책임감을 느껴야 했지만, 늘 기쁨으로 일했다. 여러 가지 난관들이 파도와 같이

---

1. 나삼진, "한상동 목사의 기도", 안명준 편, 《영적 거장들의 기도》, 587-598.

밀려왔지만, 기도로 이겨낼 수 있었다. 송산은 신마산교회 집사 시절에도 기도를 빠지는 일이 없었다. 새벽기도가 그의 영성을 형성하는데 중요한 기초가 되었고, 하늘의 에너지를 받는 충전소와도 같았다.

시간에는 두 가지 분류 방식이 있다. 신약성경을 기록한 그리스어에서는 시간을 두 가지 다른 단어를 사용한다. 우리가 경험하는 일상적인 시간 연대기적인 시간을 '크로노스'라 하고, 의미있는 시간을 '카이로스'라고 한다. 하루의 중요한 시간을 어떻게 의미있는 시간으로 활용하는가에 따라 달라진다고 보았다.

송산은 현대그룹 정주영 회장이 말한 "사람의 운명은 새벽에 그가 무엇을 하느냐에 따라 결정된다"는 말을 좋아했고, 이를 잊지 않았다. 정주영 회장은 일찍 일어나 반드시 자녀들이 새벽에 일어나 아침 식사를 함께하는 것으로 하루를 시작하였다. 정주영이 부지런함과 철저한 시간 관리와 성실로 세계적인 기업을 이룬 것이었다. 송산도 새벽 시간을 잘 활용하였고, 하나님께 자신의 가정과 고아원을 부탁하였다. 그의 인생은 하나님의 은혜로 얻은 인생이었다.

김영삼 대통령은 장로로서 교계 지도적인 인물들과 함께 식사를 하고, 대화하는 것을 즐겼다. 그가 문민정부 대통령으로서 결단을 앞둔 때는 더욱 그러하였다. 그러한 자리는 김 대통령이 민심을 청취하는 통로이기도 했다. 김영삼 대통령은 장로로서 기독교계의 적극적인 지지를 받아 대통령이 되었지만, 대통령으로서 기독교 중심으로 정치를 할 수는 없었다.

김영삼 대통령이 정치를 할 때나 대통령 선거까지 교계 지도자들 가운데 그를 적극 도왔던 이들이 많았다. 후암동교회 손상률 목사, 충현교회 김차생 장로, 고신언론사 사장 정금출 장로, 부산남교회 손창희 장로 등이 그같은 인물이었다. 김영삼 대통령은 재임중에는 오래 봉사하였던 충현교회에 나갈 수 없었다. 경호 관계로 목회자들을 초청하여 청와대 경내에서 주일예배를 드렸다.

　기독교계에서는 대통령의 행동이 교회에 도움이 되지 않는다고 하여 비판적인 시각이 있었다. 이에 교계 지도자들 가운데 여러 사람을 임기 종반에 청와대로 초청하는 데 송산도 함께 초대받았다. 그러나 그 초청에 응하기 위해서는 물금교회의 주일예배를 빠져야 했다. 그것은 자신이 평소 견지해 왔던 자세와 어긋났다. 그래서 그는 초청을 정중히 거절하고 교회에 출석하여 변함없이 예배를 드렸다.

21. 양산 기독교 연합 사업들

양산시하면 누구나 통도사를 떠올린다. 통도사(通度寺)는 경상남도 양산시에 있는 사찰로 영축산 남쪽 기슭에 있다. 합천 해인사(법보사찰), 순천 송광사(승보사찰)와 더불어 한국 삼보사찰로 불리고 있다. 통도사는 신라시대 승려 자장이 당나라에서 가져온 석가모니의 사리와 가사를 봉안하여 불보 사찰이라 불린다. 통도사는 대한불교 조계종 제15교구 본사이다.

양산은 통도사의 강한 영향으로 기독교세가 약한 편이었다. 지금은 많이 달라지고 있지만 오랫동안 양산은 통도사의 영향과 농촌 지역이라는 현실 때문에 교회들이 어려운 환경이었다. 교회간의 협력이 요청되는 지역이기도 했다.

송산은 교회 청년회장으로 봉사하면서 이런 현실을 고려하여 양산기독교 연합회 사업에 적극적으로 참여했다. 주일학교 양산연합회가 주관이 되어 교사강습회를 실시하였다. 양산과 울주 지역의 교계 연합 사업을 가진 것이다.

1960-70년대에 양산 기독교 연합사업이 활발하게 이루어졌다. 물금교회, 양산읍교회, 신평교회, 용연교회 등이 중심을 이루었다. 당시는 양산읍내를 벗어나면 도로가 포장되지 않았다. 대도시만 겨우 백색전화, 청색전화를 구분하여 공급되던 시기였고, 도시에서도 전화를 가진 가정이 많지 않아 이웃

이 전화를 대신 받아주기도 했다. 농촌에서는 유선전화가 거의 없던 시절이었다. 가정마다 라디오도 없던 시절이라 시골에서는 스피커로 지역 방송시스템을 구축하여 방송을 하곤 하였다. 당시 농촌에는 전기가 들어오지 않는 곳도 많았다.

송산은 양산군 기독청년연합회 회장을 맡았다. 교회 대표들과 논의한 결과 가장 시급한 것이 여름성경학교를 준비하는 교사강습회였다. 승용차가 없던 시절에 대중교통을 이용하여 이동하며 집회를 가져야 했다. 가까운 거리는 걸어서 다니거나 자전거를 타고 이동하였다. 교회들은 이처럼 어려운 여건이었지만 교파를 초월하여 연합하여 교사강습회나 청년대회를 준비한 것이었다.

교사강습회는 1967년 7월 17일부터 19일까지 사흘 동안 개최하였다. 여름성경학교 교사강습회를 겸한 것이었다. 청년대회를 준비하면서 부산에서 외부강사를 모셨다. 아동심리, 성경공부, 설교법, 노래, 소창, 동화 등의 특강 시간이 배정되었다. 교회마다 필요가 있어서 전에 없던 호응이 있었다. 청년대회는 성대한 잔치가 되었고, 참석한 청년들마다 좋은 반응이었다. 첫 대회의 대회장은 박재석 집사였다. 그는 강사 소개는 물론 여러 프로그램 진행의 책임을 직접 맡아 이끌었다.

이때는 청년 재석이 물금교회의 청년회장으로, 유년주일학교 부장으로 봉사하던 때였다. 이때부터 양산지역 교계에서 재석은 평신도로서 중심적인 인물이 되었다. 이 대회가 기초가 되어 양산군 지역대회가 개최되었다. 교회들의 큰 호응이 있었고, 강사들이 열심히 봉사하면서 큰 성황을 이루었다.

1970년대 초만 해도 양산군 지역에 교회가 17개에 불과하였고, 전도사가 시무하는 교회가 대부분이었다. 물금교회 역시 농촌교회로 교역자들이 시무하다가 좀 더 나은 목회지를 찾아가곤 했다. 교역자가 부임하여 친숙하게 되

고 정이 좀 들만하면 부산이나 대도시로 나갔기 때문에 교역자들에게 서운함을 느끼는 성도들도 있었다.

이렇게 연합으로 진행되었던 교사강습회는 양산군 농촌 복음화를 위한 단기 복음학교로 발전하였다. 양산 울주 지역의 교회 연합활동과 교회 부흥의 밑거름이 되었다. 단기 복음학교에서는 성도들에게 필요한 좋은 강의들이 제공되었다. 한국교회사, 미국교회 동향, 독서 지도, 농촌의 수익을 증대시키기 위해 심지어 고구마 재배법까지 강의하곤 하였다. 교회마다 유익한 프로그램이라 각 교회마다 청년들과 성도들이 많이 참여하였고, 지도자 프로그램으로 제안되기도 했다. 이 사업은 신학교나 전문학교로 손색이 없다고 말을 했을 정도였다.

이런 연합사업은 이후 매년 계속되었는데, 송산은 9년 동안 회장을 맡아 봉사하였다. 이 일에 참여해 연합하는 작은 교회들은 큰 힘이 되었다. 이 사업은 신동혁 목사와 유의신 목사 등이 앞장서면서 단기농촌 복음학교로 발전하였고, 1996년 8월에 단기농촌복음학교 30주년을 맞아 송산은 교장 유의신 목사로부터 공로패를 받았다.

노회와 지역교회와 함께

송산은 교회와 주된 사역인 고아원 일에 전념하였지만 1970년 장로로 장립된 후부터 양산군기독교연합회에 참여하였다. 그는 노회에 교회 총대로 파송되어 다른 교회들과 꾸준한 관계를 유지했다. 그는 1977년 대한예수교장로회 제28회 총회에 동부산노회의 총대로 선출되어 처음 대한예수교장로회 총회에 참가한 이래 꾸준히 총대로 선출되어 총회에 나가 일하였다.

1975년 동부산노회가 분립되고, 1991년에 다시 서부산노회가 분립된 후부터는 총대들 가운데 언제나 가장 많은 투표를 받아 그가 노회에서도 존경받는 위치가 되었음을 보여주고 있다. 1991년 서부산노회 장로회가 창립될 때 회장이 되었고, 이듬해에는 서부산노회 장로 부노회장으로 봉사했다. 그는 그가 은퇴하기까지 28년을 한결같이 총대로 선출되어 봉사하였다.

송산은 그렇게 교회와 노회에 적극적으로 참여하였지만, 교회가 속해 있는 양산군 지역의 복음화를 위해서도 열심히 참여했다. 그가 교회를 위해 열심히 봉사한 것은 그가 속한 물금교회만을 위한 것은 아니었다. 양산군 지역의 교파를 넘어서 지역교회를 위해서도 조건없이 헌신하였다. 송산은 자신이 속한 지역 교회보다 더 큰 교회 곧, 하나님의 교회를 생각하며 봉사하였다.

1978년 양산읍에 있던 양산교회가 교회당 건축을 하였을 때의 일이었다. 교회가 은행에서 융자를 받고자 했으나 담보물을 구하지 못해 높은 이율의 사채를 쓰면서 재정적인 부담이 컸다. 교회를 담임하던 김종석 목사가 송산을 만나 사정을 이야기했다.

　김 목사의 성품과 목회를 잘 알고 있던 송산은 흔쾌히 말하였다.

　"목사님, 교회당 건축에 큰 수고를 하셨습니다. 뒷 정리에도 일이 많으시지요?"

　"예, 은행 융자를 얻지 못해 사채를 사용하다보니 재정적인 부담이 많습니다."

　"다른 방법을 찾고 있습니까?"

　"별다른 방법이 없습니다. 성도들의 살림이 여유가 없어서 은행돈을 빌리기가 쉽지 않습니다."

　"목사님, 성전을 건축하고 이자가 비싼 사채가 많아서는 안 되지요. 나의 목욕탕을 담보물로 제공하겠으니 융자를 내어 사채를 갚도록 하십시오."

　"장로님, 너무 감사합니다. 가능한 대로 빨리 저당을 풀 수 있도록 노력하겠습니다."

　오늘날은 은행의 고객 관리가 투명하여 대출에 대한 기준이 명확해 대출 여부를 결정하지만, 당시는 보통 사람이 은행에서 대출을 받는 것이 쉽지 않았다. 교회의 경우는 더욱 그러하였다. 자신의 교회에도 담보물을 제공하기를 꺼리던 때에, 이웃교회를 위해 이렇게 선뜻 담보물을 제공하는 것은 흔치 않은 일이었다.

　1970년대만 해도 다른 사람의 재정 보증을 서거나 담보를 제공하는 것은 그와 함께 모든 부담을 책임지고, 심지어 담보물을 포기해야 하는 일도 빈번했다. 보증 서는 일을 극도로 꺼리는 상황이었다. 김종석 목사는 오래 전 은퇴를 하였고, 교회도 다시 새롭게 더 크고 아름답게 건축하였다. 송산이 이런 일을 담당해 주어 그리 고마울 수가 없었고, 그 일을 평생 잊지 못한다. 그는 회고담에서 송산을 이렇게 평가하였다.

"박재석 장로님은 성품이 온후하고 마음씨는 자애로워 어려움을 당하는 딱한 처지를 보면 그저 지나쳐 버리지 못하며, 일에 있어서 항상 하나님의 일을 우선순위로 하고 인색함 없이 드리는 분입니다. 희생적 봉사와 심혈을 경주하며 열정을 다하여 일하는 장로님입니다"라고 말하고 있다.

22. 교회와 함께한 생애

첫 교회당 건축

송산이 물금에 정착하고 물금교회에 출석한지 4년이 되었을 때인 1967년 9월 1일 이삼열 목사가 교회의 첫 위임목사로 부임했다. 교회가 1922년에 설립되었으니 설립된 지 꼭 45년 만의 일이었다. 이삼열 목사는 열정적인 목회자라 부임한 지 2년 만에 성도들에게 새 예배당 건축의 비전을 제시하였다.

그때는 교회가 아직 건축에 착수할 여건이 성숙하지 않았다. 성도들의 경제력이 없어 송산이 앞장서야 할 형편이었다. 교회당 건축 문제가 나오니 필요성을 공감하여 찬성하는 이들이 있었지만, 모든 성도들이 뜻을 같이하지는 않았다. 교회나 성도들이 건축을 기쁘게 감당할 준비가 되지 않아, 어떤 이는 시기상조라 했고, 어떤 이는 자신의 집을 수리하면서도 교회당 건축에 무관심했다.

이삼열 목사가 교회의 미래를 위해 새로운 교회당 건축을 제안했지만, 교회는 건축을 위한 준비가 되지 않았다. 송산은 이삼열 목사의 뜻에 공감해 교회의 장기적인 발전을 위해서는 교회당 건축이 이루어져야 한다고 생각하고 뜻을 같이 하였다. 교회는 재정적인 여건을 고려하여 건축비가 절감되도록 하였다. 송산이 건축위원장이 되어 1969년 1월에 건축을 시작하였다. 물금면 물금리 401-37번지 대지 270평과 건물 70평을 매도하고, 물금리 457-5번지 대지 114평을 구입하여 연건평 63평을 신축하였고, 1970년 1월 2일 예배당 헌당을 하였다.

물금교회가 건축을 거론했을 즈음 송산은 무궁애학원을 위해 꼭 해야 할 시급한 일이 있었다. 건축이 시작되던 1969년은 온수 보일러가 나오기 전이어서 겨울에도 온수가 공급되지 않았다. 그런 때에 100명이나 되는 고아원 원아들의 목욕과 세탁 문제가 심각하였다. 두터운 옷을 입던 겨울에는 더욱 그러하였다. 목욕을 하기 위해서는 쇠죽을 끓이는 가마솥에 물을 끓여 어린 이들이 먼저 목욕을 하고, 이어서 여자들과 남자들이 차례로 목욕을 해야 했다. 원생들이 한번 목욕을 하려면 사흘이 걸려야 했다.

송산은 이 문제를 해결하기 위해 목욕탕 사업을 준비하고 있었고, 건축을 위해 벽돌을 준비해 시작하려는 즈음이었다. 물금에 대중 목욕탕이 없었기 때문에 경제성도 있었다. 그런데 그 두 가지 큰일을 함께 할 수 없었다. 송산은 고아원 사역과 재정자립을 위해 목욕탕을 건축하려고 준비했던 벽돌을 교회에 헌납했다. 송산이 교회당 건축을 위해 자신의 사업을 뒤로 미루는 결단이 있어 가능했던 것이다.

물금교회가 건축에 착수하지만 교회의 재정이 여유가 없어서 공사를 건축업자에게 넘겨줄 형편이 되지 않아 건축을 직접하였다. 송산은 《물금교회 75년사》에서 당시를 이렇게 회고하였다.

"교회 건축시 손수 기초공사, 벽돌 만들기, 운반하기, 시멘트와 모래 반죽하기, 콘크리트 타설 등 건물 구석구석 하나하나 빠진 곳이 없이 손이 닿아 일할 때 그 기쁨은 말로 다할 수 없었습니다. …… 예배당 건축비를 아끼기 위해 직영으로 건축했는데, 이때 여자 청년들이 매일같이 나와서 예배당 건축에 봉사하였습니다. 이 목사님이 선창하면 교인들은 복창하면서 그야말로 기쁨이 충만한 가운데서 시간 가는 줄 모르고 일했습니다. 중참 때가 되면 국수가 나왔는데, 모두 열심히 일한 후라 마치 꿀맛과 같았습니다."

교회당 건축에 관련된 일화도 많았다. 교회가 건축을 손수하면서 목수와 미장공에게 일당을 주었으므로, 주일에 일을 할 수 없었기 때문에 다른 곳으로 가려고 했다. 당시는 공휴일 개념이 거의 없었고, 쉬지 않고 일을 해야 먹고 살 수 있었던 때였다. 당시에는 공무원 외에는 공휴일이나 주일에 쉬는 직장이 거의 없었다. 목욕과 세탁을 위해 격주 단위로 주일에 쉬는 것이 고작이었다. 그래서 교회는 인부들을 잡아두기 위해 주일에 일을 시키지 않으면서도 일당을 계산해 주어야 했다.

미장과 목수들은 주일에는 집에서 쉬면서 일당을 받았고, 교회에서 일당을 받으면서도 다른 곳에 가서 일을 하기도 했을 것이다. 그들이 교회 공사를 맡는 것을 무척이나 좋아했다. 교회가 주일성수를 강조하면서 일꾼들에게도 그렇게 했으니 그들이 일을 더 책임있게 잘해 주었다. 교회가 건축하는 동안 자신의 일을 제쳐두고 헌신하는 청년들이 있었다. 조복자, 손선자, 박영희, 최말연, 김은식 등 여러 집사들과 청년들 몇이 함께해 주었다. 송산은 이들의 헌신이 고마웠다.

물금교회 건축이 이루어지고 있을 때 하루는 부산노회의 어른인 김희도 목사가 교회를 방문하였다. 당시는 교회들이 모두 약할 때였으므로 노회 산하 어느 교회가 건축을 하면 노회 어른들이 방문해 격려하고 기도해 주곤 했다. 김 목사는 교회당 입구에 있는 집을 보면서, 이삼열 목사와 박재석 집사에게 말하였다.

"교회가 이 집은 사 넣어서 사택으로 하면 참 좋겠습니다." 이 목사가 곁에서 말했다.

"그렇습니다. 교회에 꼭 필요한 땅인데, 아직은 재정이 여유가 없어 엄두를 내지 못하고 있습니다."

교회가 예배당 건축 일로 다른 것은 생각할 겨를이 없었지만, 사실이 그러해서 이삼열 목사도 송산도 그런 생각을 하곤 했다. 송산은 아직 청년 집사였지만, 앞장서서 교회를 봉사했다.

장로 장립

물금교회의 건축이 진행되는 동안 송산은 1969년 2월 9일 공동의회에서 장로로 피택되었다. 교회법에 따라 교회가 장로를 세우고자 할 때는 노회에 보고하여 장로 선출 허락을 받고, 미리 공고한 날짜에 교회 공동의회에서 투표로 선출하고, 그 결과를 노회에 보고하면 지정된 날짜에 장로 고시를 보아야 했다. 노회에서 합격 보고를 하면 교회에서 날을 정해 장로 임직식을 가졌다.

송산은 건축이 진행되는 동안 고아원 일이나 교회당 건축으로 분주했지만 틈을 내어 장로 고시를 준비하였다. 그가 칼빈대학을 졸업하고 고려신학교에서 1년이나 공부하였기 때문에 성경과 신학에 대해 기본적인 지식이 있어 어렵지 않았다. 그러나 노회에서 송산이 칼빈대학을 졸업한 것을 알고 있었기 때문에, 송산은 평가가 신경이 쓰여 더욱 열심히 고시를 준비하였다. 그 결과 송산은 평균 98점을 받아 우수한 성적으로 장로 고시에 합격하였다. 송산은 시험에서 사실상 거의 만점을 얻었지만, 만점이라는 것에 교만할까 싶어 그 점수를 준 것이었다. 이 기록은 노회 고시부의 전설과 같이 오랫동안 회자되었다.

1970년 1월 2일 물금교회에서는 준공예배와 함께 박재석 장로 장립식이 있었다. 이삼열 목사가 예배를 인도하였는데, 부산의 대표적인 지도자들이 다 모여 교회의 준공과 장립식을 축복하였다. 이때가 송산의 나이 36세의 청년이었다. 그 무렵에는 교회마다 열심있는 청년들이 장로가 되어 교회 일에 앞장서곤 하였다.

교회당 입당과 장로장립식은 물금교회는 물론 송산에게도 큰 기쁨의 시간이었다. 그때만해도 부산노회는 부산직할시 전역은 물론 김해군, 양산군, 울산시, 울주군까지 관할하였다. 부산노회의 많은 교회 목회자와 장로들이 참석하여 축하해 주었다. 예배에서 대신동교회 최일영 목사가 기도하고, 부민교회 김주오 목사가 설교하였다.

헌당식에서는 당회장과 교우들이 봉헌문을 교독하였고 건축위원회 서기 박재석 집사가 건축 경과를 보고한 후 건축위원장 김경훈 장로가 열쇠를 당회장에게 증정했다. 당회장 이삼열 목사가 봉헌사와 봉헌기도를 하였다. 교회당 건축이 어려운 여건에서 완공이 된 것처럼, 온 성도들이 새로운 교회당에 입당하면서 큰 감격과 은혜를 경험하였다.

3부 순서는 장로장립식이었는데, 이성옥 목사, 김희도 목사가 장로로 임직되는 송산과 교회에 권면하였다. 송산은 큰 감격 가운데 답사를 통해 어떻게 교회를 봉사할 것인가를 다짐하였다. "부족한 종을 우리 하나님께서는 충성되이 보사 기름부어 하나님의 종으로 세워 주셨사오니, 엎드려 일어날 줄 모르는 기도에서 능력을 얻어 죽기까지 충성할 것을 다짐한다."고 특별한 결심을 담아 답사를 하였다. 이는 기도를 우선으로 평생을 살겠다는 그의 다짐이기도 했다.

1970년 1월에 교회 건축이 완공된 후 송산은 이삼열 목사와 의논하여 물금리 407번지의 대지 114평과 건평 약 20평을 구입하여 목사 사택으로 준비하였다. 김희도 목사가 말한 그 집이었다. 건축을 끝낸 것이 1월 초였고, 새로 그 주택을 구입한 것이 11월이었다. 비로소 교회당 건축과 함께 규모있는 사택이 준비되었다. 교회당 건축이 완성되면서 교회가 한층 성장의 기회를 얻었다. 송산은 이듬해 8월에 대지 114평의 대지에 8평의 건물이 있던 대지를 구입해 교회에 기증하여 사찰이 거주하는 사택으로 사용하게 되었다.

교회당 건축을 성공적으로 마친 이삼열 목사는 몇 년을 더 목회하다가 1974년 2월 말로 사임하고 멀지 않은 구포제일교회로 이동하였다. 구포제일교회는 구포교회에 출석하던 성도들 가운데 출옥성도로서 해방 후 교회쇄신 운동을 전개하였던 주남선 목사와 한상동 목사를 지지하던 김순연, 배진택, 이정자, 정금이, 최수남 등 6명의 성도들과 신학생 한동석이 맨손으로 나와 일군 교회였다.[2] 교회가 약했던 시절에 당시는 교회당을 건축한 목회자는 성공적인 목회자로 인정을 받았고, 이러한 목회자는 더 규모가 있는 안정된 교회에서 청빙해 가던 때였다.

---

2. 이상규,《구포교회 100년, 그 은총의 날들》, 203.

송산의 일상

송산은 일상에서 매일 새벽기도회를 하고, 무궁애학원에서는 매일 예배를 드렸다. 새벽기도회 시간에는 간절히 기도하였고, 교회 장년부 성경공부 인도를 위해서는 성경을 깊이 있게 살폈다. 당시 고신교단에서는 목회자들이 많지 않았던 때였고, 일반적인 한국 교회가 주일예배와 저녁예배, 수요기도회, 그리고 매일 새벽기도회를 가졌다. 금요일에는 구역예배가 있어 작은 모임을 인도하였다.

송산은 매일 새벽기도를 통하여 영감을 얻고, 기도를 통하여 중요한 결단을 하였다. 송산은 회고록을 《내가 새벽을 깨우리로다》라 정한 것이나, 회고록의 서두에 '나의 기도'를 실은 것도 역시 그가 기도를 얼마나 중요하게 생각하였던가를 잘 보여주는 일이었다. 회고록에 실은 송산의 '나의 기도'를 보자.

"임마누엘 되시는 하나님 아버지, 나와 우리와 지금까지 함께하여 주심을 감사드립니다. 예정과 섭리중에 하나님의 자녀로 삼아주시고, 충성되이 여기사 직분을 주심을 감사드립니다. 좋은 배필을 주시고. 훌륭한 자손들을 선물로 주심을 감사드립니다.

지금까지 지내 온 것 주님의 크신 은혜임을 압니다. '이 은혜를 무엇으로 보답할꼬' 입술로는 말하면서 진심으로 은혜 보답하지 못하였으며, 내 주장대로 살아왔습니다. 지난 일들을 돌아보면 부끄럼뿐이요 황송한 마음 금할 길이 없습니다. 주여, 용서하여 주시옵소서. 앞으로 남은 여생 주님을 기쁘시게 하고, 영원토록 주를 즐거워하며 영광 돌리게 하옵소서. 우리 부부 해로하게 하여 주옵소서.

자녀손들이 영혼이 잘됨 같이 범사가 잘 되고 강건하게 하옵소서. 믿음의 역사와 사랑의 수고와 소망의 인내를 가지고 살게 하옵소서. 하나님께서 요셉에게 나누어주신 복처럼, 전능하신 하나님께서 도와주셔서 하늘의 복과 아래로 원천의 복과 젖먹이는 복과 태의 복을 영원토록 위로부터 받아 누리게 하옵소서.

물질의 유산보다는 지식의 유산이 더 좋고, 지식의 유산보다는 신앙의 유산이 더 좋다는 것을 깨달아 자손만대에 이르도록 신앙의 유산을 물려주게 하시옵소서.

부모에게 효도하고 형제간에 우애하며 하나님 잘 공경하여 영육간에 복을 받아 누리는 사실을 일가친척과 이웃들이 모두 목격하고 하나님 믿는 자는 과연 다르다는 증거를 나타내어 전도의 문이 활짝 열리게 하여 주옵소서.

사도 바울이 백발을 휘날리면서 신앙을 고백한 것처럼 선한 싸움을 다 싸우고 주님 따라 달려갈 길을 다 달리고 믿음을 지켰으니 의로운 재판장 되시는 하나님께서 나에게 의의 면류관 주실 것을 확신하게 하여 주시기를 원합니다.

우리를 구원하여 주신 주 예수 그리스도의 이름으로 간절히 기도합니다. 아멘."

신학을 공부하고 목사가 되려 했던 송산은 무궁애학원을 맡으면서 신학교를 중단하여, 처음 뜻과 달리 결국 목사가 되지 못했지만 한 주에 세 차례 설교나 성경공부를 인도하였다. 새벽기도회를 마치고 집으로 돌아오면 가정예배를 드렸다. 그는 물금교회에서 금요일 저녁 구역예배와 주일 아침 장년부 성경공부를 인도하였다.

송산은 이러한 일을 50년 동안 한결같이 계속했고, 구역예배와 장년부 성경공부 인도도 마찬가지였다. 당시 장년부 성경공부는 총회 교육부에서

1966년 '진리의 말씀'이라는 교재를 개발하여 공급하였고, 1980년대 후반에는 '코람데오 성경연구' 시리즈를 발행하였다. 송산은 이런 교재를 사용하여 가르쳤다.

이러한 성경공부는 총회에서 출판한 교재를 읽고, 기도로 준비하는 것이 일반적이었다. 그가 가진 신학적인 기초 위에 잘 만들어진 교재를 가지고 성도들을 가르쳤고, 송산은 이를 중요한 사명으로 생각하였다. 매일 아침 무궁애학원에서 원아와 직원들이 함께 예배하는 것이었다. 매일 아침 30분 동안 열린 아침 예배는 아이들에게 영적인 활력을 제공해 주었고, 이를 준비하는 송산에게 먼저 큰 은혜의 시간이 되었다. 이것은 교수 방법에서 '준비성의 원리'와 같은 것이었다.

송산은 신학교 공부를 시작했다가 한 해 공부를 마치고, 다시 신학교에 복귀하지 못하고, 평신도로서 사역하였기 때문에 더욱 열심이었던지도 모른다. 그가 주간 중에 이렇게 예배와 성경공부를 세 차례나 인도한 것은 목회에 대한 열정이 있었음을 잘 보여주는 일이라 하겠다.

고신교회 지도자들을 만나며

물금교회는 한 해 한 차례 집회를 하였다. 성도들의 신앙의 부흥은 물론 지역교회가 함께 은혜를 받는 기회가 되었다. 1970년대까지 주일 저녁 설교를 위해 방문하면 늦은 시간에 마치기 때문에 교통 편이 없어 하루 쉬어가는 경우가 많았다. 오늘날과 달리 1990년대까지도 집회가 열리면 강사들을 교회 장로나 신실한 권사의 집에서 모시며 숙식을 제공하였다. 물금교회는 집회가 열리거나 저녁예배 설교자가 초청되면 언제나 강사는 송산의 집에 모셨고, 한상동 목사, 한부선 선교사, 홍반식 박사, 이근삼 박사, 오병세 박사, 그리고 많은 목회자들이 그의 집에 머물렀고, 식사를 제공하며 교제하였다. 이 일에 이금지 권사의 정성스러운 봉사가 교회는 물론 송산에게도 큰 힘이 되었다.

지도자들은 송산이 신학을 하다가 교회 장로가 된 것을 고려하여 인격적으로 예우해 주었다. 무엇보다도 개인적인 교제와 대화는 송산에게도, 이금지 권사에게도 큰 은혜의 시간이 되었다. 같이 식사를 나누고 대화를 통해 깊은 교제가 되었다. 함께 신학교와 교단의 내일을 걱정한 것은 물론이었다.

신학을 공부한 이들이 평신도로 봉사하는 것은 쉬운 일이 아니다. 성경과 신학을 배워 알고 있기 때문에 목회자의 설교를 듣고 쉽게 비평할 수 있고, 행정에 대해서도 나름의 기준이 있기 때문이다. 이들이 봉사할 때는 자신이 배운 것과 아는 것을 판단의 기준으로 삼기 때문에 목회자에게 더러 불편한 일이 생기기도 한다. 그러한 점을 잘 알았던 송산은 교회의 교역자나 목회자들에게 항상 겸손하게 협력하는 자세를 아끼지 않았다.

교회와 함께 한 생애

송산이 무궁애학원을 인수하고 1962년 물금에 정착하면서 물금은 송산의 제2의 고향이 되었다. 고향 청도와는 먼 거리도 아니었다. 1970년 장로 장립을 받아 장로로서 교회를 섬겼고, 2005년에는 정년으로 은퇴하면서 원로장로로 추대되어 36년 동안 장로로 교회를 섬겼다. 2012년 물금교회가 창립 90주년이 되었을 때 50년 동안 한결같이 봉사한 공로로 기념패를 받았다. 송산은 이를 다른 어떤 상보다 가치있게 여겼다. 송산의 인생이 물금교회와 함께한 인생이었기 때문이었다. 송산은 《물금교회 90년사》를 출간하면서 평생 자신이 경험했던 교회 이야기를 글로 남겼다.

"어느 교회나 마찬가지로 1960년대만 해도 교회가 어려웠던 때에 추수감사절 헌금은 교회의 재정을 채우는 중요한 때였다. 교회에 해마다 추수감사절에 백미 한 가마니를 헌물하는 이가 있었다. 재정에 여유가 없었던 물금교회로서는 큰 힘이 아닐 수 없었다. 이 일은 약 10년 동안이나 계속되었고, 회계집사였던 송산도 그 사람의 이름만 최정택이라고 알뿐 얼굴을 알지 못했다. 그가 훗날 장립집사가 되었고, 그의 아내 박선애 집사는 권사로 취임하였다. 출향한 사람으로서 모교회를 생각하고 돕는 모범적인 일이었다. 그 후손인 자녀들도 잘 되어 있다는 소식을 들었다."

그런데 교회에는 언제나 기쁘고 즐거운 일만 있는 것은 아니었다. 물금교회에도 몇 차례 고비가 있었다. 1988년 교회 소유의 봉고 버스가 사고가 난 일이 있었고, 1994년에는 가짜교역자 사건도 있었다. 2010년에 큰 시험에 빠질 뻔하기도 했다. 그러나 그러한 때에도 사심을 버리고 당당하게 일을 처리하면서 교회는 오히려 전화위복이 되는 것을 경험하였다.

목회자가 자주 바뀌는 것도 가슴 아픈 일이었다. 지금은 이용창 목사가 20년 이상 담임을 하며 안정적인 목회를 하고 있지만, 1970년대까지 물금은 목회자들이 관심을 가진 교회가 아니었다. 부산과 가깝지만, 목회자들이 부산으로 나가 목회하려 했기 때문에 정이 들면 교회를 떠나는 목회자들이 많았다. 목회자가 교회를 떠나면 새로운 목회자를 청빙하는 일에 몇 달이 걸렸다. 그때만해도 교역자가 많지 않아서 그동안 송산이 교회를 책임지고 예배를 인도할 때도 많았다.

지금까지 고신교회에서 물금교회를 생각하면 목회자 아니라 박재석 장로를 기억하는 것은 그와 같은 배경이 있었기 때문이었다. 그만큼 그의 헌신이 교회에 깊이 뿌리 내리고 있었다. 교회와 함께 평생을 살면서 잊을 수 없는 일들이 여럿 있었다.

1984년 7월 16일에는 교회의 초대 장로 김경훈 장로가 소천하였다. 그는

64세의 젊은 나이였는데, 갑작스러운 일에 유족들이 당황하였고, 교회로서도 황망한 일이 아닐 수 없었다. 송산은 앞장서서 김경훈 장로의 장례를 교회장으로 주선하였다. 그런데 문제는 김 장로는 교계 연합 활동을 많이 하지 않아 교회장이면서도 조문객이 그리 많지 않을 것이 예상되었다. 이에 송산이 앞장서 지인 장로들에게 알렸고, 송산의 연락을 받은 이들은 목회자들에게 알려 양산 지역은 물론 부산 지역의 집사와 장로, 목회자들까지 대거 참여하여 주었다. 오랫동안 친구로 지내던 서면교회 강경숙 장로는 나팔을 잘 부는 사람을 대동하여 나팔소리가 울려퍼지며 찬송소리와 함께 물금에서 전에 없던 장례식이 되었다.

그 가정에서는 가족장을 생각하고 있었지만, 교회적으로 고인을 특별히 예우한 것이었다. 이런 것이 교회의 아름다운 전통이 되었다. 이것은 송산의 평소 다른 사람을 대하는 자세를 잘 보여주는 일이었다. 장례식은 지역교회에 물금교회의 인상을 강력히 심어주는 기회가 되었다.

1994년의 일이었다. 임종만 목사의 추천으로 미국 산호세에서 온 한 교역자가 부임했다. 함께 신앙생활하던 중 오래지 않아서 그의 신앙생활에 이상한 점을 발견하게 되었다. 그는 성결교 출신의 교역자로 음악에 재능이 있었고, 인기 영합적인 재주가 있었다. 사람의 마음을 사로잡는 능력이 있었고, 오래지 않아 교회 안에서 그를 중심으로 성도들이 편을 나누는 일이 분별없이 확산되고 있었다. 이것은 송산이 평생 교회를 섬겨온 자세와 달랐고, 교회 안에서 시험거리가 되고 있었다.

송산은 이것이 교회가 지켜온 신앙과 거리가 있음을 말하고 자세히 검토하고 그 목사를 경계할 것을 관련된 사람들에게 알렸다. 그러나 그에게 마음이 기울어 있던 성도들이 되려 불평을 하는 등 엉뚱한 반응이 나타났다. 송산은 '이것 큰일이네' 생각하였다. 이를 방치했다가는 교회에 큰 시험이 있을 것을 고려해, 그 목사가 살았던 캘리포니아 주 산호세에서 목회하는 신현국 목사에게 연락을 해 그 목사가 어떤 사람인지 알아보도록 했다.

송산의 부탁을 받은 신현국 목사는 같은 산호세 지역의 성결교 목사에게 문의한 결과, 그가 제7계명을 범하고 교회를 혼란하게 만들고 도주하여 면직을 당했다는 사실을 알려주었다. 송산은 그 사실을 교회에 알림으로써 그 목사로 인한 문제가 잘 정리되었다. 처음에는 이를 믿지 못하겠다는 사람들도 있었지만, 모든 사실을 파악한 사람들이 그 모든 일을 이해하고 교회의 뜻을 받아들여 문제가 수습될 수 있었다.

요한계시록 2장에 나오는 에베소교회는 "자칭 사도라 하되 아닌 자들을 시험하여 그의 거짓된 것을" 드러내었다. 거짓 사도의 잘못된 가르침을 파악하고 이를 드러내어 교회가 경계한 것이었다(요한계시록 2:2). 송산은 평소 교회를 소중하게 여기며 교회를 평안하게 만드는 사람이었지만, 교회에 어려움이 발생하면 신앙의 수호와 교회의 안정을 위해 그 문제를 해결하는 일에 앞장섰다.

23. 임종만 목사와 새로운 예배당 건축

임종만 목사의 부임

이삼열 목사가 7년을 목회하며 예배당을 건축한 후에 구포제일교회로 이동한 후 몇 차례 더 목회자의 이동이 있었다. 정성선 목사가 1974년 3월에 부임하여 10년을 목회하였고, 그를 이어 윤규현 목사가 6년을 목회하고 떠났다. 목회자가 바뀔 때마다 후임 목회자를 초빙하는 일도 송산에게는 큰 숙제였다.

윤규현 목사가 떠나면서 송산은 당회 서기로서 다시 목회자를 찾아야 했다. 기도하던 가운데 용호제일교회를 담임하는 심군식 목사에게 전화하여 만났다. 그는 삼일교회에서 한상동 목사 아래에서 부목사로 일한 바 있는 순수한 신앙을 가진 목회자였다. 칼빈대학 몇 해 후배이기 때문에 잘 알고 있었다. 그가 시무하는 용호제일교회는 그의 인물됨에 비해 약한, 음성나환자 촌에 있는 특수한 교회였다. 그는 설교도 은혜가 있었으며 교단의 대표적인 문필가이기도 했다. 또 총회교육위원회 총무로 일하며 고신교단의 주일학교 교육을 실질적으로 책임지고 있었다.

"목사님, 저희 교회 윤규현 목사님이 떠나시게 된 것 아시지요?"

"예, 소식 들었습니다. 걱정이 많으시겠습니다."

"목사님이 저희 교회에 와 주시면 좋겠습니다. 형편이 어떠하십니까?"

심군식 목사는 송산의 말을 경청하더니, 한 주간 생각하고 기도할 여유를 달라고 했다.

송산은 심군식 목사에게 청빙을 요청했지만, 사실 교회를 이동할 형편이 되지 않았다. 그는 당시 총회교육위원회 총무로 일하고 있었다. 교육위원회 일은 간사들이 실무를 담당했는데, 모두 파트타임으로 일하다가 교육사업이 잘 진행되면서 다섯 명의 전담간사를 이끌면서 대표간사 나삼진 목사가 책임을 갖고 잘하고 있었다. 이전과 달리 자신은 담당한 원고만 쓰고 회의에 참석하여 지도만 하면 되었기 때문에 그것은 큰 부담은 없었다.

그런데, 총회 총무로 일하고 있는 최해일 목사가 목회에만 전념할 생각으로 사면을 생각하면서 심군식 목사에게 첫 전담총무로 일해주도록 접촉하고 있었다. 총무 최해일 목사가 중심이 되어 총회 임원회는 내년부터 총회에 전담총무를 선정해 주도록 헌의안을 올릴 계획이었다. 고신교회가 승동 측과 합동하였다가 3년 만에 환원한 후, 이북 출신의 목회자들이 대거 합동 측에 남았다. 145개 교회가 합동측에 잔류하였고, 그 이전 경기노회 보류파까지 합치면 180개 교회가 잔류했다. 이는 당시 한국 교회의 실정에 상당한 숫자였고, 이로인해 고신교단은 그 이후 오랫동안 지방교단으로 전락하다시피 했다. 고신교단이 전국적인 교단으로 발돋움하기 위해서는 서울에 본부를 두어야 했다.

그때도 서울에 사무실을 두고 있지만, 너무 초라했다. 최해일 목사는 총회회관을 건축해야 한다는 이야기를 오래 전부터 하고 다녔다. 그러나 총회로서는 재원 조달에 마땅한 방법이 없어 차일피일하고 있었다. 또 교단이 제대로 된 역할을 하려면 신문사가 있어야 하는데, 오래 전에 송상석 목사가 창간했던 〈기독교보〉를 복간하면 되는 것이었다. 그러던 것이 서울영동교회 신세훈 장로가 반포의 땅 한 필지를 헌납하였고, 이것이 계기가 되어 건축이 본격적으로 논의되었다.

이런 일을 위해서는 원만한 인격에 두루 신망이 있는 심군식 목사가 적임자였다. 더구나 그는 오랫동안 교단지 〈개혁신앙〉의 편집인으로 봉사하였다. 그의 문필가로서의 재능이 곧 복간할 〈기독교보〉 발행에 큰 도움이 될 것이고, 교단 내의 보수파와 개혁파 지도자들과 두루 좋은 관계를 맺고 있어서 이들의 생각을 잘 조정할 수 있을 것이었기 때문이었다.

그가 목회하는 용호제일교회는 용호동 한센병 집단거주지에 있었는데, 부산시는 그 무렵 그 지역을 폐쇄하고 택지로 개발해 대단위 아파트 단지를 조성할 계획을 논의하고 있었다. 부산 지역의 상습적인 주택난 해소가 목적이었다. 결국 교회도 어떻게 할 것인지 이전과 폐쇄를 고민해야 할 때였기 때문이었다. 한 주간이 지난 후 심군식 목사와 다시 만났다.

"장로님, 귀한 제안을 감사합니다. 그런데 그것이 아무래도 어려울 것 같습니다."

"어떤 특별한 사정이 있으십니까?"

"사실 지금 교단 총무를 맡고 있는 최해일 목사님이 총회 후 교회로 돌아갈 생각입니다. 앞으로는 전담총무가 필요하다고 나에게 맡아야 한다고 전부터 비공식적으로 요청하고 있었는데, 대답을 하지는 않았습니다. 장로님 제안을 받고, 아무래도 최 목사와 의논해야 할 것 같아 시간을 좀 달라고 한 것입니다."

심군식 목사가 차분한 어조로 말을 계속했다.

"장로님도 아시다시피 고신교회가 영남에 기반을 두고 있어 수도권이 취약합니다. 앞으로 서울에 총회 회관을 지어야 하고, 교단 행정이 서울에서 이루어져야 정부와의 관계도 원만하고, 다른 교단들과도 대등한 위치에 설 수 있습니다."

심군식 목사는 아직 공식화되지는 않았지만, 조심스럽게 총회 지도부에서 총회 총무를 전담총무로 전환하는 것과 자신을 전담 총무로 추천하고 있음을 밝혔다. 장차 〈기독교보〉 복간과 고신교회가 서울에 확산하기 위해 총회회관을 건축할 계획이 추진되고 있음을 말했다. 실제로 1990년 9월 제40회 총회에서 총무를 전담 총무로 전환하기로 결의하고, 1년 후 실행하기로 하면서 심 목사는 제41회 총회에서 교단의 첫 전담 총무로 선출되어 서울로 올라갔다.

심군식 목사는 자신을 대신하여 임종만 목사를 추천해 주었다. 임종만 목사는 부산에서 출생해 고려고등성경학교를 거쳐 고려신학교 제15회 졸업생이었다. 당시 북서울교회를 15년간 시무하고 있었는데, 힘이 많이 부쳤던지 예순이 넘으면서 목회의 마지막을 부산·경남 지역에 와서 하고자 했다. 그는 고향에서 마지막 목회를 하면서 원하는 글을 쓰면서, 가끔 영남지방의 교회에 부흥회를 인도하려는 생각이었다. 임 목사는 그러한 자신의 생각을 심군식 목사에게 미리 일러놓고 있었기 때문에, 임종만 목사를 송산에게 추천한 것이었다.

송산이 신학교에 입학하던 해에 임종만 목사가 졸업을 하였기 때문에 같이 공부할 기회는 없었지만, 그의 신앙과 인품에 대해 잘 알고 있었다. 그렇게 심군식 목사에 의해 임종만 목사가 물금교회에 소개되었다. 연령이 문제가 될 수 있었지만, 송산도 임종만 목사가 좋은 카드라 생각하였다. 송산은 교회와 의논하여 임종만 목사를 만나 교회에 부임하도록 요청했다.

사실 임 목사는 은퇴를 8년 앞둔 실정이라 그 나이에 새로운 교회에 부임하는 것은 어려운 일이었다. 노회에서 임종만 목사를 청빙하자 그가 속한 서울노회에서는 "은퇴를 얼마 남기지 않은 노인을 청빙해 가니 참 잘했다", "고맙다"는 인사를 많이 하였다. 임종만 목사는 부드러운 성격의 인물이었고, 여러 권의 책을 내어 나름 박식할 뿐만 아니라 유머러스하게 설교를 잘하여 성도들도 반응이 좋았다.

새로운 예배당 건축

송산은 새 목회자로 임종만 목사를 추천하였고, 교회는 공동의회 결의와 서부산노회의 청빙 조회를 거쳐 서울노회에서 인준을 받았고, 이사를 준비하기 위해 임종만 목사가 물금을 방문했다.

임 목사가 교회를 둘러보니 교회도, 사택도 서울과 달라 너무 서글펐다. 교회는 초라했고, 사택은 서울의 아파트와는 달리 1970년대의 모습을 그대로 하고 있었다. 이는 서울과 부산의 차이였고, 부산에서도 변두리인 물금의 어쩔 수 없는 현실이었다. 임 목사는 솔직한 마음을 송산에게 털어놓았다.[3]

"장로님, 내가 청빙은 되었지만 오고 싶은 마음이 안 생깁니다." 송산이 말했다.

"목사님, 그러면 제가 곰이 됩니다. 안 됩니다. 꼭 오셔야 합니다."

"장로님, 지금이 마이카 시대인데 차도 한 대 못 들어가는 교회가 부흥이 되겠습니까?"

북서울교회에서 15년을 목회하고, 전국의 여러 교회를 다니며 자주 부흥집회를 인도하던 임 목사였기 때문에 시대와 교회의 변화를 잘 알고 있었다. 그는 또 사회의 변화에 적극적으로 대응하는 교회의 변화를 잘 알고 있었기 때문에 새로운 시대에 맞추어 물금교회도 변화가 필요하다는 생각을 나누었다.

임 목사의 말에 송산은 '이제 그동안 중단되고 있던 건축을 시작해야 할 때가 되었구나'는 생각이 들었다.

---

3. 임종만 목사는 그 당시의 상황을 글로 남겼는데, 그의 책 《내 시대가 주의 손에 있사오니》에 실린 내용과 이금지 권사의 증언을 재구성하였다.

사실 그때는 물금교회가 1989년 1월에 건축기성회를 조직하고 송산이 기성회장으로 선출되었던 때였다. 교회가 이를 위해 기도하고 방향을 잡고 있던 때였는데, 10월에 윤규현 목사가 부산서광교회로 이동해가면서 주춤하고 있었다. 송산은 이제 임 목사가 부임하면 성전 건축을 바로 추진해야겠다는 생각을 했다. 송산의 대답이었다.

"목사님, 안 그래도 교회가 지난해에 건축위원회를 구성해 준비하고 있습니다. 목사님이 이동하는 통에 지연되고 있을 뿐입니다." 송산이 계속하여 말했다.

"목사님, 그러면 예배당 건축을 할 생각이 있으십니까?"

"그럼요. 교회에 부임한다면 그렇게 해야지요."

"규모는 어느 정도로 생각하고 계십니까?"

"앞으로 물금에 신도시가 들어설 전망인데 교회가 이를 준비하는 것이 필요할 것입니다. 너무 크게는 할 것 없고, 주차장 천 평, 예배당 500평은 되면 좋겠습니다."

송산은 임 목사가 제시하는 규모의 크기에 약간은 놀랐다. 그 일은 지금 교회의 형편으로서는 불가능한 일이었다. 그러나 교회의 미래를 생각할 때 교회당 건축이 필요했다. 지금의 물금교회당 건축은 이렇게 임종만 목사와 송산의 양편에서 나온 생각이었다. 송산은 다시 한번 '교회의 미래를 위해 내가 앞장서야 할 때가 되었다'는 것을 생각하게 되었다. 그리고 말했다.

"알겠습니다. 목사님, 그러면 석 달만 기다려 주십시오. 제가 땅이 정리가 되는 대로 바치겠습니다."

송산과 임종만 목사는 이렇게 교회의 미래를 생각하며 대화를 하고, 임 목사가 교회에 부임했다. 1990년 2월 25일의 일이었다. 임종만 목사가 부임한 후 그때부터 새벽기도회와 예배 때에 건축에 대한 비전을 설교하며 소리를 내어 기도했다.

"주여, 이곳에 500평 정도의 예배당과 천 평 정도의 주차장을 주시옵소서. 믿고 구하는 것을 이미 받은 줄 믿습니다."

사정을 잘 모르는 성도들은 임 목사의 건축에 대한 설교와 기도를 듣고, 술렁대기 시작했다.

"서울에서 온 목사님이 꿈이 너무 큰 것 같애. 이런 작은 교회에서 어떻게 500평의 예배당과 그렇게 큰 천 평의 주차장이 마련되겠나?"

송산은 성도들의 그러한 반응에 대해 아무 말도 하지 않았다. 임 목사는 성도들의 그러한 반응에 실망하지 않고 송산과 이야기한 것이 있기 때문에 믿음을 가지고 변치 않고 열심히 기도를 했다. 송산이 약속한 대로 3개월 후 정리된 땅 876평을 예배당 신축을 위해 교회에 헌물했다. 이로써 교회당 건축은 본격적으로 추진되었다.

두 번째 건축

송산은 물금교회 건축을 두 차례 하였고, 땅을 기부한 것도 세 번이었다. 1970년에 교회당을 건축할 때 목욕탕 건축을 위해 마련하였던 벽돌을 드린 바 있었다. 자신의 사업이 참 시급한 것이었지만 그는 교회당 건축에 우선 순위를 두었던 것이다.

물금교회가 그 당시로는 열과 성의를 다하여 건축했지만, 20년이 흐르면서 한국 사회는 급격하게 변화하고 있었다. 1988년 올림픽을 전후해서 사회도 경제가 발전해 국민소득이 크게 높아졌고, 사람들의 의식 수준도 크게 바뀌기 시작하였다. 1990년대는 한국 사회는 크게 달라지고 있었다. 한국 사회의 1990년대는 그만큼 역동적인 사회였다. 사람들은 앞으로 10년이면 다가 올 새로운 밀레니엄을 생각하고 있다.

물금도 전형적인 농촌교회였지만, 사람들의 경제 수준이 많이 높아졌다. 물금도 어느새 읍으로 승격되었고, 인구도 점차 늘고 있었다. 1970년에 건축할 당시는 예배를 위해 부족한 좌석을 늘리는 건축이어서 주차장을 고려하지 않았다. 그런데 사람들이 승용차를 타게 되면서 승용차를 소유한 성도들이 하나 둘 늘면서 주일마다 주차에 불편함을 느끼기 시작했다. 교회로 들어오는 진입로가 좁아서 차가 편하게 진입할 수 없었다. 교회 주변길은 좁은 주택 골목길이었고, 주차할 수 있는 공간도 없었다. 이제 교회의 주차장이나 예배당 건축 문제가 시급한 과제가 되었던 것이다.

송산은 그렇게 그의 생애 마지막 즈음에 다시 한번 교회당 건축을 위해 헌신해야 했다. 양산에 공업단지가 조성되고, 또 부산이 한계에 봉착하였기 때문에 양산 지역으로 점차 뻗어나고 있었다. 양산도 새로운 공업단지를 따라 나날이 성장하고 있었고, 새로운 사람들이 밀려오고 있었다. 한해 한해가 달랐다. 미래를 보는 남다른 안목을 가진 송산이 그동안 무궁애학원의 미래를 준비했고, 이제 물금교회도 미래를 준비해야 했다.

산과 바다로 이루어진 부산은 주택지가 한정이 되어 있었다. 1970년대에 섬유와 신발 등 경공업이 부산 산업의 주류였는데, 이는 많은 노동자들을 필요로 하는 노동집약적인 산업이었다. 그 시기에 부산의 인구가 크게 늘어났고, 인구가 늘수록 주택 문제가 심각하였다. 그래서 주택단지가 부산 변두리와 양산 지역으로 확장되면서 양산도, 물금도 발전하였다. 1979년에 양산읍으로 승격되었고, 1996년에는 양산군이 양산시로 승격되면서 물금도 읍으로 승격되었다. 그동안 양산에 많은 공장이 들어섰고, 부산이 포화상태가 되었기 때문에 인근 양산과 물금 지역도 발전이 이루어졌다. 지금 양산시는 인구가 35만 명이 되어 경남의 대표적인 도시가 되었다.

이러한 지역사회의 변화를 보면서 물금교회도 미래를 위해 준비해야 했다. 교회의 기존 장소 물금리 507번지 대지 362평과 건평 133평은 규모가 너무 작았다. 그래서 교회를 새롭게 조성되는 가촌리로 이전할 것을 계획하고 기성회를 조직하고 이를 추진할 단계였다. 송산은 기도하던 중에 물금읍 가촌리 557-16번지에 자신의 사유지 876평과 붙어있던 송산이 사용하던 국유지 점유권 95평을 교회에 헌납하기로 했다.

그런데 건축이 바로 착수된 것은 아니었다. 먼저 그 땅이 종교부지로 전환되어야만 했다. 지목을 변경하려고 하니 조합원 한 사람이 이를 반대하였다. 교회가 들어서면 지역의 땅값이 떨어진다는 것이 이유였다. 그런데 기도하며 준비하는 가운데 조합장의 마음을 감동해 종교부지로 전환되었다. 그런데 바로 건축에 착수할 수 없었다. 교회가 들어서면 땅값이 떨어지고, 소음문제가 발생할 것이라는 지역주민의 우려 때문이었다. 결국 교회는 이를 우회하기로 하였는데, 먼저 95평의 사택을 건축하여 일반주거지처럼 사용하다가 교육관을 건축해 예배를 드리다가 반대가 일어나면 기존 교회당에서 예배하고 교육관으로 사용하며, 본당 300평을 건축하는 방안이었다.

그러나 기공식을 하고 나니 방해나 시위가 전혀 일어나지 않았고, 본당 259평, 부속건물 5평, 합계 300평, 교육관 60평, 사택 91평, 부속건물 4평으로 총 455평의 건축을 완료하였다. 이것은 평소 무궁애학원과 송산이 지역사회에 꾸준한 봉사를 해 온 열매라 할 수 있었다.

송산은 교회당 건축을 하면서 특별한 결심을 하나 하게 되었다. 교회 대지를 자신의 명의로 둔다면 훗날 문제가 생길 수도 있을 것이고, 교회 이름으로 등기한다면 목회자에 따라 분쟁이 일어날 수도 있었기 때문에 이를 총회 유지재단에 기부, 등기를 완료하였다. 이는 송산이 총회 유지재단 감사로 있으면서 감사 보고를 통해 각 교회로 하여금 고신총회 유지재단에 가입하는 권고한 일이 있었는데, 이를 실천하는 것이기도 했다. 또 부산에서 통합 측을 대표하던 부산영락교회가 통합 측을 떠난 일이나, 고신 측의 호남지방의 대표적인 교회였던 여수충무동교회도 담임목사와 노회와의 갈등으로 오랫동안 몸담았던 고신교회를 떠난 것을 보고 있었기 때문이었다.

어렵게만 여겨졌던 건축이 순조로이 진행되었고, 교회는 구 예배당과 부속건물을 2억 4천만원에 팔아 사택 90평, 교육관 60평, 예배당 295평을 건축하여 1992년 4월 10일에 준공하였다. 당시로서는 적지 않은 돈이었다. 이런 큰일이 아무런 부작용 없이 이루어졌다. 참 감사한 일이었다. 이후 물금교회는 4억원의 예산으로 예배당 증축공사를 하여 2005년 12월 15일 연건평 707평의 건물을 완공하였다.

당시 물금교회는 80명 정도의 성도를 유지하고 있었다. 대부분 노년층이었고 청년들은 3분의 1 정도였다. 그런데 건축이 완공되면서 하나님이 많은 새로운 성도들을 보내주셨고, 그동안 지역도 발전하면서 새로운 신자들이 많이 유입되어 교회는 더욱 활기를 찾게 되었다. 임종만 목사의 목회도 크게 안정이 되었다.

송산이 내다보았던 것과 같이 물금은 인근에 공업단지가 조성되고, 이를 위해 배후시설로 아파트가 건립되면서 2009년 4만 명을 돌파한 이래 꾸준히 인구가 유입되었다. 2017년에 10만 명으로 증가하였고, 2020년에는 12만 명을 돌파하였다.

임종만 목사는 교회당 건축을 마치고 신나게 몇 년을 더 목회하였다. 교회당 건축을 하고나니 그동안 농촌교회였던 물금교회에 대한 인식도 많이 달라졌다. 그런데 임종만 목사는 은퇴를 두 해 앞두고 1996년 9월 제46회 대한예수교장로회 총회에서 부총회장 선거에 나섰다.

임종만 목사는 부총회장 선거에 나서면서 두 가지 생각을 가지고 있었다. "교단 화합을 위해 이때에 나를 예비한 것인지도 모른다. 또 근 50년 목회에 교단의 신임도도 알고 싶었다."

임 목사는 계파의 힘을 의지하는 조직에 기대는 선거가 아니라 총대들을 일일이 방문하며 자신의 저술을 선물하며 자신의 생애와 사역과 비전을 제시하였고, 교단의 과열된 선거 분위기와 계파 정치의 우려를 설명하고 교단의 화평을 위해 지지해달라는 부탁을 하며 표를 모았다.

임종만 목사는 보수파에 속한 인물이었지만 교단 정치에 일정한 거리를 두고 있었기 때문에 무소속과 같았고, 보수파와 개혁파가 함께 만난 삼자 대결에서 그가 부총회장에 당선되었다. 큰 이변이 아닐 수 없었다. 고신교단에서는 그 무렵부터 교단의 정치색이 많이 옅어졌고, 젊은 총대들이 늘어 소신 투표를 하는 이들이 많아졌기 때문에 가능한 일이었다. 첨예화된 계파 정치에 신물을 내던 목회자들과 평신도들이 그를 지지해 주었던 것이었다.

임 목사가 부총회장 선거에 나왔을 때 처음에는 의외였지만, 담임목사인지라 정성을 다해 그의 부총회장 선거를 힘써 도와드렸다. 송산은 총회적인 큰 선거운동을 처음 하는 일이었지만, 동료 장로들에게 목사님의 목회와 인격을 잘 설명하며 지지를 호소하였다. 송산은 이미 장로들의 세계에서 상당한 지지를 받고 있었기 때문에 송산의 마음이 전달되어 많은 이들이 협조해 주었다.

임종만 목사는 북서울교회에서 목회하면서 구수한 입담으로 부흥집회를 자주 인도했다. '평신도를 위한 조직신학' 시리즈(전 6권)을 비롯해 수상집 여러 권을 출판한 저술가이기도 했다. 〈기독교보〉와 〈한국기독신문〉 등에 정기적으로 칼럼을 집필하면서 이름이 나 있었다. 그는 교단 정치와 일정한 거리를 유지하고 있었기 때문에 사람들은 그가 총회장에 나설 줄 생각하지 못했다.

그가 부총회장 선거에 나서게 되었을 때는 교단 정치가 보수파와 개혁파로 나뉘어 반목하며 교권 경쟁에 큰 관심을 갖던 상황이었다. 교단의 과열된 선거 분위기를 보고 '이대로는 안 된다'는 생각을 가진 이들이 많아지고 있었다. 그해 부총회장 선거에 보수파와 개혁파가 각각 후보를 내었는데, 그들은 사실 친구들이었다. 그런데 놀랍게도 어느 계파에도 속하지 않은 임 목사가 3차 투표를 한 끝에 부총회장에 당선되었다. 이때는 선거공영제가 채택되기 전의 일이었는데, 440명의 총대들은 나름대로 임목사를 평가하고 있었던 것이다.

임목사는 부총회장으로 한 해를 봉사하고 관례대로 이듬해 총회장에 선출되었다. 이는 임 목사 개인에게 영예스러운 일이지만 물금교회로서도 총회장을 배출한다는 것은 자랑스러운 일이었다. 물금교회는 교회 역사 75년 만에 처음으로 총회장을 배출하게 된 것이었다. 그는 총회장 임기를 마치고 세 달 후 1998년 12월 15일 정년 은퇴하였다.

24. '바울 같은 장로, 디모데 같은 목회자'

　임종만 목사가 은퇴한 후 1999년 12월 8일 김대현 목사가 부임하여 2년 목회를 한 후 울산남부교회로 이동해 갔다. 물금교회에서 본격적으로 목회를 하기도 전에 더 좋은 큰 교회로 가게 되었으나 송산은 기쁘게 보내주었다. 이어 2002년 4월에 부임한 이용창 목사가 부임해 지금까지 장기목회를 하고 있다.
　새로 부임한 이용창 목사는 송산의 첫째 아들 신현과 비슷한 연배였지만, 언제나 목회자로서 존중하는 자세를 견지하였다. 주일예배는 물론 오후예배나 수요기도회, 그리고 새벽기도회라도 빠지게 되면 반드시 미리 알리곤 했다. 이같은 일은 임종만 목사가 은퇴한 후 그보다도 한 세대가 더 늦은 청년목회자 이용창 목사였지만, 다르지 않았다. 목회자가 없는 곳에서 다른 사람에게 목회자에 대해 말하지 않았다. 당회나 제직회에서도 목회자의 의견에 반대되는 의견을 제시하지 않았다. 목회는 전적으로 목회자에게 맡겨진 고유권한임을 잘 알았고, 교회의 일반적인 운영에 관한 일도 공개적인 자리에서 목회자의 뜻에 반대 의견을 내는 일이 없었다. 꼭 필요한 일이 있거나 평신도들의 의견을 전달해야 할 필요가 있으면, 단둘이 식사를 하며 자신의 생각을 조용히 말하였고, 이를 목회자에게 강요하지 않았다. 그 모든 선택은 전적으로 목회자에게 맡겼다.

이용창 목사는 송산이 바울과 같은 큰 그릇이어서 자신은 디모데와 같이 잘 양육을 받았다고 증언한다. 사람이 살아갈 때 중요한 만남이 있는데, 하나님과의 만남이 가장 우선적인 것이다. 부모와의 만남이나, 큰 멘토와의 만남은 중요한 만남으로 말한다. 신약성경에서 목회자 가운데 스승과 제자의 좋은 관계는 바울과 디모데의 관계라 할 수 있다. 디모데가 신앙의 가문에서 태어나 전통적인 신앙의 배경 가운데 성장하고 스승 바울을 만났다.

디모데는 바울과의 만남을 통해 초대교회의 탁월한 목회자가 되었다. 디모데는 바울을 자신의 멘토로 모시고, 그의 가르침을 받았다. 이것이 목회자 자신을 성장시키는 일이었다. 이용창 목사는 송산이 직접 가르치지는 않았지만 송산의 기도와 경건생활, 사업, 교회의 섬김, 그리고 대인관계 등에서 많은 것을 배웠고, 스스로 송산과 자신과의 관계를 바울과 디모데의 관계로 생각하였다.

이용창 목사는 자신이 부족한 것이 적지 않았을 것이지만, 송산이 한번도 당회에서 자신의 실수나 부족에 대해 언급한 일이 없었다고 말한다. 송산은 담임목사에게 할 말이 있으면 식당에서 함께 만나 맛난 음식을 함께 먹고, 어떤 문제에 대해 자신의 생각을 조심스레 밝혔다.

"목사님 이렇게 하면 좋을 것 같습니다. 그러나 결정은 목사님이 하십시오. 듣고 좋으면 하셔도 되고, 아니면 안 하셔도 됩니다."

송산은 그러면서도 마음 여린 목회자가 힘들어할까봐 "목사님을 사랑해서 한 말이라 이해하시고, 어려움이 있으면 언제라도 말씀하시라"고 말하곤 했다. 이용창 목사는 목회자로서 부지런히 다양한 세미나에 참석하면서 자신의 성장을 위해 노력하였지만, 송산에게서 신학교에서나 세미나에서는 배우지 못한 것을 많이 배웠다. 한 번은 조용히 송산에게 이렇게 말하였다.

"장로님, 제가 장로님을 조금 더 일찍 만났더라면 하는 아쉬움이 있습니다. 조금이라도 더 함께 있을 수 있도록 건강하게 오래 사십시오. 다른 것은 몰라도 물금교회를 위해서나 저를 위해서라도 오래 사셔야 합니다."

송산은 이 목사의 말이 진심을 담은 말인 것을 잘 알았다. 이용창 목사는 친구인 이성희 장로의 아들이었고, 그의 누나도 같은 노회 내 부암제일교회를 담임하는 김현규 목사의 부인이었다. 김목사는 설교도, 인격도, 리더십도 좋아서 목회를 잘 하였는데, 같은 노회에 있는 교회이니 그 사정을 잘 알았다. 이들을 보면 믿음의 큰 인물 가정에서 다시 큰 인물이 난다고 생각하였다. 그의 어머니 오혜순 권사는 고신교단 창설기에 고려고등성경학교를 설립해 한상동 목사를 적극적으로 도와 일했던 오종덕 목사의 딸이었다. 송산은 이용창 목사의 목회로 노년의 교회 생활도 행복했다.

마지막까지 배우고 가르치는 교사

송산은 1980년부터 장로직을 은퇴할 때까지 교회 장년부장으로서 오랫동안 장년부 성경공부를 인도하였다. 장년부 성경공부는 주일마다 오전예배를 시작하기 전에 30분 동안 성경을 배우는 프로그램이었다. 이러한 봉사는 송산이 은퇴할 때까지 계속되었다.

이같은 일은 무궁애학원에서도 마찬가지였다. 1963년 2월부터 시작된 무궁애학원의 고아원과 장애인 사역에서 매일 꾸준히 예배를 드리고 있다. 매일 아침마다 30분 동안 예배를 인도하였다. 50년을 한결같이 그렇게 했다. 이 일을 위해서는 송산은 언제나 성경 읽기를 즐겨했고, 공과 책이 있었지만 이를 위한 준비를 소홀하지 않았다.

1992년 김성수 교수가 미국 도르트대학 교환교수를 다녀온 후 협력교수로 부임하여 교회가 성경대학 프로그램을 운영하면서 김성수 교수의 강의에 참석하여 조직적인 성경공부에 참여하였다. 그의 강의는 칼빈대학 시절 은사들에게서 배운 것과는 다른 새로운 것들이었다. 그가 장로이기 때문에 앞자리에서 듣는 것이 아니라 새로운 지식과 가르침에 깊은 깨달음을 받았던 것이다. 송산은 나이가 있었지만 그의 강의에 모범적으로 참여했고, 성경지식의 증가는 물론 기독교 세계관에 대해 새로운 인식을 갖게 되었다. 김성수 교수는 이에 대해 "주일 오후에는 피곤하실텐데도 성경대학에 빠짐없이 자리를 지키는 모습은 말씀에 대한 사랑과 겸손을 실천하시는 신앙인격에서 우러나오는 모범적인 삶의 모습"이라 회고한 바 있다.

　김 교수가 고신대학교 총장을 맡은 후에는 여러 교회의 초청을 받아 설교하는 일이 잦아 정기적인 강의는 하지 못했지만, 자주 교회를 찾았다. 송산도 김 총장을 도와 고신대학교에 송산 광장을 조성하여 대학 환경 개선에 협력하였고, 여러 차례 대학의 필요에 손을 크게 폈다. 김총장 본인도 물금교회를 자신의 교회로 생각하였고, 성도들도 그를 협동 목사 이상으로 생각하였다. 그는 미국 에반겔리아대학교 총장으로 부임하면서 미국으로 이주한 2021년까지 물금교회 가족으로 있었다.

제6부

큰 봉사 큰 상급

맡은 자들에게 주장하는 자세를 하지 말고
양 무리의 본이 되라. 그리하면 목자장이 나타나실 때에
시들지 아니하는 영광의 관을 얻으리라.
(베드로전서 5:3-4)

25. 더 넓은 세상과 함께

1990년대 중후반에 접어들면서 복지 사역이나 교계 활동에서 송산에게 더 많은 봉사가 요청되었다. 무궁애학원의 사역이 모범적이어서 연합 활동에 일정한 역할을 해 주기를 바랐다. 그렇게 관여하게 된 사회활동이 경상남도 사회복지협의회였고, 공동모금회 사역이었다.

경남사회복지협의회 사역

송산은 무궁애학원 사역에 전념하면서 자리를 잡았고, 경남 지역에서 가장 모범적인 시설과 프로그램으로 인정받고 있었다. 그사이에 그는 부산경남을 대표하는 사회복지 사역자로 인정받았다. 그는 이제 무궁애학원만 돌볼 형편이 되지 않았다. 경상남도 일원의 무수한 시설들을 찾아 방문하여 그들을 도와야 했고, 여러 가지 회의와 행사들이 송산을 찾았.

송산은 경상남도 사회복지협의회 회장으로 일하게 되었다. 1970년 5월에 설립된 사회복지법인 한국사회복지중앙회의 경상남도지회로 활동을 해 오던 것이 경상남도사회복지협의회가 되었고, 1985년 2월 8일에 법인으로 출발하게 된 것이었다.

그는 1997년 3월 18일 마산부녀청소년회관에서 경상남도사회복지협의회 정기총회에서 제6대 회장으로 추대되었다. 경상남도 사회복지 사역의 중심인물이었던 그는 초대 대표이사가 되었고, 회장이 되었다. 송산이 꾸준히 자신에게 주어진 일에 충실하면서 함께 성장해 경남에서 대표적인 사회복지 사역자가 된 것이다.

경상남도사회복지협의회는 사회복지계의 구심체로서 경제계, 법조계, 교육계, 문화계 등 범도민의 조직으로 새롭게 조직되었다. 회원에 있어서도 사회복지에 관심이 있는 모든 사람들을 영입해야 했다. 그야말로 전 도민의 의견을 모아 사회복지 정책 수립을 건의하고, 복지의식을 새롭게 하고 다양한 자원을 동원하여 선진사회로 나아가게 해야 할 시점이었다.

총회에서 송산은 인사 말씀에서 회장으로 뽑아주신 회원들께 감사를 표하고, 우리 자신의 개혁을 통해 이웃과 더불어 잘 사는 사회가 되도록, 나라가 부강하여 사회복지 분야가 더욱 개선될 수 있도록 힘을 모으자는 취지의 인사를 했다. 당시에 사회복지에 대한 국민들의 이해 부족과 인식 부족으로 곳곳에서 님비현상이 있었다. 장애인을 사랑해야 하지만, 장애인 시설이 자신이 사는 이웃에 오는 것을 원치 않았다. 국민들은 이들을 도와야 한다는 생각을 하지만, 막상 자신의 집 가까이에 장애인 시설이 들어오려면 극단적인 방식으로 반대운동을 하였기 때문이다. 이러한 님비현상은 선진 사회복지를 위해 극복할 과제였다. 그는 집단 반대운동이 자주 일어남을 지적하고, 이를 극복하기에 힘을 쏟아야 함을 강조하였다.

"사회복지에 대한 국민들의 이해 부족과 인식 부족으로 시설이 어떤 곳으로 이전하려 하면 주민들의 집단반대운동이 일어나게 되니, 너무나 한심하고 통탄할 지경입니다. 저희들이 대국민 홍보활동을 통해 저희들이 하는 일을 국민에게 알려야 하겠습니다."

송산은 회장으로 있으면서 언론에 자주 기고하여 사회 복지에 대한 관심을 유도했다. 〈경남신문〉 촉석루에 '은혜를 보답하자'(1997. 4. 12), '경제 위기와 사회 복지'(1997. 4. 18), '신앙과 사회 복지'(1997. 4. 24.) 등의 짧은 글을 써 도민들의 사회 복지의 의식을 일깨웠다.

협의회 회장을 맡은 송산은 1998년 11월 6일에 사회복지대회를 개최하였다. 이때는 IMF로 국가적으로 극심한 어려움을 당하던 때로 대회는 'IMF상황에서의 지역사회 복지 과제'라는 주제로 창원시 늘푸른전당에서 개최하였다. 한국이 올림픽 이후 경제적인 성장을 기반으로 국제적으로 성장하면서 외환 관리를 잘하지 못해 심각한 어려움을 겪을 때였다.

송산이 경상남도 사회복지협의회 회장으로 재임하는 중에 《경상남도 사회복지 50년사》를 발행하였다. 그는 발간사에서 지난 50년의 역사를 회고하며 다음과 같이 말했다.[1]

"그동안 우리 사회는 많은 변화를 거듭해 왔습니다. 고도의 경제성장으로 그동안 사회복지의 주활동이었던 절대빈곤의 상황이 해결되었고, 이제는 그 경제성장이 가져다 준 사회적인 불균형과 여러 사회 문제들이 우리가 해결해야 할 과제로 남았습니다.
경상남도 역시 거듭되는 발전으로 많은 변화가 있었으며, 다섯 번이나 변한 강산 못지않게 주민들의 삶 자체의 변화 뿐만 아니라 주민들과 함께 하는 사회복지 역시 많은 변화와 발전을 거듭하였습니다. 이제는 삶의 질을 이야기하고 있습니다. 이러한 경남 사회복지 50년을 이 책에 담고자 하였습니다. 이제까지 걸어온 경남 사회복지의 역사를 회고, 정리하여 이

---

1. 《경상남도 사회복지 50년사》 발행사.

시대의 교훈으로 삼고, 미래의 사회복지 활동은 어떻게 전개되어야 하는지를 모색하는 계기로 삼고자 합니다. 21세기를 바로 앞둔 이 시점에서 많은 의미가 있다고 생각합니다."

《경상남도 사회복지 50년사》 편찬은 지난 50년 동안의 경상남도 사회복지의 역사와 현황을 담는 방대한 작업이었다. 제1편은 경남 복지의 총람으로 우리나라 사회복지 제도의 역사와 경상남도 사회복지 환경의 변천, 공공 사회복지, 민간 사회복지 등 4부로 구성하였고, 제2편은 분야별 경남 사회복지의 변천을 주제로 사회복지 협의체, 영유아 복지, 아동 복지, 청소년 복지, 노인 복지, 장애인 복지, 여성 복지, 부랑인 복지, 지역 복지, 정신질환 복지, 사회복지 관련 기관, 자원봉사활동, 특수학교, 사회복지 교육기관 등 18부로 구성하였다. 제3편은 경남 복지시설 및 복지 관련 기관 편람으로 각 분야별 회원 기관을 정리하였다.

이 책은 46배판 480면에 이르는 방대한 분량으로 그동안의 경상남도 사회복지를 총정리한 것이었다. 송산은 《경상남도 사회복지 50년사》의 출판으로 다시 한번 사회복지 운동가로서 큰 긍지를 가질 수 있었다.

경상남도 공동모금회 법인화

1998년 4월 29일에는 사회복지 관련법에 따라 사회복지법인 경상남도 공동모금회가 창립되었다. 고아원과 양로원, 그리고 장애인 시설들이 개별적으로 모금하는 것이 한계가 있었는데, '사랑의 열매'로 대표되는 공동모금을 통해 모금의 효율화를 도모하는 것은 물론, 기부자들에게도 번거로움이 없도록 하는 것이 취지였다. 김혁규 경상남도 지사는 공동모금회 창립을 위해 박창식, 이상대, 양휘부, 현외성, 박재석 등 다섯 사람을 위원으로 위촉했고, 송산

이 위원장으로서 준비 실무를 책임지고 일했다.

송산은 다섯 명의 위원들과 함께 법인 정관을 제정하고, 이사를 선임하여 1998년 10월 21일 법인 설립 인가를 받았고, 11월 5일에는 법원에 등기를 완료하고 독립법인으로 출범하였다. 그 무렵부터 경상남도 사회복지 사업 운동에 오랫동안 신실한 봉사를 해 왔던 송산의 손을 많이 필요로 하였다. 이 일을 주도적으로 이끌었던 송산은 초대 대표이사와 회장으로 취임한 것이었다.

송산의 중요한 관심은 모금과 분배를 투명하게 하고 각 기관들이 자립할 수 있도록 지원해 주고 도민으로부터 신뢰받고 선진 사회복지 경상남도를 만드는 일이었다. 이 사역을 활기차게 하도록 준비하던 중에 1998년 7월 1일 공동모금회 관련법이 국회를 통과하여 이미 독립법인으로 있는 16개 시도 법인을 4월 1일부로 취소하고, 사회복지공동모금회의 지회로 운영하게 되었다. 이 일은 이미 설립되어 있는 각 지역공동모금회를 다시 지회로 격하시키는 것이었다. 회장에 강영훈 전 국무총리가 맡았고, 영부인 이희호 여사가 명예 회장을 맡았다. 5월에는 대통령 부인 이희호 여사가 청와대에 초청해 16개 시도지회장 연석회의를 갖기도 하였다. 송산은 그 자리에서 이러한 조처는 시대적 흐름에 역행하는 것이라고 직언하였다. 다른 지회장의 관심을 하나로 엮어 앞장서서 발언한 것이었다.[2] 송산은 아울러 공동모금회가 수혜받는 자들에게 자립할 수 있도록 지원과 배분이 필요하다고 강조하였다.

그 간담회가 있고 3개월 후에 청와대에서 보건복지부에 '생산적 복지'를 강구해보라는 지시가 있었고, 이후 '생산적 복지'라는 말이 한동안 유행하기도 했다. 이 '생산적 복지'는 소모적이고 일시적인 일에 집중하지 말고 장래성 있고 자립할 수 있는 사회복지가 되었으면 하는 바람으로 그가 한 말이었다.

송산이 경상남도 공동모금회 회장으로 봉사하던 기간에 IMF사태가 발생하였다. 이런 사회적인 위기의 때는 사회적 약자들이 특히 어려움을 겪는데, 사람들이 긍휼의 마음이 있어 모금에 적극 협조해 차질이 없었다. 송산은 회장으로 재임하는 동안 각 시설 단체가 정부로부터 지원을 받을 수는 없고 꼭 필요로 하는 일이나 물품이 있으면 경남도민의 성금으로 모아진 경남공동모금회에서 지원할 수 있도록 제도적인 장치가 마련되었다. 그는 5년 동안 책임을 지고 앞장서 일하였다.

송산은 2000년에 경상남도 사회복지공동모금회에서 6월 21일부터 나흘간 금강산 여행을 함께하면서 북한도 돌아보고 공동모금회 임원들과 위원들이 깊은 친교를 나누었다. 이때는 금강산 관광이 시작된 지 두 해 만이었는데, 위원들이 함께 둘러본 구룡폭포, 비로봉, 옥류동 계곡은 정말 일품이었다. 금강산 관광이 개방된 후 3년 동안 37만 명이 다녀갔는데, 그만큼 절실한 마음이었을 것이다. 송산은 금강산의 아름다움을 보면서 이곳을 오게 된 것이 해방 후 55년 만이라는 사실로 가슴이 미어졌다. 송산은 여행 기간에 남북통일을 위해 간절히 기도하였다.

송산은 그동안 경상남도에서 사회복지 분야의 대표적인 인물이 되어 갔

---

2. 《공동모금회 10주년 기념집》, 67.

다. 1977년부터 사단법인 한국어린이집 경상남도협의회장을 5년간 맡았고, 1987년부터 새마을유아원 경상남도 협의회장을 5년 맡았으며, 한국장애인시설협회 경남도회장도 2년째 맡고 있었다. 경상남도 사회복지협의회장을 5년, 경상남도 사회복지공동모금회장을 4년간 맡았다. 한국장애인고용촉진공단 경상남도대책위원장을 2년간 맡았다. 송산은 이러한 일들이 많은 시간을 요구하였고 때로 적지 않게 번거롭기도 했지만, 자신을 찾는 사람들을 돕기 위해 기쁨으로 맡아 봉사했다. 주어진 일에 성실하고자 하는 그의 평소 소신이 그대로 나타난 것이었다.

26. 더 큰 교회와 함께

전국장로회 연합회장 시절

 송산이 물금교회와 함께 평생을 보내었지만, 그의 관심은 지역교회만에 있지는 않았다. 기회가 되는 대로 한국 교회를 위한 봉사에 부름을 받고 이에 헌신하였다. 전국 교회는 직분자들이 함께 협력하고 노력하는 평신도 기구가 몇 있다. 교회 남자 성도들로 구성된 남전도회연합회, 여자 성도들로 구성된 여전도회연합회, 그리고 교회 장로들이 회원으로 하는 장로회 연합회가 있다. 각 연합회는 노회 단위의 연합회가 있고, 전국 단위의 연합회 조직을 가지고 있다. 송산은 노회 장로회 연합회와 전국장로회 연합회에 참여하여 적극적으로 봉사하였다.

 교회에 지도자로 목사는 노회나 총회라는 조직에 몸을 담고 있고, 장로는 지역 교회에서 장로로 봉사하지만, 노회나 총회 단위의 연합회 활동을 활발히 하는 편이다. 1960년대까지는 목사와 장로들이 노회의 연합당회에서 함께 활동하였지만, 교회에 장로 수가 많아지면서 노회 단위로 장로회가 만들어졌다. 1970년 9월 대한예수교장로회 제20회 총회에서 전국장로회 친목회가 조직되었고, 전국 장로 친목연합회를 거쳐 1997년 전국장로회 연합회연합

회로 개칭하였다.

1980년대 이후 장로들의 수가 증가하면서 독자적으로 노회와 총회 단위의 연합활동이 활발해졌다. 1980년대 교회가 성장하면서 교회마다 장로의 수가 늘면서, 전국적으로 3천 명이 넘는 큰 규모를 갖게 되었다. 각 노회마다 노회 장로회연합회가, 지역 단위로 지역 연합회가 있다.

송산은 1970년 1월 2일 물금교회가 부산노회에 속해 있을 때 장로로 장립받았다. 노회가 성장하면서 교회는 1975년 분리된 동부산노회에 속하였고, 동부산노회에서 1991년에 다시 서부산노회로 분리되면서 송산의 역할이 더욱 커지게 되었다. 노회의 분리는 각 교회 교세가 성장한 결과이기도 했다. 노회 창립 후 첫 1년 동안 서부산노회 장로회연합회장을 역임하였고, 해가 지나면서 노회 활동이나 장로들의 세계에서 존경을 받게 되었다. 노회 총대 선출에서 늘 선두에 있었고, 대한예수교장로회 총회 총대로 참여하면서 전국적인 활동을 하게 되었다.

그러던 중 1998년 제29회 전국장로회연합회 총회가 서면교회에서 개최되었다. 대의원 470명과 청중들이 참석하였는데, 600명이나 되는 큰 모임이었다. 부회장에 추천된 10명이 선거를 하였는데, 이날 송산은 수석부회장에 선출되었다. 선거를 위해 후보와 정책을 알리는 유인물을 준비해야 했다. 이때 송산이 제시한 것은 다섯 가지였다.

"먼저, 장로는 교회 앞에 본이 되는 장로로서의 위상을 높이는 것이며(딤전 4:12), 둘째 '한 사람이면 패하겠거니와 두 사람이면 능히 당하나니 삼겹줄은 끊어지지 아니하느니라'(전 4:12)는 말씀대로 회원 상호간의 화합과 단결하는 일에 힘쓸 것이며, 셋째 "그러나 너희가 내 괴로움에 함께 참예하였으니 잘하였도다"(빌 4:14)는 말씀대로 장로는 예수님의 몸된 교회에 유익을 끼치는 협력자로서 자질 향상에 힘쓸 것이며, 넷째 세례 요한과 같이 바른 소리(마 3:1-3)를 내는 정의에 불타는 장로상 정립에 힘쓸 것이며, 다섯째 "믿는 사람이 다 함께 있어 모든 물건을 서로 통용하고"(행 2:44-47)라는 말씀과 같이 회원 상호간에 상부상조하는 기풍 조성에 힘쓸 것을" 다짐했다.

송산이 이렇게 제시한 다섯 가지는 평소 교회에서 장로로 살아온 생활 신조의 일부분이었다. 송산은 이 다섯 가지가 전국 교회의 3,700여 명 가까운 전국장로회 집단을 은혜스러운 분위기로 이끌어 가는 데 필요한 요소들이라고 보았다. 많은 동료 장로들이 그의 취지에 공감해 주었고, 이를 격려해 주면서 득표로 연결되었다.

선거에서는 10명의 부회장을 선출하기 위해 투표한 결과 송산이 308표를 얻어 수석부회장에 당선되었다. 이같은 결과는 그가 평소 언행이 조신하며, 신중히 발언하되 좋은 결과를 만들어 내어 존경받는 장로였기 때문이었다. 이는 그동안 교단을 위해 남다른 애정을 쏟아 바쳐 충성스럽게 봉사한 것에 대한 평가이기도 했다. 그는 평소 가훈과 같이 근면, 검소, 봉사의 삶을 살

새 천년 장로 사명 다짐

신임회장에 박재석 장로 당선

고신 전국장로연합회 정·총 수석 부회장에 김봉갑 장로

예장·고신 전국장로회연합회는 최근 서면교회당에서 제30차 정기총회를 개최, 신임회장에 박재석 장로를 선출하는 한편, 새 천년 사업을 수립했다.

전국 33개 노회 440여명의 총대가 참석한 가운데 열린 이날 총회에서 조긍천 목사(총회장)는 "장로들이 하나님 앞에 순수한 자세로 봉사해야 한다"고 전제하고 "성경 중심으로 돌아가 목회자들이 부끄러워할 정도로 열심을 다하는 장로들이 되길 바란다"고 설교를 했으며 이날 원종률 목사(서면교회)의 축도를 통해 예배를 마쳤다.

이날 회장으로 선출된 서부산노회의 박재석 장로(불금교회)는 단독 출마 신임투표로 당선되었고 총 434표 중 429표 득표) 수석 부회장에는 동서울노회의 김봉갑 장로(동부제일교회)가 344표로 당선되었다.

그 밖에 임원으로는 부회장에 최수환 장로(제4영도교회), 이우성 장로(거제교회), 김국호 장로(부산범현), 반석문 장로(지세포교회), 한상철 장로(광주영광), 김종권 장로(고남교회), 윤석조 장로(창원한빛), 박은식 장로(대구영남교회), 조장호 장로(대구동일)가 각각 피선되었다.

이밖에 총무에는 신주복장로, 부총무 우병주 장로, 김형원 장로, 박기빡 장로, 서기 류준호 장로, 부서기 곽명구 장로, 회록서기 박근수 장로, 부회록서기 박신수 장로, 회계 최병헌 장로, 부회계 김수관 장로, 감사 박재한 장로, 박배근 장로, 김종태 장로 등이 임명되었다.

한편 이날 △장로의 위상확립 △인화단결 △목사, 목회협력 △정화를 부르짖자 △장로들간의 상부상조 등 다섯가지 항목에 대해 결의했고, 총회입후보단일화에 하기우원시 총회개회상에 대한 논의가 제시되기도 하였으나 별다른 결론을 얻지 못했다.

(신임회장 인터뷰 2면)

앉기 때문이었다.

열 명의 부회장 가운데 수석부회장은 회장을 보좌하며 유고시 회장을 대리하는 것이기도 했지만, 다음해에 자동적으로 회장에 오르는 것이었기 때문에 그에게 주어진 짐은 무거운 것이었다.

송산은 이듬해 1999년 11월 25일 서면교회당에서 개최된 제30회 전국장로회연합회 총회에서 회장으로 선출되었다. 434명의 전국 각 노회 장로회 연합회의 총대들이 모인 이날 총회에서 그는 434명의 총대 가운데 429표를 얻어 회장에 추대되었다. 수석부회장은 대체로 자동 추대되는 것이 관례였지만, 더러 부표도 나오는 편이었는데, 송산은 99%의 지지를 받아 당선된 것이었다. 전국장로회연합회 안에서 그에 대한 지지가 어느 정도인 것을 알 수 있다.

송산은 곧 한 달 후면 온 세계가 새로운 밀레니엄을 출발하는 2000년이라는 생각에 무거운 책임감을 느꼈다. 송산은 회장에 취임하면서 "나의 나 된 것은 하나님의 은혜로 된 것이니, 내게 주신 은혜가 헛되지 아니하며 내가 모든 사도보다 더 많이 수고하였으나 내가 아니요, 오직 나와 함께 하신 하나님의 은혜라"는 바울의 고백을 읽었다. 그리고 취임사를 대신하여 "첫째는 하나님께서 저에게 주신 사명으로 알고 회장직을 충실히 행할 것이며, 둘째는 절대 다수로 밀어주신 표결 결과를 보고 모든 일을 순리로 은혜롭게 처리할 뿐만 아니라 최선을 다해 열심히 봉사할 것"을 다짐했다. 그는 자신이 제시하였던 다섯 가지 다짐을 다시 확인하고 이를 지킬 것을 약속했다.

전국장로회연합회는 한 해 동안 여러 사업들이 있었다. 연초에 교단 지도자 초청 만찬회를 개최하였고, 목사장로 체육대회, 고신장학회, 정기총회, 〈고신장로〉지 발간 등의 사업이 줄줄이 기다리고 있었다. 여러 사업을 하다보니 한 해 동안 2억 원이나 되는 예산을 집행하고 있었다. 사무실도 없이, 유급직원 한 사람 없는 가운데 전적으로 개인적으로나 교회적으로 사업과 교회 일에 바쁜 장로들이 힘을 합쳐 일해야 하는 봉사였다. 회장은 2천만 원을 헌금하여 연합회의 사업이 원활히 운영되도록 했다.

송산은 전국장로회연합회 회장으로서 전국교회 지도자 초청세미나를 개최하는 것이 시급하였다. 초청 세미나를 2000년 1월 20일 오후 1시 창원 인터내셔널 호텔에서 개최하였다. 총회장 조긍천 목사가 "우리를 주께로 돌이키소서"라는 주제로 말씀을 전했다. 청년시절의 칼빈대학에서 공부하였던 그는 항상 자신이 경험했던 강력한 은혜를 그리워했다. 고신교회의 모습을 그리워했던 조긍천 목사는 가는 곳마다 신앙의 회복을 강조하는 설교를 하곤 했다. 이날도 마찬가지였다.

송산은 인사말씀을 통해 "신앙의 정통과 생활의 순결을 이념으로 하고, 순교적 정신으로 위로 하나님을 사랑하고 옆으로 이웃 사랑하기를 내 몸과 같이 하라는 말씀에 따라 세워진 우리 교단이 사랑을 잃어 가는 듯하고, 순교적 정신으로 말씀을 사수하던 정신이 해이해져 감을 느끼는 이때가 그 어느 때 보다도 중요한 시점이 될 것입니다. 이 기회를 통해 신앙을 재무장하는 기회가 되기를 바란다."고 인사하였다. 평소 마음에 가진 생각을 가감없이 밝힌 것이었다.

고려신학대학원 이승미 원장은 고려신학대학원 컴퍼스를 건축하고 대형 캠퍼스의 운영에 대해 걱정했으나 은혜로 하나님이 직접 운영해가심을 느끼고 있다는 감사 인사를 하였다. 그는 감사의 보고를 하면서 학교가 건축되었지만 운동장이 없어 불편을 겪고 있으므로, 전국장로회연합회에서 운동장 확보를 맡아 줄 것을 요청해 왔다. 송산은 임원들과 뜻을 모아 이에 협력하기로 하였다.

이날 세미나에서는 이상규 교수가 '21세기 한국교회와 고신교단의 과제'라는 주제의 강의를 하였다. 그가 이상규 교수를 초청한 것은 새로운 밀레니엄을 맞으면서 이 교수의 견해를 듣고 싶었기 때문이었다. 이 교수는 고신대학교의 역사신학 교수로서 한국 교회에서 널리 인정받고 있었다. 학문적인 실력만 아니라, 인격적으로도 훌륭한 것을 잘 알고 있었다. 이 교수는 이날 강의에서 고신교단의 형성 과정을 정리하고, 고려신학교 설립, 경남노회의 분열과 총회에서의 단절, 고신교단의 조직, 1960년대 이후로 정리하여 고신교단의 형성과정을 정리하고, 21세기 고신교단의 나아갈 방향을 제시해 주었다. 그의 결론은 명확하였다. 그는 결론에서 역사적 진실을 이해할 뿐만 아니라 받은 교훈을 실천할 것을 강조하였다.

"우리는 우리의 지난날을 돌아봄으로써 옛것에 안주하여 그것에 만족해왔던 점을 반성하고, 우리의 과오와 약점을 최대한 이용하는 장착취착(將錯就錯)의 지혜가 있어야 합니다. 우선 우리 각자에게도 개혁과 부흥, 곧 삶의 개혁이 있어야 합니다."라고 강조하여 장로들의 큰 공감을 이끌어 내었다. 새로운 밀레니엄을 시작하는 세미나로서 적절한 기획이었다는 평가를 받았다. 이상규 교수는 언제나 요구에 대해 적절한 강의로 참가자들에게 만족감을 주는 강의를 했다.

5월에는 전국 목사장로 부부 친선체육대회를 개최하였다. 1970년대에는 부산노회 산하 교회들이 해마다 그무렵 체육대회를 열곤 하였다. 주로 석가탄신일 공휴일에 개최하였다. 그러나 1980년대에 접어들면서 각 교회가 이전과 달리 크게 성장하여 노회 단위 체육대회를 개최하기가 어려워, 장로회가 앞장서 목사장로 체육대회를 개최하게 된 것이었다.

전국장로회 연합회는 1985년 6월 16일 제1회 목사장로 부부 체육대회를

고신대 운동장에서 개최하였다. 처음에는 규모가 크지 않지만 체육대회가 15년이 지나면서 규모를 갖추어갔다. 송산이 대회장으로서 준비한 체육대회는 33개 노회에서 3천 명 정도가 참가하여 성황을 이루었다. 새로운 밀레니엄이라 열기가 더 뜨거웠고, 임원들은 참가자 수가 크게 증가한 것에 고무되었다. 이러한 전국 규모의 체육대회는 규모가 커지면서 전국에서 당일 프로그램을 한계가 있어 2004년 체육대회를 끝으로 지금은 부산, 경남, 대구, 수도권 등으로 분산하여 광역권 단위의 체육대회를 갖고 있다.

송산은 전국에서 모여온 참가자들에게 환영의 인사를 하였고, "교계 지도자들의 기도와 선교 활동으로 조국 통일을 앞당기고, 21세기 새 역사 창조의 주역이 되어 주기를" 당부하였다. 그해 체육대회는 부산노회가 우승을 차지하였고, 경남노회가 준우승, 3위는 마산노회와 남부산노회가 차지하였다. 그러나 대회는 운동의 기량을 겨루는 것이 목적이 아니었으므로, 모두 기쁨으로 교제하였다.

전국장로회 연합회는 그해 하기 수양대회를 8월 15일 경주 도큐호텔에서 개최하였다. 미국 에반겔리아대학교 총장 신현국 목사가 새벽기도회와 은혜의 시간을 인도하였고, 교단 발전을 위한 대토론회를 준비하였다. 장로들이 앞장서 교단의 발전을 위해 참여하여야 하겠기 때문이었다. 인제대학교 이윤구 총장이 특강을, 고려신학대학원 역사신학 교수인 최덕성 교수가 특강과 폐회예배를 맡았다. 교회와 교단의 정체성을 확인하고, 앞으로 나아가야 할 방향을 제시하는 것이 그의 중요한 관심이기도 했다.

송산은 전국장로회 연합회의 회장으로 있으면서 한국교회 전체 장로회와도 관계를 유지하며, 2월부터 한 해 동안 각 교단 장로회연합회로 구성된 한국장로총연합회 공동의장으로서 함께 친교와 당면한 과제들에 대한 의견을 나누었다. 고신교회의 장로회 규모는 합동 측이나 통합 측에 비할 바는 못되지만, 신앙적으로 표준이라는 생각을 하게 되었다. 다른 교단 장로들은 어떤 현안들에 대해 고신교회가 어떻게 생각하는지에 대해 자주 질문하였기 때문이었다. 송산은 이러한 모임을 통해 고신교단의 위상을 다시 확인할 수 있었고, 좋은 신앙유산을 물려받았음을 다시 감사하곤 했다.

대한예수교장로회 부총회장 시절

송산은 고신교단에 대한 깊은 애정으로 남다른 헌신을 하였다. 1975년 고려신학대학이 문교부 인가 후 오랫동안 사용하던 구교사를 허물고 본관을 건축하였다. 당시 송산의 나이 41세의 젊은 장로였고 아직 경제적인 안정이 안 되었을 때였지만 30만 원을 헌금했다. 이는 당시 고려신학대학 학생 등록금 네 학기분에 해당되는 것이었다. 이후 1990년까지 여러 차례 장학금을 희사했다.

송산은 신학대학원 운동장 구입 대지 헌금, 비품 구입, 장학재단 설립 기금 조성, 총회회관 건립 헌금 등 교단이 필요로 하는 곳에 아끼지 않았다. 송산은 이것을 자신이 마땅히 해야 할 일로 생각했고, 기쁨으로 참여했다. 이러한 조건 없는 적극적인 헌신으로 송산은 장로들의 세계에서 총회적인 인물로 부각되었고, 그의 리더십이 하나씩 쌓여지고 있었다.

송산은 대한예수교장로회 제50회 총회에서 부총회장으로 당선되었다. 고신총회에서 선거공영제가 도입되고 처음 갖는 총회 선거에서였다. 고신교회의 총회 임원 선거는 이전까지 지도자들을 무기명 투표하여 선정했는데, 시간이 흐름에 따라 음성적으로 사전 선거운동이 나타났고, 이를 규제해야 한다는 의견이 흐름을 형성하면서 선거공영제를 채택하였다. 선거공영제가 시행된 후 규정에 따라 공개적으로 할 수 있는 선거 운동은 서신을 보내는 일과 전화를 하는 일이었다. 송산은 자신이 걸어온 길, 고신교단에서의 헌신, 교회

에 대한 자신의 생각들을 설명할 수 있는 기회가 되었다.

송산은 총회 선거는 정책 선거가 되어야 한다고 생각해, 자신이 걸어온 길을 열거한 후에 교단의 비전 부분에서 다음과 같이 다섯 가지를 정리하여 자신의 의견을 밝혔다. 고신교단이 성장하면서 교세에 비해 고려신학대학원, 고신대학교, 복음병원, 총회회관까지 큰 사역을 하고 있었기 때문에 그만큼 걱정을 하는 이들이 많았다. 송산은 각 기관이 설립된 목적에 따라 운영되어야 한다는 생각에서 그에 대한 의견을 피력하였다. 송산의 제안은 다음과 같았다.

"1. 총회적으로 생산적이고 발전적인 일을 하려면 사심을 버리고 공정하게 헌신 봉사하며 전문성을 지닌 사람들로 구성된 상임위원 제도가 되어야 합니다.

2. 우리 교단에서 신학대학원은 무엇보다도 중요합니다. 신학대학원이 영력있고, 실력있고, 사명감이 투철한 교역자와 선교사들을 길러내려면 전학생 장학 제도, 모든 운영비도 교단 교회가 기도하고 헌금하는 돈으로 운영되어야 합니다.

3. 고신대학교는 출자 이사와 뜻있는 분들의 기부금으로 운영되고, 크리스천 인재 양성을 위해 각 분야에서 소금과 빛의 역할을 하게 해야 합니다.

4. 복음병원은 복음병원답게 가난한 자들에게 무료로 치료를 해주고, 가난하고 병든 자들에게 복음이 전파되는 기관이 되어야 합니다.

5. 총회 산하 모든 기관이 다 동일합니다. 좋은 제도와 법을 세워서 인재를 양성하고 등용하여 적재적소에서 일하도록 해야 합니다. 사람에 따라 제도와 법을 개정하는 것은 비생산적이고 비효율적입니다."

이같은 송산의 주장에 대해 많은 장로들이 공감해 주었다. 그리고 많은 이들이 스스로 선거운동원이 되어 주었다. 그것도 고마운 일이었다.

송산은 부총회장 선거에 출마하면서 '신행일치 생활'을 강조하였다. 고신교회는 초기부터 신앙의 정통과 생활의 순결을 함께 외쳐왔다. 한국 교회가 신앙적으로, 교리적으로 정통신앙을 가졌지만, 생활의 순결이 되지 않아 일제강점기에 환난과 박해 가운데서 여지없이 무너진 것을 잘 알고 있었다. 그래서 이것은 송산의 신앙과 삶의 철학이 되었고, 부총회장 출사표를 내면서도 평소 소신 대로 '신행일치 생활'을 강조한 것이다.

　송산은 그 문서에서 자신의 신앙생활의 이력을 설명하고, 다복하고 성공적인 가정생활, 사회복지 사역을 설명하였고, 차분히 다섯 가지의 비전을 제시하였다. 오직 하나님의 은혜였음을 고백하였다. 총대들이 많은 지지를 보내주어 부총회장에 당선된 것이었다. 송산은 이 모든 것이 하나님의 은혜였던 것을 고백하며 감사할 따름이었다. 많은 사람들의 축하가 이어졌다.

　송산이 전국장로회연합회 회장, 대한예수교장로회 부총회장이 되었지만 일상이 달라진 것은 없었다. 전국을 다녀야 하는 행사도 많았고, 회의도 많았다. 그는 밤 늦게 돌아와도 여전히 새벽마다 교회에서 무릎을 꿇었다. 송산은 직책이 클수록 가진 책임이 무거움을 인식하고, 새벽기도회에 나가 하나님의 은혜를 구하였다.

"주님, 부족한 저에게 이런 귀한 직분을 맡겨 주셔서 감사합니다. 더욱 더 잘 섬기겠습니다. 하늘의 지혜를 주옵소서."

송산은 이전보다 더 겸비한 자세를 갖기로 다짐하였다.

교단 부총회장은 고신교단에 속한 장로로서 가장 높고 영예스러운 자리였다. 그러나 부총회장은 하는 일이 별로 없었고, 행사나 회의에 참석하여 자신의 견해를 밝힐 수 있는 사실상 명예직과 같은 것이었다. 장로교 통합 측은 장로가 노회장도 되고, 총회장도 되기도 했지만 보수적인 고신 측에서는 해당되지 않는 일이었다.

그런데, 송산이 부총회장 시절에 의미 있는 일이 하나 있었다. 1970년대 송상석 목사가 이끄는 경남노회와 한상동 목사가 이끄는 부산노회와의 갈등이 있었다. 그후 송상석 목사 징계가 되면서 경남노회가 행정을 보류하고 고신총회를 떠났다. 이들은 1976년 '성도들 간의 고소를 반대한다'는 의미에 이른바 '반고소 고려파' 총회를 이루었고, 지난 25년 동안 별도의 교단으로 존재하고 있었다. 고려 측에서 주도적인 리더십을 가진 석원태 목사의 윤리적인 문제와 행정에서도 독주를 계속하면서 피로감을 느끼는 이들이 많았다. 도무지 함께 할 수 없다는 생각을 가진 60여 교회가 고신총회로 돌아오고자 뜻을 전해왔다.

고신 총회는 곧 임원회에서 합동추진위원회를 구성하였고, 부총회장이던 송산이 서기가 되었다. 원종록, 이금조, 박종수, 곽삼찬, 윤지환, 조재태, 조긍천 목사 등 원로들이 위원이 되었고, 부총회장 송산과 총회 회계 차철규 장로가 장로로서 위원으로 참여하였다.

위원들은 모두가 교단의 분열과 환원을 경험하고 가슴 아파했기 때문에 이들을 잘 배려를 하기로 뜻을 모았다. 고신 측과 승동 측의 합동과 환원은 송산이 신학교 시절에 있었다. 그가 신학교를 졸업하지는 못하였지만, 그가 1

학년을 마치고 승동 측을 따르던 친구들이 영도로 신학교를 분리시켜 나갔던 것이 생생하였다. 몇년 전 총회장을 지낸 이금조 목사가 위원장이 되었고, 송산은 서기로서 그를 도왔다.

3월 30일 고신총회 본부에서 양측 대표단들이 회합하였고, 상대방 위원장은 조석연 목사, 황영석, 조용선, 조원근, 추경호, 신재철 목사 등 여섯 명이 위원이었다. 이날 합동회의는 고신측의 환대와 고려 측의 현실적인 필요로 화기애애한 분위기에서 진행되었다. 이날 합동위원회에서 합의한 사항은 4개 항으로 다음과 같았다.

"첫째, 고려측 교회를 영입하면서 모든 자격(목사, 장로, 강도사, 전도사, 선교사, 신학생, 군목)은 그대로 인정하고 받기로 한다.
둘째, 신학생들은 고려신학대학원으로 편입한다.
셋째, 영입되는 교회들은 독노회로 인정하고 노회 존속기간은 고려측 의견을 수용한다.
넷째, 기타 필요한 사항은 양 교단 합동위원회가 합의해서 처리한다."

고신총회는 새로 영입되는 고려 측 교회를 위해 최대한 배려하기로 하였다. 고신총회는 이들이 서경노회를 창립하면서 34번째 노회로 받고, 총회 총대를 파송할 수 있도록 배려했다. 11월 13일에는 남서울교회에서 서경노회 환영회를 열어주었다. 송산은 환영예배를 함께 주관하면서 영입되는 고려 측 목회자와 장로들에게 각별한 관심을 가졌다. 송산은 25년 만에 만난 형제 고려 측 교회와의 합동에 부총회장으로서 앞장 설 수 있었다.

대양주 총회 방문

송산은 부총회장에 선출된 후 2001년 봄에 대양주총회 사절로 시드니를 방문했다. 대양주총회는 고신교회 출신의 목회자들이 호주와 뉴질랜드에서 사역이 전개되면서 총회를 구성하고 있다. 1979년 홍관표 목사가 호주장로교회 소속의 한인장로교회의 초청을 받아 시드니에서 목회를 시작한 것에서 출발한다. 그가 시드니의 한 한인교회에서 이민목회를 하던 중 개혁주의 신학에 기초한 교회운동을 위해 1981년 시드니한인중앙장로교회를 개척했는데, 이후 고신교회가 하나둘 늘면서 1991년 4월 2일 시드니중앙장로교회당에서 대한예수교장로회 대양주총노회를 창립하고 총노회장에 홍관표 목사와 여러 임원들을 선출했다.

대양주총회가 성장과 발전을 하면서 주일학교 연합회가 조직되고 교육에 힘쓰게 되었고, 교회가 성장하면서 1993년 총노회에 뉴질랜드에서 유학을 마치고 오클랜드 한우리교회를 개척한 남우택 목사와 뒤를 이어 임기홍 목사가 참여하여 정회원이 되면서 뉴질랜드로 확장되었다. 대양주 총노회는 제2회 세계선교대회를 1994년 8월 4일부터 9일까지 시드니 중앙장로교회에서 개최하였다. 또한 신학교육을 위해 코람데오신학대학원은 대양주총회 직영 신학교육기관으로 호주와 뉴질랜드에 캠퍼스를 두고 있다. 코람데오신학대학원은 교역자 양성뿐만아니라 평신도 리더십 개발 과정도 두어 전문교사 및 평신도 리더십을 세워나가는 데 주력하고 있다.[3]

송산이 참가한 대양주 총회는 2001년 8월 6일 시드니의 한 수양관에서 개최되었다. 목사 22명, 장로 8명 등 30명이 참석하였다. 총회를 마치면서 평생 목회하고 그해 은퇴하는 홍관표 목사의 수고를 기리기 위해 감사하는 시간을

---

3. 나삼진, "재미총회, 유럽총회, 대양주 총회의 조직", 《대한예수교장로회 고신총회 70년사》, 600-613.

가졌는데, 평생을 헌신한 목회자를 따뜻한 마음으로 은퇴를 환송하는 분위기가 남다르게 느껴졌다. 송산은 총회의 운영을 보면서 특별히 감사하며 눈가에 이슬이 맺혔다. 오랜 세월 고신교회 안의 분쟁의 역사를 잘 아는 송산으로서는 날로 성숙해가는 대양주총회가 자랑스럽고 감사할 따름이었다.

'우리 고신교단이 하나님의 도우심으로 이렇게까지 자라 대양주총회까지 조직하게 될 뿐 아니라 지금은 전 세계에까지 널리 확장되었으니 이 얼마나 감사한 일인가.' 송산은 가슴 벅차오르는 감동을 느꼈다. 대양주 목회자들과 장로들과의 교제는 즐거운 시간이기도 하였다.

총회에서는 동남아 노회를 조직하였고, 총회가 마친 후에는 오클랜드 한우리교회 남우택 목사가 총회장 일행을 초청하여 함께 뉴질랜드를 방문하였다. 주일예배는 한우리교회에서 총회장 원종록 목사가 설교하였다. 남우택 목사는 부산 출신으로 고신대학 신학과와 고려신학대학원을 졸업하고 SFC 간사로 사역하다가 뉴질랜드 성서대학(New Zealand Bible College)에 유학을 떠났고, 그가 학업을 마치고 귀국해야 할 졸업 즈음에 뉴질랜드 이민 문호가 열려 한인들을 돕기 위해 한우리교회를 개척했다. 뉴질랜드 이민 초기에 오클랜드에서 교회를 개척, 튼실한 한인교회가 되었다.

송산은 세계 곳곳에서 목회하는 모습이 자랑스러웠다. 주일을 지내고 총회장 원종록 목사와 함께 남우택 목사의 안내로 오클랜드 시내를 돌아보았고, 3시간 거리의 온천지 로토루아를 다녀왔다. 땅에서 호흡하는 것이 아직도 숨을 내쉬는 것 같았다. 뉴질랜드는 500만 국민의 수만큼이나 양이 많다는 나라로 곳곳에 깨끗한 자연에서 풀을 뜯고 있는 양 떼가 평화로워 보였다. 뉴질랜드가 큰 나라가 아니었지만, 깨끗한 창조세계를 보존하며 선진국의 면모를 보이고 있었다.

27. 국제 문화 탐방과 성지 순례

송산이 밤낮을 가리지 않고 열심히 일한 결과 무궁애학원은 크게 발전했다. 무궁애학원이 안정권에 접어들면서 송산은 이제 오랫동안 꿈꾸던 일을 실행에 옮겼다. 미국 문화교류 방문과 성지순례를 다녀온 것이다. 이는 1980년 8월 7일부터 11월 5일까지 3개월 동안 8개국을 순방하는 대장정이었다.

광대한 대륙 미국

첫 일정은 미국이었다. 로스엔젤레스를 방문해 오랫동안 교제해오던 나성 서울교회 김세창 목사의 영접을 받고, 라성교회당 시설에서 10일을 거하면서 미국 서부지역 일정을 진행하였다. 그는 김세창 목사와 그리운 고국 이야기와 한국 교계 이야기를 하였다. 김세창 목사로부터는 미국 생활의 여러 가지 애환을 나누며 밤을 지새웠다. 시내에서 둘러볼 수 있는 그리피스 천문대와 산타모니카 해변, 비벌리힐스 등을 둘러 보았고, 로스엔젤레스 시내와 한인타운도 둘러보았다. 산타모니카에서는 긴 백사장에서 '이곳에서 각도를 잡아 일직선을 그으면 부산에 도달할 수 있다'는 말을 들었다. 미국 이민 초기 항공편을 자유롭게 이용하기 어려웠던 시절, 고국에 가고 싶으면 이곳에 와서 그

리움을 달랜 사람들이 많았다는 이야기를 듣고 크게 공감이 되었다.

로스엔젤레스가 영화산업이 발달되어 있어 세계적인 배우들이 다수 거주하고 있는 비벌리힐스의 대저택들을 둘러보며, 그 규모가 대단하고 화려함을 느꼈다. 곳곳에 한글 간판이 보이는 코리아타운은 아직 어설픈 모습이었지만 세계에서 가장 잘 사는 나라 미국에 이민을 하고 이렇게나마 뿌리를 내리고 살아가는 한인들이 대견스러웠다.

송산은 라성서울여행사를 통해 미국 서부지역 몇 곳을 여행하였다. 그랜드 캐년과 요세미티 국립공원을 방문하였고, 샌디에이고의 씨월드에서 범고래 '샤무' 쇼를 보며 놀라운 경험을 하였다. 디즈니랜드에서는 여러 가지 어린 동심으로 돌아갔고, 특별히 긴 줄에도 불평하나 없는 사람들이 무척이나 신기했다. 유니버설 스튜디오에서는 세계인의 마음을 사로잡고 있는 미국 헐리우드 영화의 세계를 직접 체험할 수 있었다. 그리고 투산을 거쳐 라스베이거스를 둘러보았다. 라스베이거스는 사막에 수많은 호텔을 지어 밤에는 휘황찬

란한 조명에 수많은 사람들이 인산인해를 이루었다. 요세미티와 샌프란시스코를 둘러보며, 미국이 참 거대한 대륙임을 절감하였다. 미국 서부에서 보낸 일정은 두 주간이었다. 미국은 역시 큰 나라였고, 넓은 나라였다. 아이들 중에 이런 미국에서 공부하며 세계적인 인물로 성장하면 좋겠다는 생각이 들 정도였다.

송산의 다음 일정은 뉴욕이었다. 뉴욕 빌립보교회를 시무하는 처남 이종표 댁을 방문하였다. 처남은 일찍 미국에 건너와 교회를 개척하고 헌신적인 봉사로 교회가 은혜로운 분위기로 안정되어 있었다. 뉴욕에서 처음 찾은 곳은 자유의 여신상이었다. 수많은 관광객 사이에 끼여 배를 타고 리버티섬에 도착하였고, 46m 높이의 자유의 여신상을 만났다. 그 받침대에 새겨진 엠마 라자루스(Emma Lazarus)의 싯귀와 같이 '버림받은 자, 헐벗은 자, 자유를 그리워하는 자'들을 위하여 햇불이 꺼지지 않겠거니 생각하였다. 건너편 맨하탄을 바라보니 마천루와 같은 모습이 대단하게 여겨졌다.

미국이 세계 최강의 나라가 되어 지난 200년 이상을 이렇게 세계를 이끌고 있는 것을 생각하니, 이 나라의 기초를 이룬 청교도 신앙을 시작한 것이 그 저력이라 생각되었다. 미국의 건국 정신을 다시금 생각하게 되었다. 청교도들이 신앙의 자유를 찾아 그동안 이루어 놓은 모든 것을 포기하고 미국으로 이민하였지만 하나님은 가장 좋은 것을 준비하셨던 것이다. 광활한 대지, 풍요한 땅에 세계 최강의 나라로 만든 것이었다. 지금은 부모들의 신앙에서 점차 신앙을 떠나는 이들이 많지만, 여전히 미국의 문화의 기초를 놓고 있다는 생각을 하였다.

뉴욕에 이어서 워싱턴 DC 여러 곳을 방문하였다. 제2대 대통령 애덤스 대통령이 백악관을 완공하였다. 국회, 백악관, 세계 정치와 외교의 중심이었다. 워싱턴 기념탑에 올라가 시가지를 한눈에 바라보았다. 송산은 다시 한번 미국은 강한 나라라는 것을 실감하였다.

동부 지역 방문의 절정은 나이아가라 폭포였다. 나이아가라 폭포를 방문하며 대자연의 위엄 앞에서 숨을 죽여야 했다. 그중 가장 큰 말발굽 폭포(Horseshoe Falls)는 51m의 높이에 폭은 826 미터로 매 분 2,237톤의 물이 쏟아지면서 천지를 진동하는 굉음과 무지개를 띄우는 물보라의 장관은 창조의 신비를 느끼게 했다. '이 얼마나 웅장한 모습인가 창조 때부터 지금까지 이렇게 흐르고 있지만, 강물이 마르지 않고 있다니...'

송산은 쏟아지는 장대한 폭포를 보며, 이는 하나님이 지휘하는 교향곡이라는 생각을 하였다. 캐나다 쪽에서 바라보는 나이아가라 폭포는 더욱 웅장한 모습이었다. 송산은 마음이 더욱 경건하여졌다. 성경에서 읽고 교리로 이해하는 하나님의 위대하심을 더욱 실제적으로 느낄 수 있었다.

미국을 떠나며 송산은 너무나 광대한 미국, 부강한 국력, 긍지를 지니고 있는 미국인들, 지금도 살아있는 서부의 개척정신, 세계사의 주역으로 부상한 자부심, 세계 제일의 모습을 갖추고 있는 것을 보았다. 한국전쟁 때는 미국이 한국을 도와주어 나라가 보존될 수 있었던 것도 생각났다. 송산은 지금 세계 최강의 나라 미국이 앓고 있는 흑백 인종 문제도 마음이 무거웠다. 남북전쟁이나 흑인 노예무역이 있었고, 이것이 오늘날까지 갈등의 요인이 되고 있었다. 송산은 그런 안타까운 생각뿐 아니라 미국의 여러 후원자들에게 감사 편지를 쓰던 일이 기억났다.

로마와 그리스 여행

송산은 미국을 떠나 로마에 도착하였다. 로마 시가지를 둘러보니 도시 전체가 오랜 역사를 자랑하는 박물관이었다. 로마는 하루 아침에 만들어지지 않았다는 생각을 했다. 웅장한 베드로 성당, 시스티나 성당의 천정화 〈천지창조〉는 그야말로 압권이었다. 로마는 도시 전체가 기독교 역사였고, 박물관이었고 기독교 유적이었다. 바디칸 시국과 로마 교황청, 원형극장을 보며 눈시울이 뜨거워졌다.

기독교 초기 로마제국의 강력한 체제 아래서도 굴하지 않았던 신앙의 선배들이 신앙을 지키기 위해 목숨을 초개와 같이 바쳤던 것이다. 카타콤 지하교회에서 200년이나 숨을 죽이면서 살아야 했던 그 슬픔이 아스라이 몰려왔다.

그리스 아테네에 도착하여서는 바울의 행적을 둘러보기 위해 아테네를 답사했다. 철학자의 도시 아테네에서 철학자들과 논쟁하는 바울의 모습이 눈에 선했다. 곳곳을 둘러보며 고고학자라도 된 것 같은 심정이었다. 거대한 파르테논 신전이 압권이었다.

성지 순례

그리스를 떠나서 예루살렘을 방문하였다. 이는 송산이 오랫동안 꿈꾸어오던 성지순례였는데, 드디어 실현이 된 것이었다. 예수께서 발을 딛고 사셨던 곳을 둘러보았다. 예수님의 탄생지 베들레헴, 골고다 언덕, 긴 여정이었지만 간편한 옷으로 여정을 다녔다.

성지순례를 하면서 송산은 마음이 편치 않았다. 평소 마음에 그리던 성지와는 달리 곳곳은 장사꾼들의 가게가 비좁을 정도로 들어서 있고, 아기 예수가 탄생한 장소를 비롯해 승천한 장소 모두가 당시의 모습이 보존되지 못하고 있다는 생각을 지울 수 없었다.

　그런데 예루살렘 곳곳을 다니며 실망한 송산의 마음을 움직인 장소는 사해였다. 죽음의 바다 주위에 마치 눈이 쌓인 것으로 착각할 정도의 얼음산들은 가까이 가 보니 얼음이 아니라 소금이었다. 사방에 보였던 흰산들도 모두가 소금 덩어리였다. 산밑의 깊은 동굴까지 신기하기가 짝이 없었다. 기름진 옥토가 죄의 값으로 유황불이 하늘에서 떨어져 순식간에 죽음의 호수가 된 것을 눈으로 보고 손으로 만져 보았다.

　송산은 하나님이 살아계셔서 역사하시는 놀라운 손길을 생각할 수 있었다. 사해 바다는 호수이지만 능히 바다라 할 정도로 큰 규모였다. 사해는 남북으로 길이 80km, 동서로 약 16km의 크기이며, 면적은 605 평방 킬로미터였다. 송산은 가이드의 설명을 들으며 놀라움을 느꼈다.

　사해 바다는 무진장의 화학 미네랄을 보유하고 있다는 사실이었다. 죽음의 바다는 흘러가는 출구가 없어 광대한 화학 미네랄만 남게 되었고, 연구팀에 의해 수천만 톤의 칼슘, 클로라이드, 마그네슘, 소금을 소유한 특수성분으로 요즘은 특수화장품인 아하바 진흙화장품이 만들어져 세계시장으로 공급되고 있었다. 고등학교에서 화공학을 전공하였던 그로서는 그 모든 사실이 더욱 마음에 와 닿았다.

또 이 죽음의 바다에서 일어난 놀라운 사실은 금세기의 가장 위대한 발견이라 할 사해사본이다. 1947년 한 베두인 소년이 잃어버린 양을 찾다가 사해 서쪽 동굴속에서 성경 두루마리 사본을 발견하였다는 소식을 접한 영국의 고고학 교수 하딩은 사해 주변을 샅샅이 탐사하여 무려 11개가 넘는 동굴에서 900개 이상의 두루마리를 발견하였다 한다. 처음 발견된 지 2년 만의 놀라운 성과였다. 이 사해의 성경은 히브리어, 아람어, 헬라어로 기록되어 있으며 에스더서를 제외한 모든 히브리 성경 사본인데, 지금은 이스라엘 국립 박물관과 지혜의 신전 도서관에 전시되어 있다. 송산은 성지순례에 기대했던 것과 달리 실망한 것도 있었지만 역시 오기를 잘했다는 생각을 했다. 송산은 성지순례를 통해 큰 은혜를 받았다. 성지 곳곳을 순방하면서 어디로 가든지 예수님이 걸었던 것과 같은 느낌을 받았다. 주님의 숨소리까지 들리는 듯한 느낌이었다. 평화와 기쁨이 넘치는 일정이었다.

다음 일정은 지중해였다. 인류사는 지중해에서 시작되었다는 말이 있거니와 북쪽은 유럽, 남쪽은 아프리카, 동쪽은 아시아가 둘러싼 지중해 쪽을 둘러보았다. 창세기에 나오는 에덴동산과 아담과 이브를 생각하면서 한편으로는 홍해에 나타난 모세의 기적과 함께 나일강가의 갈대상자 속의 어린 모세를 생각할 수 있었다. 만감이 교차되는 시간이었다. 여행의 감흥을 꼼꼼히 기록으로 남겼다. 여행을 통해 역사와 문화를 깊이있게 관찰하면서 안목이 크게 넓어졌고, 남은 삶을 더욱더 가다듬어야 하겠다는 다짐을 하게 되었다. 이렇게 송산의 '국제 문화 탐방과 성지 순례' 여정은 이스라엘 성지에서 대미를 장식하고, 한국으로 귀국의 여정에 올랐다. 그렇게 세 달 동안의 긴 여정이 꿈

같이 흘러갔다. 송산은 오랫동안 일에 지쳐 있었는데, 여행 기간에 얻은 새로운 마음으로 자신에게 주어진 남은 트랙을 잘 달릴 수 있었다.

28. 큰 봉사 큰 상급

국민훈장 목련장 수훈

송산이 1999년 4월 장애인의 날에 평생 복지사역의 공로로 김대중 대통령으로부터 국민훈장 목련장을 수훈했다. 그의 나이 65세 때의 일이었다. 이 시기에 송산은 인생에서 가장 빛나는 시기에 가장 빛나는 시간을 갖게 된 것이다.

대한민국 정부가 주는 훈장은 무궁화대훈장, 건국훈장, 국민훈장, 무공훈장, 근정훈장, 보국훈장, 수교훈장, 산업훈장, 새마을훈장, 문화훈장, 체육훈장, 과학기술훈장까지 12 종류의 훈장이 있다. 각 훈장은 5등급으로 나뉘어진다. 국민훈장은 정치·경제·사회·교육·학술 분야에 공적을 세워 국민의 복지 향상과 국가 발전에 기여한 공적이 뚜렷한 자에게 수여한다. 국민훈장에는 무궁화장, 모란장, 동백장, 목련장, 석류장 등 다섯 등급이 있는데, 송산에게 목련장이 배정되었다.

송산의 국민훈장 수훈은 그가 고아원 사역과 장애인 사역을 통해 평생 우리 사회의 발전을 위해 수고하고 봉사한 것이 이런 결과로 나타난 것이었다. 이 수훈 과정에는 한국장애인복지시설협회장의 추천이 있었고, 송산은 자신의 공적 사항을 정리하여 제출하였다. 송산은 매사 꼼꼼하고 치밀한 성격이라 모든 기록을 정리하는 편이지만, 그 기회를 통해 지난 30년 동안의 고아원 사역과 장애인을 위한 사역을 정리할 수 있었다.

송산은 공적조서를 작성하면서 지난날들이 주마등같이 흘러갔다. 누나를 도와 보육원 후원자들에게 온 편지를 한글로 번역해주고, 또 아이들의 편지를 영어로 번역해 후원자들에게 보내던 일, 그 일을 하며 생활비를 보태던 일, 아내 금지와의 결혼예식, 마산에 신접살림을 차리던 일, 무궁애학원에 방문했을 때 처참한 상황들, 무궁애학원에 짐을 싸들고 이사하던 날 차가운 낙동강변의 매서운 바람을 맞던 일, 이사 다음 날 평생 몸담게 될 물금교회에 처음 출석하던 날, 고아원 아이들이 말썽을 부려 지역주민에게 면목이 없어 사과하던 일, 목욕탕을 건축하여 오랜 숙제였던 아이들의 목욕과 세탁 문제를 해결한 지혜, 고아들이 줄어들면서 정부의 방침에 따라 장애인시설 전환을 위해 고민하던 일, 자녀들을 위해 아내가 온갖 수고를 하여 주었고, 아이들이 어릴 때 많은 아이들이 질병으로 죽어 가던 시절 자녀들이 건강하게 자라고 공부도 잘해 준 일, 4남 1녀가 대학원을 가고 전문인력으로 사회적으로 인정받는 인물들이 되어 가는 것을 지켜보던 재미, 이 모든 것이 하나님의 은혜였다. 이 모든 일을 함께 한 아내 이금지 권사의 수고를 생각하며 참으로 고마운 마음을 가졌다.

공적조서를 작성하고 다시 보니 그 속에는 자신의 지난 60년의 인생이 다 담겨 있었다. 이 모든 것이 하나님의 은혜였다. 공적조서를 제출하였지만, 여러 관계 기관을 통해 추천받은 사람들이 여럿 있을 것이고, 또 정부에서 여러 과정의 검증 절차를 거쳐야 하니 결과를 알 수 없었다. 몇 주가 지나서 수훈자로 선정되었다는 통지를 받았다.

송산은 1999년 4월 장애인의 날 기념식에서 오랜 세월 동안 장애인 사역에 힘쓴 공로를 인정받아 국민훈장 목련장을 수훈하였다. 동명보육원에서 총무로 일한 것을 시작으로 하면 꼭 42년 만에 이룬 성취였다. 이날 훈장을 받으며 송산은 특별한 감동을 받았다. 송산은 지금까지 한 번도 이러한 인정을 구하면서 일하지 않았다. 오직 하나님이 주신 소명으로 생각한 것이었다. 하나님 앞에서만 인정 받으면 된다고 생각해 오고 있었다. 그런데 국가의 인정을 받으니 지난 42년의 수고가 주마등같이 지나갔고, 감사가 넘치는 하루였다.

장애인의 날 기념식에 아내와 함께 참석했다. 이 상은 사실 아내가 받아야 한다는 생각이 들었다. 아내에게 진심을 담아 "그동안 수고해 주어 감사하다"고 인사를 하며, 손을 꼭 잡아주었다.

고아들을 위한 사역이나 장애인들을 위한 사랑의 봉사는 드러나지 않으면서도 쉽지 않은 일이었다. 때로 힘들었지만 기쁨으로 사역하였다. 오래 함께 생활하다보니 이들이 자식들과 같았다. 송산은 고아원 사역이나 장애인 사역을 어떤 상을 바라고 한 것이 아니었다. 그들을 보니 긍휼의 마음이 일어났고, 예수께서 하신 일이라 생각하니, 그렇게 한 것 뿐이었다. 힘든 시간이 없지 않았지만, 고아원을 거쳐 간 아이들이 편지를 보내오고, 휴가와 명절에 아이들의 방문을 받으면 모든 피로가 다 풀리는 것이었다. 결혼을 하고 자녀들을 데리고 방문할 때는 더욱 그러했다. 자신의 뿌리를 잊지 않은 것이 그렇게 고마울 수가 없었다. 이 땅에서의 수고를 누가 알아주지 않아도 하늘나라에 가면 하나님이 인정해 주시고 '착하고 충성된 종'이라고 칭찬해 주시리라 생각했다.

그런데 세월이 가면서 장애인들에 대한 이해가 많이 넓어지고, 봉사자들이 늘고, 후원하는 이들이 많아졌다. 장애인이라고 멸시하던 풍토도 거의 사라졌다. 꿈에도 그리던 이런 날이 오게 된 것이었다. 마음에 깊은 감사가 생겼다. 송산은 이 땅에서도 그 상을 받게 된 것이 한편으로 송구하였지만, 한편으로는 무척이나 감사했다.

'자랑스러운 고신인상' 수상

　고신대학교와 고려신학대학원, 복음병원을 설립, 운영하는 주체가 학교법인 고려학원이다. 1946년 9월 20일 고려신학교 설립 당시는 고려신학교 이사회(이사장 한상동 목사)가 신학교 운영 주체로 사립을 유지하였고, 고신 측이 합동 측에서 환원한 후 설립자 한상동 목사가 모든 자산을 조건없이 총회에 기부함으로써 대한예수교장로회(고신) 총회 직영 신학교육기관이 되었다. 한국전쟁이 발발한 후 구제병원으로 전영창, 한상동, 장기려 등이 경남구제회를 조직하고 복음병원을 설립, 독자적으로 운영하다가, 1952년 대한예수교장로회총노회에 편입되었다. 이후 대한예수교장로회 총회유지재단이 운영 주체가 되었다가, 1967년 학교법인 고려학원이 인가되면서 양 이사회가 통합 학교법인 고려학원이 되었고, 이 법인은 위 세 기관을 관할하고 있다.

　송산은 지금까지 한결같이 고신대학교를 위해 헌신하였다. 그럴만큼 경제적인 여유가 항상 있었던 것은 아니었다. 김성수 총장이 부임한 후 고신대학교를 위한 교회의 협조를 얻는 일에 앞장섰다. 평소 물금교회에서 그의 설교와 가르침에 적지 않는 감동을 받던 송산은 고신대학교 학생들을 위해 '송산광장'을 조성하였고, 대학 발전을 위해 여러 차례 적지 않은 헌금을 하였다. 이러한 일은 김 총장에게 무척이나 고마운 일이었고, 교회에서 자신의 가르침에 대한 반응이기도 해서 보람을 가졌다.

　송산은 꾸준히 고신대학교를 위한 봉사를 아끼지 않았다. 1974년 고려신학대학 본관(현 의과대학 본관) 건축 때에 적극적으로 참여한 것은 자신이 칼빈대학에서 공부한 은혜 때문이었고, 고신교회에 속한 장로로서 마땅한 일로 생각했기 때문이다.

1975년 지금은 송도캠퍼스 의과대학이 사용하고 있는 고려신학대학 본관이 건축될 때 송산은 30만 원을 헌금했다. 그 건물은 네덜란드개혁교회 성도들과 국내 교회 성도들이 함께 헌금하여 건축한 것인데, 고려신학대학이 4년제 대학으로 인가되고 강의동과 도서관과 강당을 연결하며 건축한 것이었다. 그해 고려신학대학 신입생 등록금이 78,000원이었던 것을 고려하면 대학 등록금 4학기분에 해당하는 금액이었다. 지금으로 치면 2천만 원에 가까운 적지 않은 금액이었다. 이후에도 꾸준히 대학에 협력하였다.

　김성수 교수는 고신교단 목회자의 아들로서 경북대학교 대학원을 마치고 군 제대를 한 후 1978년 고신대학교에 기독교교육과가 신설될 때 연구조교라는 직책으로 처음으로 교수가 되었다. 그는 평생을 교수로 가르치다가 김병원 총장을 보좌하며 부총장으로 4년을 봉사하였고, 총장으로 선임이 된 것이었다. 김성수 교수는 물금교회 협동목사로 있었기 때문에, 송산은 그가 총장으로 선임된 후 여러 방식으로 대학의 발전을 위해 협력했다.

　송산은 2007년 10월 9일 '자랑스러운 고신인상'을 수상했다. 김성수 총장이 그의 곁에서 잘 보고 있었고, 고신대학 출신으로서 고신정신을 가장 잘 계승하고 있는 인물로 생각하여 선정한 것이었다. 자랑스러운 고신인상은 출옥성도로 사회사업에 괄목할만한 업적을 남긴 조수옥 권사, 고신대 출신으로서 필리핀 선교사로서 평생 헌신한 김자선 선교사, 한국 교회를 대표하는 평신도 지성인 손봉호 교수 등이 수상하였다.

29. 다음세대를 키우는 장학 사업

누구보다도 교육의 중요성을 잘 알았던 송산은 생애 후반에 사람을 키우는 장학사업에 힘을 썼다. 그는 고신장학재단과 송산박재석문화장학회를 이끌었다. 전국장로회연합회가 추진하던 장학사업을 고신장학재단으로 법인으로 등록시키고, 초대 이사장으로 4년 동안 재단을 정착시키는 일에 헌신하였고, 그가 고신장학재단 이사장 임기를 마치면서 사재를 털어 송산박재석문화장학회를 출범시킨 것이었다. 장학사업은 그가 오랫동안 가진 꿈이기도 했다.

고신장학재단 출범

송산이 전국장로회연합회 회장에 있으면서 가장 중점을 둔 것이 고신장학회를 법인으로 승격시킨 것이었다. 전국장로회연합회는 외형적인 행사에 치중해 온 점이 없지 않았다. 그래서 고려신학대학원과 고신대학교에 장학금을 주는 것에 힘을 쓰게 된 것이었다. 그해 장학금을 모금해 장학금을 전달하는 것으로는 부족함이 있어 이를 조직적으로 전개하기 위해 장학재단을 설치하기로 한 것이었다. 전국장로회연합회에서 모금을 시작한 것이 1995년이었지만, 좀처럼 진척이 되지 않았다. 송산이 회장으로 있으면서 행사에 바빴지만,

꾸준히 장학재단 일에 관심을 가지고 직전 회장과 논의를 하고 법인화를 서둘렀다.

장학재단 추진위원회 첫 회의를 하고 보고를 들으니 요원하였다. 그동안 전국장로회수련회에서 헌금한 모금총액이 1억 7천 800만 원이었으나, 재정을 관리하던 한 장로가 재정 사고를 쳐서 천만 원 이상이 결손이 이월되고 있다는 보고를 했다. 추진위원회에서는 그해 8월 장로회 수양회가 개최될 때까지 장학재단을 법인으로 등록하기로 뜻을 모았다.

송산은 장학재단추진위원장으로서 위원들을 격려하면서 7월 6일에는 정관과 시행세칙을 통과하고 사업계획과 예산안을 확정하였다. 재단 설립을 위해 박재석 위원장을 비롯하여 박재한, 한자윤, 김봉갑, 김정남 장로 등 5인 위원을 선정하였는데, 이 위원회가 재단 설립을 위한 실질적인 준비를 하도록 했다. 8월 17일에는 부산광역시교육청 산하 서부교육청에 제반 서류를 제출하였고, 그때까지 적립금은 1억 9,021만 3,101원이었다.

전국 장로 수양회를 마치고 장학재단의 법인 등록을 추진함에 따라 〈기독교보〉에서도 장학재단 설립의 활성화를 위해 2000년 8월 26일 지상좌담회를 갖고 신문 전면에 내용을 실어주었다. 장학재단 특별좌담은 고신언론사장 정금출 사장이 사회를 하고, 전국장로회장이었던 송산과 장로회 관계자들, 그리고 고려신학대학원 동창회장 윤진구 목사와 전국여전도회연합회장 오혜순 권사도 함께한 자리였다. 이 좌담회에는 장학재단 설립의 중요성을 다시 공유하고, 재단 설립에 더욱 박차를 가하였다.

송산은 2000년 전국장로회연합회장으로 분주한 한 해를 보내고, 10월에 총회를 마치고 연합회장을 물려주었고, 송산이 고신장학재단 초대 이사장의 책임을 맡게 되었다. 2000년 12월 29일 새로운 밀레니엄으로 한 해를 전국장로회연합회로서는 그동안의 준비를 마무리해야 할 시점이었다. 김정남, 박노

정, 이남정, 김현태, 양현식, 차철규, 신주복, 김봉갑, 한자윤, 한상철, 정춘덕, 김형원, 박재한 장로가 위원으로 선임되었다. 이들은 그 시기에 명실상부 전국의 장로들을 대표하는 인물들이었다. 송산이 장학재단 추진위원장이 되었다. 직전 연합회장이었기 때문에 당연직이기도 했다.

고신장학재단은 2001년 8월 31일 부산광역시 교육감으로부터 법인 설립 인가허가서를 받았고, 9월 13일에 부산지방법원 등기과에 등기를 완료했다. 송산은 서부산세무서에서 사업자 등록을 마쳤다. 몇 년 전부터 장학활동을 해오던 전국장로회연합회가 그동안 장학재단을 추진하였으나, 법인 인가가 지지부진하던 것을 송산이 앞장서 마무리 한 것이었다.

2001년 10월 13일 〈기독교보〉에 법인 설립 공고를 하고 10월 15일 재단법인 고신장학회 첫 법인이사회를 열었고, 송산이 이사장에 선출되었다. 이사회에는 기획 홍보 분과, 모금 분과, 배분 분과 등 세 분과를 두어 이사들이 적극적으로 참여하였다. 장학재단 설립과 추진에 대해 〈기독교보〉가 잘 보도하여 주었고, 장로들이 모금활동을 벌이게 되었다.

송산은 이렇게 몇 년 동안 추진해오던 고신장학회를 법인으로 인가받았다. 평소 정부와 지방자치단체의 행정적인 일에 익숙했던 그는 장로회를 설득하여 법인 인가를 받을 수 있는 기본금을 준비하게 했고, 꾸준히 노력한 결과 고신장학회가 법인으로 인가된 것이었다. 그는 2001년 초대이사장으로 선출되었고, 2005년 8월 31일까지 4년 동안 첫 이사장으로서 신학생 장학금 지급과 고신대학교에 장학금을 지급하는 일에 힘썼다.

송산박재석문화장학회와 장학 사업

송산은 고신장학회 이사장으로 일하는 동안 자신이 가진 평소의 생각과 같이 장학사업을 시작하기로 하고 차근차근 절차를 준비하였다. 평생 무궁애학원 사역을 하였지만, 고아원을 자립하면서 운영하려고 시작했던 목욕탕 사업이 잘되어 상당한 경제적인 부도 가져다 주었다. 이제 이것을 필요한 사람들과 나누어야 할 시간이 된 것이었다.

송산은 교육의 중요성을 누구보다도 절실히 느끼며 살았다. 자신도 이렇게 사회의 지도층에서 봉사할 수 있었던 것이 대학을 공부하였기 때문이었고, 자녀들이 자라면서 공부를 잘해 각각 석사와 박사 학위를 받고 각 분야에서 리더십을 발휘하는 것은 교육의 힘이었다. 시골에서 자랐던 아이들 가운데서 많은 아이들이 중학교를 마치고 고등학교를 다니지도 못한 경우가 많았고, 심지어 초등학교만 마친 아이들도 있었다. 이런 성장은 교육의 힘이었다는 것을 잘 알고 있었다.

송산은 지금까지 평생 자신이 받은 물질을 교회와 대학과 하나님 나라를 위해 청지기적 자세로 사용해 왔다. 이제 좀 더 적극적으로 하나님의 은혜를 나누고 싶었다. 가장 남는 일이 사람을 키우는 것이라 생각하였다. 아내와 의논하여 자신의 모든 재산을 출연했고, 2005년 7월 12일 경상남도교육청으로부터 장학재단 인가를 받았다. 송산은 장학재단을 구성하면서 자신의 아호를 따 '송산박재석문화장학회'라 이름하였다. 단순히 장학회가 아니라 문화장학회라 이름한 것은 장학금을 지급할 대상이 신학생뿐만 아니라 우리 시대에 사회 전반에서 봉사할 수 있는 인물을 지원하고 양성하고자 하는 그의 뜻이 반영된 것이었다.

송산은 2006년부터 그가 별세하던 2014년까지 꾸준히 장학금을 주고 지금까지 개인에게 6억 3,420만원을 지불하였고, 고신대학교에 2억 3,800만원, 고려신학대학원에 7,700만원, 그외 410만원을 장학금으로 지불하여 모두 9억 5,430만원을 장학금으로 지급하였다. 2018년에는 348명의 학생에게, 2019년에는 243명의 학생에게 장학금을 지급하여 학생들의 면학을 격려하였다. 송산박재석문화장학회는 경상남도교육청 산하 여러 장학재단 가운데 기업이 운영하고 기금으로 지급하는 장학재단 외에 가장 우수한 장학재단으로 평가받고 있다. 송산은 이사장으로 있으면서 이렇게 다음세대를 키우는 것을 보람으로 여겼다.

그가 별세한 후에는 아내 이금지 권사가 이사장으로, 고신대 김성수 총장, 고신대 선교언어학과 신경규 교수, 물금교회 이용창 목사, 권영건 장로가 이사로 봉사하고 있고, 황홍섭 교수와 강동진 교수가 감사로 있다.

사실 송산은 꾸준히 배우기를 힘썼다. 송산의 나이가 컴퓨터 세대가 아니었지만, 그는 꾸준히 노트북을 사용하면서 자신에게 주어진 일을 했다. 청년 시절에 영어를 열심히 하여 편지를 써 주었지만, 이후에도 꾸준히 매일 카세트 테이프를 들으며 영어를 공부해 외국인들과 소통은 물론 국제복지대회에 참석하는 데도 어려움이 없었다. 송산은 전쟁의 그 어려운 시기에도 공부를 놓지 않았던 것을 감사했다.

개인이 운영하는 장학재단은 이름뿐일 경우도 흔히 있는 것이 사실이다. 그러나 송산은 아내와 의논해 자신이 가진 모든 재산을 장학재단에 출연하였다. 생애 마지막에는 2013년 8월 고신대학교와 장남 신현이 교수로 있는 영어영문학과, 그리고 탄자니아 교회 설립 기금으로 3천만 원을 기부하였다. 장학회의 사업이 자리를 잡으면서 여러 가지 봉사로도 나타났다. 그 가운데 하나가 고려신학대학원 교수를 일찍 떠나게 되었던 이보민, 박종칠 교수의 문집을 간행한 일이다. 대개 교수들이 대학에서 오래 봉사하고 은퇴할 즈음에 후학들이 편집위원회를 구성하고 모금을 하여 은퇴논문집을 내곤 한다. 정부에서는 교사나 교수의 수고를 격려하면서 근속연수에 따라 훈장을 수여해 교육을 위해 수고한 그들의 공을 치하한다. 이는 공적 봉사를 하는 공무원이나 군인, 교사를 우대하는 일이기도 했다.

1980년대 고려신학대학원 교수로 윤리학을 가르친 이보민 교수와 구약학을 가르친 박종칠 교수는 각기 왕성하게 연구하고 가르치고 논문을 발표하며 자신에게 주어진 역할을 다했지만, 학내 문제로 안타깝게도 둘 다 함께 고려신학대학원을 떠나야 했다. 이보민 교수는 미국으로 이주하여 에반겔리아대학교에서 교수로 가르치다가 은퇴를 하였고, 박종칠 교수는 부산 해운대에서 삼일교회를 개척해 목회하다가 자녀들이 있는 미국으로 이주하였다. 두 교수는 오랫동안 신학교육을 위해 수고했지만, 이들에게 은퇴식이 별도로 없었고, 아무런 기림도 없었다.

이를 안타깝게 생각했던 미국에 있는 제자들이 뜻을 모아 사은회를 준비하게 된 것이었다. 제자들은 삼남 박석현 목사의 주선으로 2019년 12월 한해가 저물어가는 즈음에 캘리포니아 주 로뎀장로교회에 모여 마지막 강의와 은퇴식을 열기로 했다. 제자들이 참석을 위해서는 동부에서 서부로 항공편으로 이동해야 했고, 호텔도 준비해야 했기 때문에 논문집까지는 준비할 여력이 없었다. 총회교육원장을 지낸 나삼진 목사가 두 교수의 기념문집 편집위원장으로 맡아 봉사했고, 송산장학회에서 출판비 전액을 부담했다. 이보민 교수의 문집 《현대 신학사상과 개혁주의 신학》과 박종칠 교수의 문집 《성경과 구속사적 성경해석》은 그래서 세상에 나올 수 있고, 마지막 강의를 하면서 문집 헌정식을 함께 가졌다. 그날은 아름다운 밤이었다. 이런 일은 두 교수에게 생애 마지막에 큰 위로가 되었고, 재미총회에도 훈훈한 분위기가 조성되었다.

고신대학교 지원

송산은 칼빈대학을 졸업했다. 1950년대 중반 기독교 인문대학을 꿈꾸었던 칼빈대학은 뜻을 이루지 못하고 고려신학교 대학부로 편입되었고, 오늘의 고신대학교가 되었다. 송산은 칼빈대학을 졸업하고 1962년 고려신학교에 입학하였지만 무궁애학원을 인수하면서 신학을 마치지 못했다. 고신대학교를 모교로 둔 송산은 고신대학교에 남다른 관심을 가졌다.

송산이 고신대학교의 인재 양성에 적극적이었던 것은 자신의 출신학교이기도 했지만, 장학사업이 학생들의 미래에 큰 변화를 가져온다는 것을 잘 알았기 때문이기도 했다. 그는 학생들이 보다 좋은 환경에서 배울 수 있도록 최선을 다한 것이었다. 송산에 대해 평가할 때 누구나 그의 자녀들이 건실하게 각 분야의 지도적인 위치에서 일하게 된 것을 언급하고 있다.

이 모든 것이 하나님이 송산의 가정에 주신 은혜였다. 그가 사회사업에서 그 무엇보다도 교육의 힘이 중요하다는 것을 잘 알고 있었다. 그가 생을 정리하기 시작했다. 장학회에 모든 재산을 기부하는 것으로 공증했다. 아내도 흔쾌히 동의해 주었다.

송산은 고신대학교에 정기적으로 장학금을 보내었다. 고려신학대학원은 우선적인 장학금 지급 대상이었다. 미국 복음대학교를 위해서도 헌금을 아끼지 않았다.

김성수 총장이 대학 운영을 선교 중심대학으로 초점을 잡았고, 아프리카를 비롯한 여러 나라의 학생들을 초청해 교육하고자 했다. 선교사들이 아프리카 현지에 가도 언어공부를 마치고 사역을 하려면 평생을 보내야 하는 경우가 많은데, 현지에서 잘 준비된 학생들을 초청해 교육하면 더 효과적인 결과를 가져오는 것이었다. 송산은 그러한 취지에 공감하고 여러 명의 학생들을 입양하여 졸업 때까지 장학금을 지급하였다. 이것은 한국전쟁 후 홍반식, 이근삼, 오병세 세 사람이 미국으로 유학을 갔을 때 신학교에서 장학금을 주어 공부하게 하여 지도자를 양성한 것과 같은 귀한 사역이었다.

송산 광장 조성

　고신대학교는 김병원 박사가 총장으로 있던 때에 교회의 지원이 절실했다. 교회나 개인의 협조와 헌금이 많지 않았는데, 송산은 앞장서서 몇 차례 적지 않은 헌금을 하였다. 대학이 음악동을 건축하고 파이프 오르간을 설치할 때도 헌신하였다.

　무엇보다도 주목할 일은 기숙사인 임마누엘관 앞에 송산 광장을 설치한 일이었다. 이런 일을 대학의 운영 경비로 충당할 형편이 되지 않았다. 송산 광장은 뒤로 영도의 고갈산을 등지고 앞으로 태평양을 바라보는 배산임수의 고신대학교 캠퍼스의 수려한 경관을 관찰할 수 있게 해 주었다.

　2004년 고신대학교에서는 김성수 교수가 제6대 총장으로 선임되었다. 그는 임종만 목사가 부임한 후 협동목사로 부임해 봉사하고 있었고, 평소 고신대학교에 많은 관심을 가진 송산은 김 총장과의 특수 관계 때문에도 더 관심을 가져야 했다. 총장으로 선임된 김성수 교수는 대학의 이미지 개선과 자신감 회복이 절실하였다. 2002년 학교법인 고려학원의 부도로 교육부가 임시이사를 파송하고 있던 즈음이었다. 교수나 직원들은 물론 학생들까지도 그러한 상황을 걱정 어린 눈으로 바라보고 있었던 시기였다. 2005년 총장으로 취임하면서 대학 캠퍼스 입구에 송산 광장을 조성하고 학생들이 쉴 수 있는 공간을 준비하기로 했다. 이 일로 학교의 분위기가 한층 부드러워지게 되었다. 이 일이 시발점이 되어 각 교회와 헌금이 증가하여 김성수 총장의 첫 임기 동안 수 억원을 모금하여 대학 교수들이나 직원들이 자신감을 회복하였다.

30. 송산의 유업을 잇는 자녀들

　송산 박재석 장로에 대해 말하는 사람은 한결같이 자녀교육에 성공한 인물이라는 말을 빼놓지 않는다. 송산은 1957년 신부 이금지 양과 결혼을 하고 1960년대 참 어려웠던 시기에 4남1녀를 하나님의 선물로 받았다. 무궁애학원을 경영하는 일에 전념하면서 자녀들을 돌볼 형편이 잘 되지 않았지만, 자녀들이 건실하게 자라 한결같이 대학원에서 최고교육을 받고, 무엇보다도 믿음으로 살아가고 있다. 이들이 아버지 송산의 신앙을 따라 살고 있는 것은 그가 매일 새벽기도회에서 한 기도의 응답이고, 삶으로 보여준 교육의 열매이기도 할 것이다. 그러면 송산의 자녀들은 아버지의 유업을 어떻게 이어가고 있는가?

　장남 박신현 교수는 대구대학교 사범대학 영어교육과를 졸업하고, 경북대 대학원 영어영문학과 석사과정 합격했으나, 당시 부친의 간경화와 허리 디스크 악화로 아버지를 도와야 할 형편이 되었다. 신현은 가정과 무궁애학원의 필요를 현실로 받아들이고 학업을 진행하지 못하고 수년간 무궁애학원 총무로 근무하면서 아버지를 도와야했다.

그는 3년간 아버지를 도운 후 대구대 대학원에 진학하여 석박사 과정을 마치고, "Tennessee Williams 극의 변증법적 실존 양상'을 주제로 논문을 제출하고 문학박사 학위를 수여했다. 그는 그동안 계명대학교, 대구대학교, 금오공대 등에서 객원교수를 하면서 내일을 준비하였는데, 마침 1994년 고신대학교에 영어영문학과가 설치되면서 1997년 9월 전임강사로 부임하여 학과 설치 초기부터 학과가 자리잡는데, 적지 않게 기여했다.

박신현 교수는 고신대학교에서 26년 동안 교수로 재직하면서 학생들을 가르치면서 대학을 위해서도 연구국제교류처장, 대외협력처장 등의 여러 책임을 맡아 교무위원으로서 대학 운영에 깊이 관여하였고, 한국어교육원장, 중국인유학생회 지도교수를 맡아 대학의 발전을 위해 귀한 봉사를 하였다. 그는 교수로 있으면서 학과 학생들과 상담을 많이 했는데, 교수라는 위치로 인해 학생들이 자신의 개인적 고민, 신앙, 학업, 진로 등을 진솔하게 함께 이야기할 수 있으며, 인생의 선배로서 조언을 해 줄 수 있었다고 회상한다. 많은 졸업생들이 대학을 떠난 후 수년 후에 만나게 되었을 때 연구실에서 상담하며 함께 기도한 내용을 생생하게 기억하고 감사함을 표할 때에 교수로서 큰 보람을 느낀다고 말한다. 그는 특히 대외협력처장으로 봉사하면서 유학 온 제3세계 출신 크리스천 유학생들이 한국에서 학업, 캠퍼스 생활, 신앙생활 등을 잘할 수 있도록 섬길 수 있었던 것이 큰 보람이었다고 말한다.

그는 대외적인 활동도 활발하게 하였는데, 기독교 교수들의 모임을 주도적으로 이끌면서 부산·울산·경남 지역의 기독교수선교회(BCPN) 회장으로 봉사하였고, 전국의 대학교수들이 선교를 위해 조직한 대학교수선교연합회(KUPM) 회장을 역임하고, 그후에는 초대선교위원장을 담당하기도 하였다.

박신현 교수는 교회에서도 열심히 봉사하던 중 2018년 해운대 소명교회 장로로 임직받아 신실하게 봉사하고 있고, KUPM 교수선교사, 기독학문연구회 이사, 신영어영문학회 대외협력이사, 부산극동방송 시청자위원으로도 활동하며 방송 선교에 힘을 보태고 있다. 가족으로 배우자 김재은 권사는 해송초등학교 교장으로 일선에서 교육하고 있고, 슬하에 영원, 영광 두 아들을 두고 있다.

차남 박포현 박사는 1980년 중앙대학교 생물학과에 입학하여 1984년 졸업하고, 바로 대학원에 진학 미생물학을 전공하고, 1988년 석사학위를 받았다. 그는 대학원을 졸업한 후 1989년에 경기도 보건환경연구원에 입사하여 계속적인 연구를 위해 박사 과정에 진학하였고, 근무를 계속하며 학업을 놓치지 않아 1999년 "Molecular cloning and expression of cycteine proteinase from Clonochis sinensis" 주제로 박사학위를 받았다. 그는 2021년 정년으로 퇴직하기까지 33년 동안 꾸준히 연구자의 길을 걸었다.

그는 신앙적으로도 수원 성북교회에 33년 동안 한결같이 교회생활을 하였고, 2009년에는 장로로 임직 받고, 교회를 위한 봉사도 한결같이 감당하였다. 그는 연구원에서 2021년 정년 은퇴를 하면서 정부포상으로 근정훈장을 받았다.

박포현 박사는 연구원에서 은퇴하면서 연금을 받으며 안락한 생활을 할 수 있었다. 이것은 평생 성실히 일한 사람에게 주시는 상급이기도 하므로, 문제가 되는 것도 아니었다. 그런데 그는 2019년 처음 갔던 미얀마 단기선교를 통해 선교지에 대한 마음을 품게 되었고, 퇴직 후 바로 선교지로 향하게 되었다. 그동안 꾸준히 선교단체와 협력하여 훈련을 받기도 했다.

그는 2023년에는 수원 성북교회에서 도미니카공화국 선교사로 파송받아 선교사로 봉사하고 있다. 그는 선교사로 지망하게 된 동기를 "자라던 시절에 아버지가 경영하는 무궁애학원에서 하나님의 은혜로 외국으로부터 많은 원조

물자 받은 것을 목격했던 기억이 떠오르면서, 이제는 한국이 다른 나라에 은혜를 갚는 축복의 통로 역할을 하는 것이 마땅하다는 생각이 들었다"고 했다.

그는 도미니카공화국에서 선교사역을 하면서 미국 에반겔리아대학교 목회학 석사 과정에 입학하여 공부하고 있다. 이 대학은 이근삼 박사가 고신대 총장을 끝으로 은퇴하고, 재미총회 신학교육기관으로 개혁주의 신학에 입각하여 목회자를 양성하는 기관이다. 이 대학은 송산이 명예 선교학박사 학위를 받은 곳으로, 고신대학교 총장을 지낸 김성수 박사가 총장으로 있으면서 아프리카를 비롯한 세계 각국의 선교지 지도자 양성을 위해 힘을 기울이고 있다.

그는 COVID-19 펜데믹 이후 발달된 원거리 교육시스템으로 공부를 하고 있는데 충실한 내용으로 선교와 신학교육을 병행할 수 있어 만족도가 크다. 그는 늦게 신학을 하게 된 동기를 "선교지에서 봉사하던 중에 개인적으로 신학정립의 필요성을 느꼈고, 현지인들에게도 올바른 성경해석을 도와주고자 신학 공부를 시작하게 되었는데, 첫 학년도를 마쳐가고 있어 보람을 느낀다"고 했다.

가족으로 배우자 김현숙 권사 사이에 아들 영훈과 딸 예빈을 두고 있다.

삼남 박석현 목사는 1981년 한국외국어대학교 네덜란드어과에 입학하여 네덜란드어를 전공하고, 철학을 부전공으로 택하면서 신학 공부를 준비하였다. 네덜란드어과에 진학한 것은 그가 속한 고신교단의 학문적 분위기와 깊은 관련이 있었다. 한국기독교장로회에서 독일에 유학생들을 많이 보내었던 것과 같이 고신교단 출신 유학생들은 미국 개혁주의 신학교에서 유학하였고, 박윤선 박사가 네덜란드 자유대학교에 유학, 연구하였고, 이근삼 박사가 자유대학교에서 한국인 최초로 박사학위를 받았으며, 이보민 교수가 이어 네덜란드에서 박사학위를 받고 귀국해 교수로 있었다. 그가 네덜란드과에 진학하였던 것은 개혁주의 신학이 발달된 네덜란드 유학을 생각하였기 때문이었다. 그는 대학 졸업 후 고려신학대학원에 입학하여 3년 동안 공부하고 졸업하였다. 그는 신학대학원 재학중에 고향 물금교회의 전도사, 강도사로 일하였고, 1992년 5월에 교회 설립 70주년에 교회에서 목사 안수를 받았다. 이는 그 개인으로서도, 교회로서도 뜻있는 일이었다.

그는 미국 유학길에 올라 비브리컬신학교(Biblical Theological Seminary, 하트필드, 펜실바니아주)에서 구약을 전공하여 석사학위를 받았고, 2003년 미드아메리카침례신학교(Mid American Baptist Theological Seminary, 멤피스, 테네시주) 박사과정에서 연구하고 "An Examination of the Branch as a Messianic Motif with Attention Given to Branch Symbols On Coinage of the Mediterranean World"를 제출하여 철학박사 학위를 받았다.

박석현 목사는 박사학위를 받은 후 2003년 미국 캘리포니아 주 실리콘벨리에 소재한 산호세한인장로교회(San Jose Korean Presbyterian Church)의 청빙을 받아 20년 동안 풍성한 목회를 하고 있다. 산호세한인장로교회는 '하나님 앞에서'(Coram Deo)를 교회의 핵심 가치로, '하나님 중심, 성경 중심, 교회 중심'을 교회의 중심으로, 예배(최고의 하나님께 드리는 최선의 예배), 교육(신자의 성장과 언약 자손의 신앙 계승), 선교(국내외 그리고 다음 세대에게 복음 전파), 구제(만민을 향한 하나님의 긍휼 사역)를 교회의 핵심가치로 하여 목회하고 있다. 교회가 소재한 실리콘벨리의 Sunnyvale 지역은 미국과 세계 IT산업을 주도하는 구글이나 마이크로소프트 등 굴지의 기업 본사가 있는 곳이다. 교회의 성도들 가운데 이들 기업이나 연관된 산업에 종사하는 이들이 많은 편이다. 박석현 목사가 목회를 하면서 산호세한인장로교회는 재미한인예수교장로회 총회의 대표적인 교회로 성장하고 있다.

박석현 목사는 2018년 재미한인예수교장로회총회 총회장에 피선되어 봉사하였고, 2004년부터 2014년까지 산호세교회협의회 임원으로 봉사하였다. 총회장 임기를 마친 후 2019년부터는 재미총회의 선교위원장으로서 선교사역에 귀한 봉사를 하고 있다. 2020년에는 과테말라 선교센터를 준비하고 완공하는 데 큰 힘을 보태었다. 그는 2018년 한인디아스포라연구소를 설립하여 소장으로 봉사하면서 세미나를 열어 한인교회 목회자들의 교육과 사역에 동역하고 있다.

가족으로 배우자 김명자 사모가 헌신적으로 그의 목회사역을 조력하고 있고, 슬하에 딸 찬희, 찬영과 아들 영목을 두고 있다.

고명딸 박영란 집사는 4남 1녀 외동딸로 태어났고, 1992년 동아대학교 대학원 음악학과를 수료하고 "음악치료의 역사적 고찰"이라는 논문으로 석사학위(M.A.)를 받았다.

음악을 전공한 딸 영란은 "나팔 소리로 찬양하며 비파와 수금으로 찬양할지어다. 소고 치며 춤 추어 찬양하며 현악과 퉁소로 찬양할지어다."(시 150:3-4)를 특별히 좋아한다. 영란 씨는 어릴 때부터 받았던 신앙훈련으로 결혼 후 쌍둥이를 포함한 자녀들을 키우면서 교회에서 피아노 반주를 했으나, 손목에 지장이 생겨 이를 계속하지 못하게 되면서 워십 찬양팀의 일원으로 봉사하고 있다.

그는 단순히 음악만 아니라 찬양에 대한 깊은 관심으로 자녀들을 키운 후 다시 찬양율동신학원에 입학하여 체계적으로 찬양을 공부하고, 더욱 깊이 하나님을 찬양하고 있다. 그는 하나님 앞에서 혼신의 힘을 다하여 춤춘다는 것은 백 마디 천 마디의 말보다 더더욱 하나님을 영광되게 하는 믿음의 표현으로 찬양 율동을 공부하였다. 그는 그동안 몸이 많이 좋지 않았지만 찬양을 멈

추지 않았다. 손이 좋지 못하여 손을 들 수 없을 땐 발만 움직여 찬양하고, 고질적인 발목 통증으로 의자에 앉아 손만 움직이며 찬양했던 시간들이 많았다고 한다. 어지럼증이 너무 심해서 서 있기도 힘들 때 햇빛을 받고 천천히 걸으며 불쌍히 여겨 달라고 눈물로 기도하며 걸어 다녔다고 한다. 이제는 회복되어 다시 춤으로 찬양할 수 있게 되었다. 하나님을 찬양하는 일이 너무 기쁘고 즐겁기 때문에 건강이 허락하는 한 언제 어디서든지 찬양하는 일에 앞장서고 있다고 말한다.

영란은 신실한 청년 김소진과 결혼하였는데, 남편은 첫과의사로서 김소진치과의원에서 진료하며 사람들을 돌보고 있고, 쌍둥이 딸 하은과 주은, 아들 영헌을 키우며 다복한 가정을 이루고 있다.

사남 박민현 원장은 대학에 입학할 때부터 사회복지학을 공부하고 아버지 송산이 걸어간 길을 오롯이 따르고 있다. 1985년 대학에 진학할 때 국내에 처음으로 한국사회복지대학이 대구대학교로 전환하던 시기에 사회복지학과에 입학하여 본격적으로 사회복지학을 공부하였다. 1991년 사회복지학과를 졸업하고, 1997년에 대학원 사회복지학과를 수료하였고, 무궁애학원뿐만 아니라 사회복지계에 경영을 공부해야 할 필요를 느껴 부산대학교 경영대학원에 진학하여 2006년에 경영학석사 학위를 받았다.

그는 송산이 '고아의 아버지', '장애인의 아버지'로 평생을 살았지만, 그것은 고통당하는 아이들에 대한 사랑과 연민에서 비롯된 것이지 사회복지에 대한 전문적인 교육과 훈련을 받은 것은 아니었다. 한국전쟁 직후 당시에는 사회복지학이라는 학문도 있기 전이었다. 그러므로 송산의 사회복지는 평생 봉사하면서 몸으로 체득한 사회복지학이라 할 수 있었다. 그런데 사남 민현이 송산이 평생 일군 무궁애학원에서 미래직업재활원을 개설하면서 원장으로 부임하여 무궁애학원의 사역의 새로운 장을 열었고, 부원장을 거쳐 지금은 무궁애학원 원장으로 봉사하고 있다. 그가 자라면서 경험하고, 또 대학에서 배운 사회복지학의 이론과 실천이 그대로 열매로 나타나면서 사역의 새로운 장을 열게 된 것이었다. 지금 무궁애학원은 시설에서 장애인들을 수용하는데 머물지 않고 지역에 그룹홈을 확산하고 있고, 장애인이 독립적으로 살아갈 수 있는 다양한 거주 지원을 하고 있다.

박민현 원장은 대학 졸업 후 어릴 때부터 자랐던 물금교회에 정착하여 2007년 5월 물금교회의 장로로 임직을 받고 이후 물금교회와 무궁애학원에서 송산이 걸었던 길을 그대로 따라가고 있다. 그는 당회 서기로서, 교육위원장으로서 교회 봉사에 앞장서고 있고, 2022년에는 교회 설립 100주년 기념 행사 책임자로 봉사하였고, 교회 100년사 편찬위원장으로서 《물금교회 100년사》 편찬을 주도하였다.

박민현 원장의 경영으로 무궁애학원이 수준 높은 사역은 물론, 송산이 경상남도사회복지협의회 회장으로 봉사하고, 공동모금회의 회장으로 봉사하면서 경상남도 사회복지계를 위해 일해왔듯이 민현도 전국과 경상남도 사회복지계를 위해서도 봉사하고 있는데, 2004년 3월부터 한국장애인복지시설협회 이사, 부회장, 수석부회장으로 봉사하고 있고, 2005년부터 경상남도사회복지협의회 이사로 재직하고 있으며, 2005년부터 양산시지역사회보장협의체 대표협의체 위원과 위원장을 맡아 봉사하고 있다. 박민현 원장은 2010년에는 무궁애학원의 우수한 시설과 운영으로 보건복지부 장관 표창을 받았다. 무궁애학원은 그의 지휘로 2010년, 2013년, 2016년, 2019년, 2022년에 걸쳐 정부의 사회복지시설 평가에서 다섯 차례 최우수 평가를 받기도 하였다.

박민현 장로는 배우자 김은영 권사 사이에 아들 영찬, 영건, 영재, 영인, 영하와 딸 혜영을 두고 다복한 가정을 이루고 있다.

시편 기자는 '자식들은 여호와의 주신 기업이요 태의 열매는 그의 상급'이라 했는데(시 127:5) 송산의 가정에서 건실히 자란 다섯 남매가 그러하다. 송산은 이 땅을 떠났지만, 그의 꿈과 비전, 그의 신앙과 삶은 그를 만난 많은 사람들, 특히 그의 기도 가운데 자랐던 자녀들을 통해 이어지고 있다. 모두가 그리스도 안에서 성실하게 자라 그리스도인으로서, 각 분야의 전문가로서 신실하게 복음과 하나님 나라를 위해 일하고 있다. 그의 자녀들은 송산 부부가 남겨준 믿음과 사랑의 힘을 이어받아 한결같이 자신의 자리에서 하나님 나라를 위한 길을 놓치지 않고 있다. 송산 부부가 평생 자녀들을 위해 기도한 것이 하나씩 풍성한 모습으로 이루어지고 있는 것이다.

에필로그

송산은 70세 정년이 되어 교회법에 따라 35년 동안 장로로 봉사하였던 교회에서 공식적으로 은퇴하였다. 교회를 위한 헌신과 봉사의 공이 인정되어 교회 공동의회에서 만장일치로 원로장로로 추대되었다. 무궁애학원 원장도 사회복지협의회 일이 많아지고, 전국장로회연합회 회장을 맡으면서 아내에게 넘기고 이사장으로서 뒤에서 돌보았다.

송산은 교회에서 은퇴하면서 원로 장로로 추대되었지만 그것으로 신앙생활의 열심이 조금도 줄어들지 않았다. 그는 여전히 매일 새벽기도회에 빠지지 않았다. 주중에는 무궁애학원에 나가 아이들을 만났고, 수고하는 직원들을 격려하였다. 이러한 일은 80세가 될 때까지 꾸준히 진행되었다. 송산의 일과가 달라진 것은 없었다.

아내 이금지 권사가 원장을 맡고 있다가 이것도 막내 민현에게 넘겼다. 민현이 무궁애학원을 운영하면서 이전과 차원을 달리했다. 대학과 대학원에서 사회복지학을 하고 영국과 미국의 연수를 받아 선진적인 사회복지 기법들이 사역에 적용되었고, 주변의 사회복지 기관 대표들이 자주 방문하여 시설을 돌아보고, 운영에 따른 자문을 구하곤 했다.

21세기 포럼 참가

부산지역에는 국회부의장을 지낸 동서대학교 설립자 장성만 목사가 부산 지역의 크리스챤 원로들과 '재단법인 21세기 포럼 문화재단'을 조직하면서 송산도 이사로 참여하였다. 장성만 박사는 한국 그리스도교회 목사로 평생 목회자로, 교육가로, 정치가로 생을 살았다. 그는 1978년 교육 분야 유공자로 대통령 표창을 받았고, 2007년 국민훈장 모란장을 수여했다. 2008년 장성만 박사가 동서학원 이사장에서 물러난 후 지역의 숨은 인재를 발굴하기 위해 21세기 포럼 문화재단을 설립했다.

송산은 21세기 포럼이 결성될 때 숫자가 제한되어 있었으므로 각 교단별 분포를 고려해 추천을 받았는데, 지방 고위관료 출신인 강판영 장로가 송산을 이사로 추천하였다.

조직이 구성될 때 장성만 목사가 상임이사 임현모 장로에게 물었다.

"강판영 장로가 박재석 장로를 추천하셨네요. 어떤 분이시지요?"

"예, 박 장로님은 역대 고신교단 장로 부총회장을 지낸 분 중에서 가장 존경할 만한 분입니다." 장 목사는 더 묻지 않았지만, 임현모 장로는 다시 설명했다.

"박재석 장로님은 누구나 스스럼없이 다가갈 수 있는 온화한 성품의 성직자 같은 분이며, 제가 닮고 싶은 신실하신 하나님의 사람입니다." 그리고 설명을 덧붙였다.

"제가 오래 만났는데, 약속을 잘 지키는 분이고, 논리가 정연하고 실천력이 있는 분이며, 합리적인 보수신앙인, 할 말씀과 하지 않을 말씀을 잘 구분하는 분, 유머가 있는 부드러운 분입니다."

송산은 그렇게 시작된 21세기 포럼에 열심히 참여하였다.

재단은 명사 초청 특강을 통해 교계의 당면 과제를 논의하기도 하고, 해마다 11월에 부산 기독교문화상을 수여하는데 예술, 교육, 봉사 세 부분에 수상자를 발표하고 격려하고 있다. 21세기 포럼은 또한 정기적으로 명사들을 초청하여 강연회를 열어, 참석자들이 각 분야의 최고 전문가들을 초청해 강의를 듣고 질의를 하면서 지도자들의 교양을 증대시키고, 부산지역의 정책 포럼으로서 중요한 의의를 가지고 있었다. 이러한 봉사는 그의 생애 마지막 활동으로 의미있는 시간이었다. 장성만 박사는 2015년 12월에 83세의 일기로 하나님의 부름을 받았다. 이렇게 시대는 흐르고, 한 시대를 이끌었던 인물들도 가고 있었다.

신학대학원 입학식 축사

송산은 2009년 2월 중순에 고려신학대학원 원장 한정건 교수에게서 전화가 왔다.

"장로님, 잘 지내시지요? 건강은 어떠십니까?"

"예, 하나님의 은혜로 잘 지내고 있습니다. 어쩐 일이십니까?"

한정건 원장은 인사를 나눈 후에 3월 12일 고려신학대학원 입학식에서 축사를 해 달라는 것이었다. 이런 일은 자주 있는 일이 아니었다. 송산은 축사를 위해 기도하며 자신의 인생을 돌아보며 깊이 묵상하였다.

칼빈대학을 졸업하고 고려신학교에 입학하였던 송산은 신학을 공부하고 목회자가 되려 했었다. 그가 신학교 첫 해를 마치고 무궁애학원을 방문했다가 마음에 큰 도전을 받아 가산을 정리해 무궁애학원을 인수하였고 어느 정도 안정되면 아내에게 맡기고 신학을 계속하려 했다. 그러나 그 일이 끝도 없이 파도와 같이 밀려와 신학교로 돌아갈 기회를 놓쳤다. 오랜 후에 약자를 위해 목회자적 자세로 일하게 되었고, 작은자를 위한 목회자라는 생각으로 살아 왔다. 송산은 물금교회를 거쳐 갔던 분들이나 노회에 있었던 목회자들을 생각하였다. 어려웠던 시절 함께 신학을 공부하던 친구들이 생각났다. 송산이 교회 일에 깊이 관여하면서 많은 목회자들을 알고 있었다. 목회자들 중에 성공적인 사역을 한 이들도 있었지만, 윤리적인 문제로 목회자의 길에서 탈락하는 경우도 더러 보았던 터였다.

송산은 신입생들과 신학생들에게 축사를 준비하면서 자신이 칼빈대학을 졸업하고 고려신학교에 입학하였던 때를 생각했다. 목회자가 되고자 했다가 신학을 마치지 못하였다. 자신에게 감격의 시간이었다. 내가 신학생들에게 축사를 맡다니.. 송산은 평생 장로로서 50년을 교회를 위해 섬겼던 지난 날이 생각났다.

송산은 입학식을 하루 앞두고 오후에 천안으로 올라갔다. 게스트룸에 일찍 들어가 쉬면서 읽고 다시 읽으면서 축사가 완성되었다. 하나님께서 지혜를 주셔서 '버려야 할 세 가지, 가져야 할 세 가지, 그리고 의지해야 할 세 분'으로 정리되었다. 의지해야 할 세 분은 삼위일체 하나님의 세 위격을 말하는 것이었다. 그리고 마지막에 우리의 노력이 필요하다는 것을 강조하여 '하나님의 능력 + 인간의 최선의 노력 = 기적'이라는 도식을 완성했다.

"여러분들은 목회자가 되기 위해 준비하고 있습니다. 먼저 소극적으로 목회자들이 버려야 할 세 가지가 있습니다. 명예욕입니다. 앞으로 목사가 되어서도 교단 정치에 관여하지 말아야 합니다. 둘째는 물욕입니다. 욕심이 잉태한즉 죄를 낳고 죄가 장성한즉 사망을 낳는다고 했습니다. 셋째는 색욕입니다. 인기가 많을수록 이성의 유혹이 많습니다. 7층에서 떨어지면 살 수가 없습니다.

그리고 적극적으로 가져야 할 세 가지가 있습니다. 첫째는 영력입니다. 목사는 영적인 권위를 가져야 합니다. 둘째는 실력입니다. 아는 것이 힘이라고

했습니다. 교인들의 수준이 높습니다. 셋째는 체력입니다. 물질을 잃는 것은 조금 잃는 것이고, 명예를 잃는 것은 많이 잃는 것이지만, 건강을 잃는 것은 전부를 다 잃는 것입니다. 과로하지 말고 체력 단련을 해야 합니다."

송산은 계속하여 자신의 생각을 말했다.

"여기다가 세 분이 필요합니다. 성부 하나님, 성자 하나님, 성령 하나님입니다. 우리는 이 세 분의 도움이 없이는 아무 것도 할 수 없지만, 내게 능력 주시는 하나님 안에서 최선의 노력을 더하면 모든 것을 할 수 있습니다. 고려신학대학원에서 세계적인 지도자들이 많이 일어나기를 바랍니다." 송산은 신학생들을 간절히 축복하며 자신의 바램을 말했다. 삼위 하나님은 세 분 하나님이 아니라 세 위격이지만, 말씀의 구조를 생각하여 그렇게 정리한 것이었다.

송산의 축사는 짧지만 강력한 것이었다. 목사들이 설교에서 전하는 메시지와는 달랐다. 한 교수가 식사하면서 말했다.

"장로님, 오늘 축사가 참 인상적이었습니다. 학생들의 머리에 깊이 남을 것 같습니다."

사실 신학생들이 목회자의 설교는 많이 들었지만, 이와 같은 축사를 들을 기회는 거의 없었다. 송산은 사회사업을 하며 하나님 앞에서 진지한 자세로 사역하였고, 여러 교회와 실패하는 목회자들을 생각하며 자신의 신앙고백과 같이 신학생들에게 당부하였다.

전국원로장로회 회장으로

송산이 은퇴한 후 10년이 흘렀다. 세월이 빠르게 지나갔다. 송산이 1977년 42세의 나이로 첫 총대로 간 이래 해마다 총대로 선출되어 대한예수교장로회 총회에 참석했다. 동부산노회가 성장함에 따라 노회 분리가 이루어져 1991년 서부산노회가 신설된 후에는 총대 선거에서 언제나 앞 순위로 선출되었다.

한해도 빠지지 않았고, 그동안 28년 동안 매년 총회에 총대로 참석하였다.

송산은 은퇴 후에는 부총회장을 지낸 일로 해마다 빠짐없이 자문위원으로 총회에 참석하였다. 자문위원은 총회의 원로 목사와 장로들을 예우하는 일이지, 총대들이 맡아 잘하고 있어 자문할 일도 없었다. 그저 친교를 하는 정도에 불과하였다. 송산은 자주 후배 총대들의 어깨를 두드려 주는 것으로 만족했다. 후배들은 이런 송산을 좋아했다.

장로들은 현직에서 물러난 후에는 각 지역 단위로 활동하는 원로장로회에 참여하고 있다. 이들이 모여 전국원로장로연합회를 이루는데, 2012년 제22회 총회에서 회장에 선출되었다. 11월 15일 물금교회당에서 모인 총회에서는 은퇴장로와 원로장로 100여 명이 모인 총회에서 총회장 박정원 목사가 '주를 위해 살고 죽는 사람'이라는 설교를 하였고, 총회에서 회장으로 선출된 것이다.

송산은 이제 마지막 공직이 될지 모르는 원로장로회장직을 맡으면서 "첫째, 회원상호간의 친목과 상부상조 협조로 연합회의 발전과 위상을 강화하는데 노력할 것이며, 둘째 항상 기쁨으로 생활하고 범사에 감사할 일이 더 많이 생기도록 노력하겠으며, 셋째 쉬지 말고 기도하라는 말씀대로 국가와 민족, 사회, 가정과 교회를 위하여, 그리고 하나님 나라의 확장을 위하여 열심히 기도하는 원로장로회가 되도록 최선을 다하겠다."고 회원들 앞에서 다짐하였다.

송산은 원로장로회에 참석하면서 선후배 장로들과 교제하였다. 전국장로회에 함께 모이다가 은퇴장로들이 점차 증가하면서 별도의 원로장로회 모임을 갖고 총회를 하고 여름에는 수양회를 가졌다. 송산은 이러한 일이 잘 준비되도록 임원들을 독려하고 각 지역 원로장로회장들과 긴밀히 협력하였다.

산수 기념 문집 발간

2013년 봄, 고신대학교 김성수 총장이 송산의 80세 생신을 기념하는 산수

기념문집을 내겠다는 뜻을 전해왔다. 이는 오랫동안 대학을 위해 많이 협력하고 헌금하며 봉사해 준 것에 대한 예우이기도 했다. 부총장 이상규 교수가 편집위원장을 맡아주었고, 위원으로 같은 노회의 이름있는 김문훈 목사, 전국장로회연합회장 김진욱 장로, 대외협력처장 박신현 교수, 물금교회 이용창 목사가 참여했다.

산수기념 문집을 발간하면서 평소 가까이에서 자주 만나고, 대학 후원자로 늘 감사한 마음을 가지고 있었던 김성수 총장은 축사에서 다음과 같이 말했다.

"박재석 장로님은 고신대학교가 기독교종합대학교로서 개혁주의 정체성을 분명히 하면서 가일층 도약할 수 있도록 물심양면으로 후원을 아끼지 않으신 분입니다. 특별히 고신대학교가 복음의 빚을 갚기 위해서 중국과 아프리카 등 제3세계로부터 외국인 학생들을 유치해 와서 이들을 개혁주의 신학으로 양육하여 목사와 선교사로 파송하는 사역을 기도와 물질로 후원해 주신 분입니다. … 장로님의 일평생 사역은 소외된 이웃을 그리스도의 사랑으로 돌보는 섬김의 사역이었습니다. 장로님은 구약의 선지자들과 예수 그리스도께서 가장 관심을 갖고 돌보았던 낮고 가난하고 병든 자들의 가슴에 그리스도의 복음만이 줄 수 있는 소망을 안겨주고, 이들의 상처를 어루만지고 치유해주는 사역을 소명으로 알고 실천했습니다. 장로님께서는 고신대학교가 지향하는 공의와 샬롬의 비전 구현에 적극 동참해주시고 아낌없는 후원을 해 주셨습니다."

발간사에서 부총장 이상규 교수는 사회복지법인 무궁애학원 원장과 이사장으로서 50년 사역을 하심에 경의를 표하고, "조지 뮐러가 영국에서 고아의 아버지였다면 박 장로님은 한국에서 '고아의 아버지'이자 '장애인의 아버지'로 일생을 사셨다고 평가했다. 대한예수교장로회(고신) 총회장 박정원 목사와 동서대학교의 설립자이자 국회부의장을 지냈던 21세기 포럼 장성만 이사장도 뜻깊은 축사를 해 주었다.

이상규 교수는 역사신학자로서 "박재석 장로가 살아 온 삶의 여정"이라는 기념논문을 써주었다. 사실 고신대학교로 보아서는 이근삼, 오병세 교수가 60세가 되었을 때 편찬위원회를 구성하고 회갑기념논문집을 내었고, 이근삼 교수가 은퇴할 때는 교수 설교집을 간행하였고, 오병세 교수가 은퇴할 때는 개교 50주년에 맞추어 《기독교 대학과 학문에 대한 성경적 조망》이라는 논문집을 출간하였다. 총장이 아닌 이들로서는 칼빈대학을 설립하여 사실상 고신대학교 설립자라고 할 수 있는 한명동 목사 90세 생신 기념논문집 《칼빈주의와 문화적 사명》이 유일하였다. 송산은 칼빈학원의 설립자이자 은사인 한명동 목사와 동일한 예우가 송구하기도 해, 스스로 출판비를 부담하였다.

기념문집에 지인들 20명이 '내가 아는 박재석 장로'를 써주었고, 다섯 자녀들이 '가족이 본 박재석 장로'의 모습을 스케치 했으며, 15명의 교수들이 기념논문을 헌정하였고, 자신의 사진들과 발표되었던 글들을 함께 모았다. 은퇴 때 회고록 《내가 새벽을 깨우리로다》를 출판한 후 10년 만의 일이었다. 송산은 이 기회에 자신의 인생을 정리하는 것 같았다. 이 자료들은 이 전기를 쓰는 데 고스란히 활용되었다. 송산 박재석 장로 산수 기념 문집 출판기념회는 2013년 8월 10일 부산롯데호텔에서 열렸다. 송산은 가족들, 고신대학교 관계자들, 지인들, 장로회 동지들과 함께 즐거운 시간을 보내면서 '이런 시간을 얼마나 더 가질 수 있을 것인가'하고 생각을 하였다. 자신의 생각으로는 교회 설립 100주년을 함께 하고 싶고, 어떤 자리에서 그런 뜻을 밝히긴 했지만, 사람의 생명은 모르는 일이었다.

명예 선교학 박사 학위

송산은 그의 생애 마지막에 잊지 못할 또 하나의 영예를 얻었는데, 2013년 5월 18일 미국 에반겔리아대학교(Evangelia University) 학위수여식에서 명예 선교학박사 학위를 받은 것이었다. 에반겔리아대학교는 이근삼 박사가 고신대총장을 끝으로 고신대학교에서의 32년간의 사역을 마치고 1994년 미국으로 건너가, 재미한인예수교장로회 총회 목회자 양성과 개혁주의 지도자 양성을 위해 설립한 대학이다.

이근삼 박사가 설립 후 12년 동안 총장으로서 대학의 기틀을 놓고 캠퍼스를 조성한 후 2007년 별세하였고, 제2대 총장으로 신현국 박사가 수고하고 있던 때였다. 송산이 명예선교학박사 학위를 받게 된 것은 사회복지 사역을 통해 특수선교의 기틀을 마련했다는 것과, 고신대학교와 고려신학대학원, 그리고 에반겔리아대학을 위해 봉사하고 헌신한 것을 기리고자 한 것이었다.

송산은 칼빈대학을 마치고 고려신학교에 입학하였지만 신학교 공부를 마치지 못하였다. 마음에 아쉬움으로 남았던 것이 사실이었다. 몇 차례 신학교로 돌아올 생각을 했지만, 날로 성장하는 무궁애학원을 두고 아내에게만 맡기고 돌아갈 수 없었다. 송산은 무궁애학원 사역을 좀 더 업그레이드시키기 위해 대학원에서 사회복지학이라도 좀 배우고 싶었지만 그러한 기회를 얻지 못하였다. 그는 대신 몇 차례 국제사회복지대회에 참가하면서 강의를 듣고, 견문을 넓히곤 했다. 그런데 생애 마지막에 이러한 영예를 받으니 감사하기 그지없었다. 학위수여식에는 학기중의 분주한 일정이었지만 고신대 김성수 총장이 함께 해주었고, 산호세에서 목회하는 삼남 석현 목사가 참석해 축하해 주었다.

송산은 이런 귀한 기회를 주신 대학 이사회와 당국자들에게 감사를 표하고, 지난 50년간의 복지 목회에 대해 간단히 회고하면서 모든 공을 아내에게 돌렸다. 사실이 그러했다. 송산이 관공서 방문이나 외부 일을 하러 나가면, 아내 이금지 권사가 안살림을 세심하게 잘 맡아주었다. 그 결과 오늘날과 같은 무궁애학원이 되고, 이런 영예를 얻게 된 것이었다. 송산은 건강이 예전과 같지 않고 긴 항공기 여행이 무리가 된다 싶었지만, 학위수여식에 함께했다. 그가 학위수여식의 인사에서 무궁애학원의 초기 시절을 회고할 때 그의 목소리에는 떨림이 있었고, 그의 이야기를 듣던 사람들의 눈가에도 이슬이 맺혔다.

송산은 가산을 다 정리하여 무궁애학원을 인수한 후에, 무궁애학원이 언제까지나 후원에만 의존할 수 없다고 생각했다. 그래서 스스로 자립기반을 갖추어 무궁애학원을 일으키고자 했다. 그래서 시작한 것이 처음에는 농사와 목축업이었고, 이어 유아원과 어린이집이었으며, 특히 목욕탕 사업은 큰 도움이 되었다. 고아들 1,400여 명이 자립의 길로 나선 것은 이러한 수고 때문에 가능한 것이었다. 그들이 사회 진출을 하고 결혼을 하고 취직을 하고 송산 부부에게 인사를 올 때면 한없이 기쁜 일이었다. 평소 어려움으로 낙심되었던 일들이 눈 녹듯 사라지곤 했다.

송산은 박사 학위 수여 답사에서 그늘진 곳에서 특수선교사로서의 사명을 가지고 일해 왔음을 감사했다. "제가 시설 아동을 돌보느라 막상 자녀들을 잘 돌보지 못했습니다. 아이들을 부산으로, 서울로 흩어놓고 보살펴주지 못해 죄송한 마음이었습니다. 한번은 연탄가스를 마셔 학교도 가지 못했다는 소식을 듣고 가슴이 메인 적도 있었습니다. … 우리는 남의 자녀를 돌보았고, 하나님은 우리 자녀를 돌보아 주셨음을 느낄 수 있습니다." 송산은 자녀들이 각 분야의 전문인력으로서 귀한 일을 잘 감당하는 것을 감사했다. 이 모든 것이 하나님의 은혜였다.

사실이 그랬다. 사람들은 송산을 성공적인 사회사업가로 말하지만, 그는 그 자리에서 스스로를 '사회복지 목회'를 하였다고 밝혔다. 교회를 목회하는 목회자들이 필요하지만, 이처럼 여러 분야에서 필요한 분야에서 빛과 소금의 역할을 하는 현장 목회자와 선교사가 필요한 시대라고 밝혔다. 송산은 스스로 사회복지 목회자로서 최선을 다해 온 것이 자랑스러웠고, 이렇게 인정을 받은 것이 감사한 일이었다.

마지막 한 달, 영원한 집으로 가는 길

송산은 2013년에 접어들면서 건강이 예전과 같지 않았다. 송산은 나그네 인생임을 잘 알고 있었다. 80세 산수(傘壽)를 맞으면서 서서히 신변을 정리하기 시작했다. 2013년 3월 13일에 자신의 인생을 돌아보며 '나의 생애와 사명'이라는 4면으로 구성된 간증 형식의 작은 글을 남겼다. 복음을 받게 된 동기와 이후의 계속적인 신앙생활을 정리하고, 사회 활동으로 무궁애학원 인수 이후 오늘에 이르기까지 역정을 정리했다. 은퇴했지만, 여전히 현역과 같이 왕성한 활동을 할 수 있도록 건강을 주시고, 역할을 주신 것을 감사하고 복으로 생각한다고 했다. "이것이 나의 간증이요 이것이 나의 사명이로다. 나 사는 동안 끊임 없이 구주를 증거하리로다"고 한 후 사도행전 1:8로 마치고 있다. 송산은 지난 80년의 생애를 생각하면서 오직 하나님의 은혜임을 고백하지 않을 수 없었다. 자신이 최선의 노력을 다하고 열정적으로 일했기 때문에 아쉬운 것도 없었다.

간암 진단을 받았다. 암은 이미 여러 곳으로 상당히 전이된 상태였다. 전에 간암이라는 진단을 받은 바 있었지만, 2013년 봄 다시 간암 진단을 받고 양산부산대병원에 입원하여 담담하게 치료를 받았다. 물금교회 담임 이용창 목사가 병실로 그를 방문했을 때 앞으로 있을 장례는 교회장으로 해 줄 것과 간소하게 해 줄 것을 당부해 두었다. 이제 서서히 집으로 가는 길을 준비해야 한다는 생각이었다. 그가 투병하던 마지막 때 아버지의 곁을 지켰던 장남 박신현 교수의 기록을 보자.

"아버지는 병마와 싸우면서도 참된 신앙의 거장의 모습을 보였습니다. 약 3개월 전에 간암 판정을 받으시고도 담담하게 치료에 임하였습니다. 그리고 약 한 달 전에 급성 폐렴으로 응급실로 가셔서 하루 이틀을 넘기기 힘들 수 있다는 의료진의 판단을 받았습니다. 미국과 영국에 있는 가족들이 급히 귀국하여 아버님을 뵈었습니다. 병세도 며칠 동안 점점 악화되어 숨쉬기도 힘들고 정신도 조금씩 혼미해져 가시는 가운데서도 하나님의 도우심을 믿고 기도하며 인내했습니다. 숨쉬기도 힘든 상황에서도 규칙적으로 식사하시려고 하고, 목에 넘기기 힘든 약을 어렵게 들면서 담담히 고통을 인내하는 모습에서 참된 신앙의 거장의 모습을 보게 되었습니다. 다행히 많은 분들의 간절한 기도에 하나님께서 큰 은혜를 베푸셔서 기적적으로 회복하셔서 치료를 담당한 의료진도 놀라울 정도로 회복한 것은 전적으로 하나님의 은혜라고 생각됩니다."

송산은 그렇게 한 달 정도 입원을 마치고 퇴원하여 산소호흡기를 곁에 두고 건강을 관리하였다.

그동안 육아시설과 장애인 시설을 위해 얼마나 많은 노력을 했던가. 외부 지원이 거의 없었고, 기업들도 이들을 돌볼 형편이 되지 않아 송산 스스로 일을 하면서 돌보아야 했다. 그래서 초기에는 농사를 하였고, 목욕탕 경영, 어린이집과 유아원 경영 등 부지런히 일해야 했다. 교회 일도 여간 많은 것이 아니었다.

송산은 평소도 그러했지만, 생애 마지막에 자녀들에게 "나는 지금까지의 삶에 대해 감사하고, 정말 후회없는 삶을 살았다."고 했다. 송산은 장남 신현의 표현과 같이 그 흔한 등산, 낚시, 골프, 바둑, 장기, 화투 등 신변잡기나 오락을 일체 하지 않았다. 그것들이 죄는 아니었지만 무궁애학원과 교회 일과 일상생활에 충성하다보니 그런 기회가 없었던 것이다. 매주 반복되는 규칙적인 신앙생활로도 시간이 부족했다. 공휴일이면 가끔 성도들과 교회 행사를 갖기도 했다. 송산의 거의 유일한 취미라면 세계복지대회에 참가하는 일이었는데, 이는 여행을 통해 세계를 보는 안목을 키우게 되었고, 이것을 선진 복지를 경험하는 교육의 장으로 활용했다. 송산은 평생을 그렇게 일만 하고 살았지만, 나름대로 내적인 기쁨과 즐거움을 가지고 살았다. 그것은 이 세상의 오락이 주는 재미와는 또다른 재미였다.

송산이 위독하다는 전갈에 자주 만나지 못했던 미국 캘리포니아 주 실리콘밸리 산호세한인장로교회를 목회하는 삼남 석현 목사 가족이 급히 귀국했고, 영국에서 연수 중이던 손자도 들어왔다. 송산은 이들과 못다 한 이야기를 나누며 작별할 시간을 가졌다. 송산은 언제나 최선을 다해 왔기 때문에 후회 없이 마지막을 맞이할 수 있었다.

송산은 병원에서 퇴원한 후 가족들과 작별을 준비했다. 며칠을 지내는 동안 점차 정신이 혼미해갔다. 송산은 아내 이금지 권사의 마지막 음성을 들으며 영원한 집으로 갔다.

"그동안 수고 많이 했습니다. 감사합니다. 우리 곧 다시 만나요."

송산은 집에서 요양하다가 2014년 3월 8일 오후 4시 53분 조용히 하나님의 부름을 받은 것이다. 그의 나이 81세였다. 2014년 3월 11일 오전 9시 물금교회에서 송산의 천국환송예배가 있었다. 송산이 평생 사역했던 물금교회 이용창 목사가 사회를 하고, 총회장 주준태 목사가 설교를 했다. 사도신경을 고백하고 내 본향 가는 길(607장)을 찬송한 후 김종진 장로가 기도하고 할렐루야 성가대가 찬양한 후 주준태 목사가 '주의 빛과 진리를 보내어'(시 43:3-4)의 말씀을 전했다. 물금교회 김윤호 장로가 고인의 약력을 소개하고, 고신대 이상규 교수가 조사를 하고, 학교법인 고려학원 이사장 김종인 장로, 고신대 총장 전광식 박사, 고신대 전총장 김성수 박사가 회고사를 하였다. 이들은 한결같이 고인이 개인적인 생애만 아니라 고신대학교를 위해 어떤 자세로 헌신하고 충성했는지를 잘 드러내 주었다. 회고영상을 시청한 후 이용창 목사가 축도로 예배를 마쳤다. 하관은 송산의 향리 청도군 이서면 수야리에 있는 선산에 안장되었다.

이날 천국환송예배는 대한예수교장로회 총회장 수준의 장례예식이었다. 이날 회고사에서 고신대총장 전광식 박사는 그가 어떻게 고신대학교를 위해 헌신했는가를 잘 밝혔고, 고신대 전총장 김성수 박사는 송산의 생애를 '교회를 위한 헌신, 공의와 샬롬을 위한 사역, 기독교 문화 건설을 위한 헌신, 청지기적 삶'으로 정리한 후 '오직 그 왕을 위하여' 살았음을 회고했다. 이상규 교수의 조사는 송산의 신앙과 삶을 잘 회고하였고, 그 조사를 〈기독교보〉에 기고했다.

천국 환송 예배에는 가족들과 물금교회 성도들, 지역 주민들, 부총회장과 여러 임원들, 고신대학의 대표들, 그리고 무궁애학원 직원들도 함께 했다. 소식을 듣고 전국에서 달려온 많은 목회자들과 전국 장로회 연합회와 원로장로 연합회 임원들이 안타까운 마음으로 천국으로 가는 길을 배웅했다. 물금에서는 전에 없던 장례식이었다. 그는 발인 후 고향 땅 청도군 이서면 수야리 태경산 기슭에 마련한 가족 묘원에 안장되었다.

부록

1. 송산 박재석 장로의 신앙과 삶과 영성
2. 송산 박재석 연보
3. 무궁애학원의 연혁과 현황

송산 박재석 장로의 신앙과 삶과 영성

현대를 영성의 시대라고 말한다. 이 시대의 대표적인 미래학자 페트리셔 애버딘(Patricia Aburdene)는 《Megatrends 2010》에서 '새로운 세기를 주도하는 일곱 가지 메가트렌드'를 정리하면서 그 첫 번째를 '영성의 발견'이라 했다.[1] 그는 종교와 영성(spirituality)을 구분하고, 종교는 사람들이 신을 숭배하는 공식적이고 대중적인 체계로 이해하고, 영성은 신성함을 경험하는 것 혹은 그것을 경험하려는 욕구로 이해한다. 그는 영성을 말하면서 내적인 평화, 명상, 웰빙, 기도, 관계 중시, 삶의 목적, 미션과 같은 단어를 함께 사용한다. 최근의 정신세계의 경향을 종교에 대한 관심보다는 영성에 대한 관심이 증대되고 있다고 보는 것이다.

우리 시대의 복음주의 영성학자인 게리 토마스(Garry Thomas)는《영성에도 색깔이 있다》는 책에서 '하나님과의 친밀함으로 이끄는 아홉 가지 영적 기질'을 논한 바 있다.[2]

---

1. Patricia Aburdene, *Megatrends 2010* 윤여중 역,《메가트렌드 2010》, 서울: 청림출판, 2006.
2. Gary Thomas, *Sacred Pathways: Discover Your Soul's Path to* God, Zondervan, 2000.
 윤종석 역,《영성에도 색깔이 있다: 하나님과의 친밀함으로 이끄는 9가지 영적 기질》. 서울: CUP,

그는 영성을 우리가 하나님과 관계를 맺는 방식, 그분과 가까워지는 방식으로 이해한다. 게리 토마스는 사람마다 하나님과 친밀한 관계를 맺는 방식이 다양하다고 보고, 그러한 다양성을 야외에서 하나님을 사랑하는 자연주의 영성, 오감으로 하나님을 사랑하는 감각주의 영성, 의식과 상징으로 하나님을 사랑하는 전통주의 영성, 고독과 단순성으로 하나님을 사랑하는 금욕주의 영성, 참여와 대결로 하나님을 사랑하는 행동주의 영성, 이웃 사랑으로 하나님을 사랑하는 박애주의 영성, 신비와 축제로 하나님을 사랑하는 열정주의 영성, 사모함으로 하나님을 사랑하는 묵상주의 영성, 생각으로 하나님을 사랑하는 지성주의 영성 등 아홉 가지로 정리하였다.

하나님이 인간을 하나님의 형상을 따라 지으셨지만, 사람마다 다른 모습을 나타낸다. 같은 부모를 둔 자녀들이 다 다르고, 한 어머니에게서 같은 유전자를 받고 태어난 쌍둥이도 그 모습이 다르다. 사람마다 다른 모습과 다른 기질을 보이고 있듯이, 그와 같이 영적인 기질도 사람마다 차이가 있다. 그런데도 우리는 자주 같은 방식으로만 훈련하려는 경향을 가진다.

이제 송산 박재석 장로의 삶과 신앙을 추적하는 여정을 마치면서 그의 삶과 신앙에서 나타나는 특징적인 영성의 모습을 정리하며, 그가 어떻게 하나님을 만나고 사랑하며 살게 되었는가를 정리해보고자 한다.

근면과 성실의 일상 영성

송산은 한결같이 성실한 사람이었다. 송산의 삶의 가장 두드러진 특징들 가운데 하나가 성실과 근면이라 할 수 있다. 그는 정말 부지런하게 살았고, 한 시간도, 하루도 쉬는 날이 없었다. "일어나 일하자"가 그의 초기 삶의 좌우명

2003.

이었다.

송산의 근면과 성실은 그의 아버지에게서 물려받은 것이라 할 수 있다. 그의 아버지는 그 시대 사람들의 일반적인 삶과 같이 농촌에서 자라고 성장해 농군으로 살았다. 그는 가진 것 없이 스스로 가문을 일으켰는데, 그것은 근면과 성실한 삶 때문에 가능한 것이었다. 그는 아침에 일터에 나가면 해가 져야 돌아왔다. 그래서 어머니는 "하나님이 아버지를 위해 밤을 만드셨다"고 말할 정도였다. 송산은 그러한 아버지의 삶을 통해 성공적인 삶의 기본을 배웠다.

송산은 그렇게 성실하고도 열심히 일한 덕분에 경제적으로 안정된 삶을 살았다. 그렇지만, 작은 물건 하나라도 허투루 낭비하는 일이 없었다. 송산은 자신과 가족을 위해서는 내핍에 가까울 정도로 아끼는 사람이었다. 그는 신발을 사면 더 이상 신을 수 없을 때까지 신었다. 물건을 살 때는 고급 제품을 선호하지 않고, 질기고 튼튼한 것을 골랐다. 포장지와 고무줄 등 소소한 것까지도 아끼고 버리지 않았고, 그것을 차곡차곡 모아두었다가 다시 사용하곤 했다. 일상생활에서도 전기나 물을 사용하는 것에도 역시 그랬다. 그는 승용차를 사용하기 전까지 특별한 일이 아니면 택시를 타지 않았다. 문명의 이기를 즐기지 않는 자발적인 불편함을 기쁨으로 감당했다. 송산은 거실의 소파와 가구, 자동차 등 다른 사람이면 벌써 교체해야 할 것도 철저하게 아끼는 편이었다. 수돗물을 아끼고 온수를 사용하는 것조차 아꼈다. 송산의 집 화장실은 겨울에는 냉방에 가까울 정도였다. 텔레비전도 구식 내셔널(National) 텔레비전을 오랫동안 사용했다.[3] 송산은 택시를 타기보다는 버스를 자주 이용하였는데, 일찍부터 승용차를 사용하였지만, 부산에 지하철이 생기고 난

---

3. 이러한 송산의 삶의 모습은 그를 오랫동안 곁에서 지켜보고, 또 고신대학교에 얼마나 큰 헌신한 것을 보았던 김성수 고신대 총장의 증언에 기초한다. 김성수, "그 왕을 위한 삶의 여정"《꿈과 열정으로 살아온 80년》, 부산: 고신대학교 출판부, 2013. 62.

후에는 먼 거리를 이동할 때는 승용차보다는 지하철과 버스를 주로 이용하였다. 그것은 기름값을 절약할 수 있고 환경을 보호하는 일이기도 했기 때문이었다. 송산은 고신교단의 자매교단인 네덜란드 개혁교회 신자들이 내핍에 가까울 정도로 검소한 생활을 하면서도 성인은 물론 어린아이들까지 헌금을 하여 고신대학교 본관 건축에 많은 헌금을 보낸 것을 잘 알았고, 그래서 자신도 내핍에 가까운 검소한 생활을 하며 선한 일에 앞장섰다.

송산은 무궁애학원이 외국 원조를 받던 시절에 고아원을 운영하면서 이런 지원이 앞으로는 계속되지 못할 것을 내다보았다. 그는 무궁애학원을 일으키기 위해 꾸준히 여러 사업을 일으켰고, 사업을 하면서도 지칠 줄 몰랐다. 송산은 시대를 보는 안목도 있어, 기도하고 준비한 사업들이 많은 성과로 돌아왔다. 그의 성실한 땀과 노력은 경제적인 안정을 가져다 주었다. 송산은 근면과 성실의 사람이었다. 그의 이러한 근면을 자녀들이 보고 자라 자녀들도 한결같이 아버지의 근면한 성품을 따라 살고 있다. 무궁애학원은 송산의 성실과 근면이 일구어낸 땀의 열매라고 할 수 있다.

기도와 말씀의 경건 영성

송산은 무궁애학원을 인수하여 운영하면서 50년 동안 '고아의 아버지'로, '장애인의 아버지'로 살았다. 그것을 가능하게 한 동력이 기도와 말씀이었다. 먼저, 송산은 기도의 사람이었다. 송산은 칼빈대학 시절 기숙사에 거주하면서 원장 한명동 목사를 통해 강력한 영적 훈련을 받았고, 이후부터 매일 새벽 4시 30분에 일어나 아내 이금지 권사와 함께 교회의 새벽기도회에 참석하였다. 그는 새벽기도회가 체질화되었고, 기도는 평생 그 무엇에도 양보할 수 없는 소중한 가치와 삶이었다.

그는 교회의 전통적인 경건생활을 중요하게 생각해 적극적인 참여자로서 이를 이끈 지도자였다. 그는 목회자가 아니라 교회의 집사와 장로로 생활하면서 교회의 교리를 충실히 따랐고, 교회가 제시하는 신앙의 기본을 성실하게 지켰다. 교회가 삶의 중심이라 할 정도였다. 대한예수교장로회 고신교단에서 강조하는 모토와 같이 '하나님 중심, 성경 중심, 교회 중심'의 삶을 살았다. 매일 새벽기도회에 참석하였고, 주일예배는 물론 수요기도회, 금요 구역모임에도 충실하였다. 이런 면에서 그는 '의식과 상징으로 하나님을 사랑하는' 전통주의 영성의 소유자라고 할 수 있다.

송산이 1962년 무궁애학원을 인수하면서 처음 물금교회에 왔을 때, 교회는 시설이 열악한 전형적인 농촌교회였다. 무궁애학원을 위해서도, 교회를 위해서도 하나님의 은혜를 구하는 기도를 할 수밖에 없었다. 그는 언제나 새벽기도회와 함께 하루를 시작했다. 국내에 출장을 가거나 외국에 나가서도 교회에서 혹은 숙소에서 새벽기도 시간을 가졌다. 교역자의 이동으로 부재기간 동안은 그가 기도회를 인도하기도 했다. 송산은 가진 것이 없이 하나님의 은혜로 무궁애학원을 이끌어야 했기 때문에, 가정과 원아들, 교회와 교단을 위해 하나님께 간절히 기도하였다.

물금교회 담임 이용창 목사는 오래 전 자신이 목회하던 11년 동안 송산 부부가 새벽기도회를 빠진 것은 열 손가락에도 들지 않는다고 회고했을 정도였다. 그리고 송산의 영성의 원천이 "철저한 자기관리와 새벽기도"라고 말한다.[4] 많은 그리스도인들이 새벽기도를 대수롭지 않게 여기기도 하지만, 그는 하루도 빠지지 않고 기도하려고 힘썼다. 송산은 무궁애학원의 일, 교단과 교계의 일로 많이 분주했지만, 기도로 하루를 시작하였고, 무궁애학원에서도 매일 경건회를 빠지는 일이 없었다. 송산에게 기도는 영적인 호흡이었다. 송

---

4. 이용창, "새벽을 깨우리로다", 《꿈과 열정으로 살아온 80년》, 111-112.

산은 새벽기도회를 통해 자신의 생각과 하나님의 말씀을 연결하였고, 그가 고려신학교에서 배운 대로 '하나님 앞에서(Coram Deo)' 살기를 원했다. 이것은 그가 속한 대한예수교장로회 고신교회 성도들의 영성이기도 했다.

그리고, 송산은 말씀의 사람이었다. 그는 매일 성경을 읽는 일에 힘을 써 평일에 하루 3장, 주일에는 5장을 읽으며 전통적인 방식으로 매년 성경을 1독 했다. 성경을 그냥 읽지 않고 말씀을 깊이 읽고 묵상하였다. 교육학에서 가르치는 바와 같이, 잘 가르치는 사람은 부지런히 배우는 사람이다. 송산은 한 주 동안 세 차례 말씀을 가르쳤다. 그는 매주 교회의 구역예배에서 성경공부를 인도하였다. 1974년 구역장으로 임명된 이래 2013년까지 매주 금요일마다 구역에서 성경공부를 인도하였다. 송산은 가르치기 전에 먼저 성령의 조명과 도우심과 은혜를 구하였다. 그는 또 매주일 교회에서 실시하는 장년부 성경공부를 인도했다. 송산은 1980년에 장년부장으로 임명받아 주일마다 예배 전 성경공부를 인도하였다. 송산은 구역예배를 준비하며 자신이 은혜를 받아 큰 유익을 얻었다. 가르치면서 스스로 내용이 정리되고, 가르치는 사람은 더 확실하게 그 내용을 파악하게 되는 것이다. 또 송산은 무궁애학원에서 평생 경건회를 인도하였다. 직원이 많아지면서 믿지 않는 직원들도 있었지만, 송산이 기도하고, 성령의 은혜를 구하면서 예배를 인도하는 동안, 그들도 복음을 받아들였다. 송산은 생애 거의 마지막까지 직원들과 원생들과 함께 매일 예배를 드렸다. 성경공부나 예배 인도는 송산의 사명이었고, 특권이었다. 그는 육체적인 필요를 공급하는 것만 아니라 송산은 그렇게 '고아들의 목자', '장애인들의 목자'가 되었다. 그는 단순히 설교를 하는 것이 아니라 그의 경건과 신앙이 담겨 있는 메시지를 나누었다. 송산은 유머감각도 있어서 사람들은 재미있게 말씀을 들었다. 송산은 또한 국제기드온협회 양산 캠프를 조직하여 지역의 장로들과 함께 매주 토요일 회원들이 함께 모여 성경 읽기와 나라와 민족을 위해 기도하였다. 국제기드온협회 회원들은 함께 성경을 공부하고, 필요한 곳에 성경을 배포하곤 했다.

이웃 사랑 영성

송산은 평생 '고아의 아버지, 장애인의 아버지'로 살았다. 우리는 이를 소박하게 이웃 사랑 영성이라 할 수 있을 것이다. 설립기부터 고신교회 안에는 사회적 약자에 대해 깊은 관심을 갖는 흐름이 있었다. 장기려 박사, 전영창 선생, 한상동 목사 등이 힘을 합쳐 복음병원을 설립해 한국전쟁기에 가난한 사람들을 구제하는 일에 힘썼다. 한국전쟁 직후에 신망애양로원(한영세), 희망원(이약신), 인애원(조수옥), 소양보육원(지득용), 무궁애학원(박재석) 등 여러 평신도들이 사회복지 사역을 하였으며, 고신교회에서는 성진노회의 나환자 사역, 나환자들을 위한 영광신학교 운영 등 사회봉사 사역이 깊고도 넓었다.[5] 고신교단 20회 총회를 기념하여 출판된《고신교회 20주년 기념화보》(1971)에는 16여 처 사회복지시설을 소개하고, 한부선 선교사도 '30여 처의 사회복지시설'을 언급하며 고신교회에서의 사회봉사 사역에 주목한 바 있다.[6] 한국전쟁 후 넘쳐나는 고아들을 돌보는 일은 이웃 사랑의 대표적인 행위였다. 송산은 선배들의 사회봉사의 길을 따라 묵묵히 그 길을 걸었다.

이러한 송산의 이웃 사랑 영성은 청년시절부터 싹이 돋았다. 그는 칼빈대학 시절에 누나가 운영하던 동명보육원 총무로 일하면서 외국의 후원자들에게 감사 편지를 보내었고, 신학교 1학년을 마친 후에 무궁애학원을 인수하였다. 세계에서 가장 가난한 나라에 전쟁까지 겹쳤으니 특별히 고아들의 어려움은 말로 다할 수 없는 지경이었다. 송산은 칼빈대학을 졸업하고 고려신학

---

5. 나삼진, "복음병원의 설립과 고신의 사회적 영성-고신교회 70년 역사산책 14"〈기독교보〉2022. 2. 26.
6. 한부선, "찬사",《우리 교단의 어제와 오늘》, 1971. 6.

교 1학년을 마친 후 무궁애학원을 방문하고 열악한 환경에 노출된 고아들을 만나면서 생의 방향이 달라졌다. 그가 처음 무궁애학원에서 아이들을 만났을 때 견디기 어려운 마음이 있었다. 하나님께서 그에게 열악한 환경에서 생존하는 아이들을 '불쌍히' 여기는 마음을 주셨던 것이다(마 9:36). 그는 극한 상황 가운데 있던 아이들을 위해 자신의 가산을 투입해 시설을 정상화하였고, 그는 이후 이들을 위한 사회사업가로 살았다.

송산은 처음 목회자가 되기를 원했다. 그래서 무궁애학원과 운명적인 만남이 있은 후 무궁애학원을 정상화시킨 후 아내에게 그 일을 맡기고 신학교로 돌아가 신학교육을 마치고 교회를 섬기는 목회자가 되려고 하였다. 짐작하건대 대한예수교장로회(고신측) 초대총회장 이약신 목사와 아내 이옥경 여사가 희망원을 운영한 것이 하나의 모델이 되었을 것이다. 이약신 목사의 경우 희망원을 목회만큼이나 중요하게 생각하며 미래를 위해 노력하였고, 딸 이효재 교수가 사회학을 공부하고 평생 독신으로 살면서 한국에서 소외된 사람들의 대모가 된 것이나, 사위 이봉은 장로가 오랫동안 무료진료를 한 것은 그의 영성과 무관하지 않다고 할 것이다.

목회자가 되기를 원했던 송산을 하나님은 다르게 인도했는데, '사람이 마음으로 자기의 길을 계획할지라도 그의 걸음을 인도하는 이는 여호와시니라'(잠 16:3)는 말씀과 같았다. 그는 무궁애학원을 인수한 후 오랫동안 헌신적인 수고와 사랑의 봉사로 부산경남지역을 대표하는 사회사업가로 명성을 얻고, 존경받는 위치가 되었다. 경남사회복지협의회 회장과 공동모금회 회장으로서 오랫동안 봉사하였고, 무궁애학원만 아니라 필요한 사회복지시설을 돌보고 격려하였던 것이다. 국민훈장 수훈은 그러한 봉사의 상급이기도 했다.

그는 오랜 후 자신은 교회를 위한 목회자가 아니라 고아와 과부와 약자를 위한 목회자로 부름받은 사실을 발견하였고, 더 이상 목회로 돌아가야 한다는 생각을 하지 않았다. 야고보 사도의 가르침 '고아와 과부를 그 환난 중에 돌보고, 또 자기를 지켜 세속에 물들지 않는 것'을 참된 경건으로 이해한 것이다(약 1:27). 그렇게 힘든 사역을 한 결과 송산은 '고아의 아버지'와 '장애인의 아버지'로 불렸다. 평생 그렇게 평생 고아와 장애인과 같은 사회적 약자들을 위한 목회자로 살았다.

가족 신앙 영성

송산은 평생 가정의 가치를 소중히 여겼고, 살면서 남다른 형제 우애와 가족 사랑을 나타내 보였다. 이것은 유교적인 전통이기도 했지만, 사실 성경의 가르침이기도 했다. 십계명의 요약이 '하나님 사랑, 이웃 사랑'이고, 이웃 사랑의 첫 자리에 부모 공경이 들어 있는 것이다. 가족을 소중히 여기는 것은 우리나라 사람들의 한결같은 마음이기도 하지만, 장로교회의 언약신학이 추구하는 가치이기도 했다.

송산은 다섯 남매 중 막내로 태어났지만, 두 형을 일찍 잃었다. 장형은 일본에 징용을 나갔다가 해방 후 귀국 과정에서 행방불명 되었고, 둘째형은 6.25전쟁에서 참전했다가 1953년 정전협정이 이루어지기 직전 금화군 전투에서 전사했다. 송산은 그렇게 두 형을 뜻하지 않게 보내었기 때문에 동기간에 애틋한 마음이 남달랐다. 그는 형을 아버지 같이 따르고 존경했고, 형님이 농업협동조합 조합장 3선 선거에 나갔을 때 선거운동을 위해 자신의 차량을 근 한 달이나 내어 줄 정도로 우애가 있었고, 형이 별세한 후에는 형수를 위해 집에 보일러를 놓아주는 등 특별한 관심으로 가족을 돌보았다.

송산이 처음 기독교 신앙을 받아들인 것은 중학교 자취방 옆에 살았던 친척 박정범 영수가 초대한 가정예배를 통해서였다. 박영수는 그를 가정예배로 불러주었고, 예배를 마친 후에는 자주 개인적으로 기도해 주었다. 이것이 송산이 기독교 신앙을 받아들이고 가정예배를 체질화하는 계기가 되었다. 이러한 경험으로 송산은 결혼 후 꾸준히 가정예배를 드리고 가족의 소중함을 삶의 우선순위에 두었다.

송산은 가족들을 위한 기도를 쉬지 않았는데, 그의 기도는 자녀들을 위한 축복이 포함되어 있지만, 단순히 세속적인 부와 안정을 구하는 것이 아니었다. 물질의 복보다도 지식의 복을, 지식의 복보다도 신앙의 복을 구한 것이 그의 기도였다. 그는 세상이 구하는 어떤 위대한 것보다도, 소박한 가운데서도 '하나님 사랑 이웃 사랑'으로 세상 사람들이 그와 사역을 보며 하나님의 나라를 볼 수 있도록 기도하였다.

송산은 기독교 신앙을 갖게 된 것을 늘 감사했고, 이를 자녀들에게 전승하는 일에 큰 관심을 가졌다. 송산의 집 거실에는 '나와 내 집은 오직 여호와를 섬기겠노라'는 여호수아 24장 말씀을 기록한 액자가 붙어있었다. 여호수아가 가나안 정복을 마치고 110세의 노년기에 백성들이 쉽게 가나안의 문화에 동화되는 것을 보았다. 그리하여 장로들을 세겜에 모으고 아브라함 이후의 하나님의 구원역사를 설명했고, "지금 가나안 땅 아모리 사람의 신이든지, 너희가 섬길 자를 오늘날 택하라"고 요구하며, '오직 나와 내 집은 여호와를 섬기겠노라'고 선언한 데서 나온 말이었다. 여호수아는 이스라엘 백성들에게 신앙적인 결단을 촉구하고, 여호와를 경외하며 온전함과 진실함으로 섬기도록 그들을 촉구하였다. 송산은 그렇게 그의 신앙의 유산을 자손들에게도 이어주려는 마음을 담아 그 액자를 건 것이었다.

송산은 전국장로회연합회 회장으로 있으면서 "우리 후손들에게 물질의 유산보다는 지식의 유산을, 지식의 유산보다는 신앙의 유산을 물려주자"고 강조하기도 했다.[7] 그는 회장으로 잇는 동안 전국장로회연합회 제30회 총회를

---

7. 〈고신장로〉 제2호 2008년 8월호

계기로 장로교회의 역사와 정신을 정리하고, 후대에 아름다운 역사 자료로 삼고자 했다. 그가 회장으로 있던 기간에 고신대학교에서 교회사를 가르치던 이상규 교수를 교단 지도자 세미나 강사로 초청한 것이나, 전국장로회 수양회에 고려신학대학원에서 역사신학을 가르치던 최덕성 교수를 초청하여 고신교회의 역사와 정신을 정리한 것도 그러한 관심을 반영한 것이었다.[8]

사람들이 송산의 삶과 신앙을 말할 때 누구나 빼놓지 않는 것은 자녀들이 믿음으로 건실하게 자랐고, 모두가 전문직에서 리더십을 발휘하고 있다는 점이다. 송산은 가정을 소중하게 생각하고, 자녀들의 학교 공부와 신앙생활에 큰 관심을 가지고 기도하며 지도했다. 송산 부부는 슬하에 4남 1녀를 두었는데, 자녀교육은 아내 이금지 권사의 몫이었다. 자녀들은 부모의 기도와 기대대로 열심히 공부해 좋은 성적을 얻었고, 모두가 대학원에 진학해 석사 혹은 박사 학위를 받고 전문직에서 일하였다. 송산의 자녀들은 이 책 제30장에서 정리한 바와 같이 모두 신실한 신앙으로 교회와 하나님 나라를 위해 일하고 있어 많은 목회자들이나 동료 장로들의 부러움의 대상이 되고 있다.

송산은 손자들을 만날 때마다 한마디씩 툭툭 던졌지만 아이들이 이를 기억하는 것이 대견스럽다고 느꼈다. 2002년 삼남 박석현 목사의 박사학위 수여식에 참석해 그의 집에 머물 때에 막내 영목이가 하는 말이었다. 손자 영목은 서투른 한국말로 누나들에게 "밥을 먹을 때는 밥 먹고, 공부할 때는 공부하고, 놀 때는 놀아야지"라고 말하는 것을 들었다. 이것은 송산이 아이들에게 자주 한 말이었다. 송산은 자신이 던지는 한마디 한마디가 손자들에게도 삶의 지침이 되고 있음을 감사했다.

---

8. 박재석 회고록, 《내가 새벽을 깨우리로다》, 부산: 가야문화연구실, 2003, 101-193, 199.

송산은 그가 결혼할 때 민영완 목사의 축사(시 128:1-6)을 평생 마음에 새기며 살았다. 자손들이 늘면서 송산은 후손들이 하나님의 말씀을 중심으로 하나님의 뜻을 구하며 하나님 나라를 위해 일하는 아이들이 되기를 새벽마다 간절히 기도했다. 송산의 가족 신앙 영성은 가정의 소중함을 일깨우고, 가족들이 믿음과 사랑으로 하나되어 가정에서부터 하나님의 나라를 이루는 것이 요체였다. 그리스도인은 가정이 소중하고, 하나님 사랑은 가족 사랑으로 나타나야 하며, 부모들은 신앙을 자손들에게 전승시키는 데 힘써야 한다.

교회와 연합 영성

송산의 삶은 교회를 떠나서는 생각할 수 없다. 그가 무궁애학원을 인수하면서 1962년 물금으로 이사를 와 물금교회와 함께 평생을 살았다. 그가 이사한 이듬해 집사가 된 이후 교회의 여러 일에 앞장섰고, 1970년에는 30대 초반의 젊은 나이로 장로로 임직되었으며, 교회건축위원장으로서 몇 차례 교회당 건축에 앞장섰다. 그는 교회의 핵심적인 위치에서 봉사하면서, 교회를 자신의 삶의 전부와 같이 생각했다. 1970년 그가 목욕탕 건축을 위해 벽돌을 직접 구우며 준비하던 때였다. 그가 목욕탕 건축과 교회당 건축을 둘 다 할 수 없던 때에 자신의 개인적인 사업을 미룸으로써 교회당 건축을 할 수 있었다. 송산은 생애를 두고 세 차례 건축을 하였는데, 마지막에는 지금의 교회 대지를 기부하였다. 개인이 승용차를 소유하는 시대를 내다보고 넓은 주차장을 갖춘 교회를 준비할 수 있었다. 송산은 70세에 정년 은퇴하면서 원로장로로 추대될 때까지 교회와 함께 평생을 보내었다.

송산은 교회의 대소사에 빠지지 않고 봉사했다. 초기에 청년회장으로, 학신부장으로 봉사하면서 그의 삶은 교회를 중심으로 한 신앙생활이었다. 송산은 매주 금요일 구역장으로서 구역예배를 인도하였고, 주일마다 교회에서 장년부 성경공부를 30년 이상 가르쳤다.

그런데 송산에게 교회는 단순히 자신이 속한 지역교회만을 의미하지는 않았다. 송산은 자신이 속한 교회만 아니라, 더 큰 하나님의 나라를 생각하였고 이를 위한 연합과 봉사에 적극적이었다. 이웃교회들과 함께 일하였고, 하나님 나라의 동역자들로서 기쁨과 보람을 나누었다. 그는 청년시절 양산군청년연합회장으로 10년 동안 이웃의 지역교회를 위해 일했고, 교회가 속한 노회에도 적극 참여하였다. 노회 장로회연합회의 회장으로 봉사하였고, 또 부노회장으로도 봉사하였다. 지역교회를 위한 봉사도 적지 않았는데, 물금교회의 모교회이기도 했던 이웃의 양산교회가 건축으로 인한 빚을 지고 있을 때 그의 사업장을 담보로 제공하기도 했다.[9]

송산은 지역을 담당하는 노회만 아니라 전국의 교회를 가슴에 품고 기도하고 봉사하였으며, 총회 총대로 28년간 꾸준히 참여하고 주어진 역할에 충실했다. 전국장로회 연합회 회장으로 총회적인 사역을 담당했다. 대한예수교장로회 부총회장으로서 큰 사역을 했다. 이처럼 송산은 지역교회를 넘어선 더 큰 교회와 함께 살았다. 그에게 교회는 하나님 나라의 최전선이었다.

다음세대 육성 영성

송산은 다음세대를 양성하는 일에 특별한 관심을 가졌다. 이런 일은 장학사업을 통해 나타났다. 먼저, 전국장로회연합회장으로 있던 동안 장학회의 법인 인가에 앞장서 법인 인가를 받고, 이사장으로 봉사하였다. 그가 회장을 맡기 전부터 고신장학회가 있었지만 지지부진하여 제도화되지 못하였다. 그의 노력으로 장학회는 고신장학재단이 되었고, 법인 출범 후 4년 동안 초대

---

9. 김종석, "믿음과 헌신 사랑과 봉사로 살아오신 박재석 장로님"《꿈과 열정으로 살아온 80년》, 77-78.

이사장을 맡아 봉사하였다. 고신장학재단은 신학생들에게 장학금을 주어 인재를 양성하였다. 그가 신학을 계속하지 못한 것이 학비 때문은 아니었지만, 학업에서 장학이 차지하는 중요성을 어느 누구보다도 잘 알았기 때문이었다.

송산은 전국장로회연합회 회장으로 재임할 때, 〈크리스챤 한국〉 신문 발행인과의 인터뷰를 한 일이 있었다. 기자가 교단과 교회에 하고 싶은 일을 질문했을 때 "교단적으로 인재 교육, 인재양성이 필요합니다. 교단의 에너지를 거기에 초점을 맞추어야 합니다. 그런 의미에서 장학재단을 설립하고, 모든 시간과 물질과 그리고 정신을 다 쏟아야 한다고 생각합니다. 인재만 바로 양성해 놓으면 개척교회도 문제가 없습니다. 인재가 시원치 않으면 교회도 망치고, 교단도 발전이 없습니다."라고 강조했다. 그 시기는 전국장로회연합회가 장학재단을 준비하던 때였다.

송산의 이러한 지적은 사실이었다. 고신교단이 교회쇄신운동을 전개하면서 한국 전쟁이 끝날 무렵 고려신학교 제5회 졸업생들인 홍반식, 이근삼, 오병세 세 사람을 미국에 유학을 보내었다. 그를 이어 많은 유학생이 미국으로 건너갔다. 당시 고신교회는 이들을 유학을 시킬 수 있는 형편이 되지 못했지만, 미국교회의 협력을 얻어 유학을 보내었고, 이러한 인재 양성으로 그들이 1960년대 이후 40년 동안 고신교회의 신앙과 신학을 이끌었다.

송산은 고신장학재단 이사장을 물러나면서 자신의 가산을 정리하여 송산 박재석문화장학회를 설립하여 생애 마지막까지 장학사업을 전개하였다. 그는 자녀들에게 재산을 물려주지 않고 장학재단을 설립해 인재를 양성하는 일에 힘썼고, 그 일이 지금은 아내 이금지 권사와 자녀들을 통해 계속되고 있다. 그동안 고신대학교에 장학금을 지원하여 재정적인 이유로 공부를 하기 어려운 학생이나 학업성적이 우수한 학생들에게 장학금을 주어 공부에 전념할 수 있게 하였다.

물질의 청지기 영성

송산은 자신을 위해서는 내핍에 가까운 삶을 살았지만, 교회와 대학을 위해, 더 나아가 하나님 나라를 위해서는 항상 손을 넉넉하게 폈다. 이러한 송산의 통큰 기부는 무궁애학원에서도 마찬가지였다. 그가 무궁애학원을 인수할 때 자신의 집과 연탄 보급소, 그리고 고향에 있던 논을 팔아 무궁애학원을 인수하였다. 이후에도 여러 차례 물질적인 큰 기부를 하면서 무궁애학원의 기틀을 마련하였다. 지금 무궁애학원은 전국적으로 사회복지시설의 상위 10%에 해당하는 좋은 시설을 갖추고 있는데, 넓은 대지에 물금을 내려다보는 좋은 전망과 깨끗한 건물을 건축하게 되었다. 이후에도 여러 차례 물질적인 큰 기부를 하면서 무궁애학원의 기틀을 마련하였다, 무궁애학원의 시설은 여느 선진국의 장애인 복지 시설에 못지 않다. 또 무궁애학원은 전문적인 프로그램으로 내실을 기해 장애인 복지가 한층 업그레이드되었다는 평가를 받고 있다. 이러한 무궁애학원의 좋은 환경은 그의 물질의 청지기 정신과 아낌없는 헌신이 그 기초를 이루었기 때문에 가능했던 것이다.

그는 여러 차례 교회를 위해서도 자신의 가진 것을 아낌없이 드렸고, 특별히 사람을 키우는 고신대학교와 고려신학대학원, 그리고 미국 에반겔리아대학의 장학 사업에 크게 헌신하였다. 그는 다음세대에 대한 관심이 컸고, 무엇보다도 물질에 대한 청지기적인 자세를 가지고 살았기 때문이었다. 한국전쟁 후 온 나라가 어려웠던 시절 그가 다녔던 칼빈대학은 부산 감천항 가까이에 영국군이 사용하던 막사에 콘센트 건물 몇 동이 전부였다. 그러나 그곳에서 받은 강한 경건 훈련은 그를 믿음으로 사람으로 빚었고, 평생 하나님 나라를 위해 일할 수 있게 만들었다. 그가 다닌 칼빈대학은 고려신학교 대학부로 편입되었고, 1971년에 정부 인가가 이루어졌다. 이를 위해 1974년 송도캠퍼스 본관을 건축할 때는 교회당 건축 후 생활의 안정이 필요한 때였지만, 그는 학

생들의 4학기 등록금에 해당하는 적지 않은 금액을 헌금하였다.

그의 고신대학교와 고려신학대학원에 대한 기부나 장학금은 계속되었는데, 고신대학교 캠퍼스 환경 개선을 위해 송산광장을 조성하였다. 이는 고신대학교 복음병원이 부외부채로 인해 임시이사를 파송한 후 위축되었던 학내의 분위기 개선에 큰 도움이 되었다. 이러한 일은 그의 하나님 나라를 위한 애정의 발현이었다.

그는 2006년부터 2022년까지 938명에게 6억 3,420만 원의 장학금을 지급했고, 고신대학교와 고려신학대학원에도 3억 1,500만 원을 기부했다.[10] 송산은 자신이 섬기는 교회를 위한 봉사만 아니라, 더 큰 교회와 하나님 나라의 일꾼들을 양성하는 고신대학교를 위해 힘에 진하도록 앞장섰다. 이는 근면과 성실, 그리고 내핍으로 축적된 경제적인 역량이 있었기 때문에 가능한 일이

---

10. 〈송산박재석문화장학회 자료〉, 2023. 10. 23.

었다. 송산은 늘 물질에 대한 청지기적인 자세를 견지하였고, 하나님 나라를 위한 그의 헌신에는 제한이 없었다.

맺는 말

송산 박재석 장로의 삶과 신앙은 근면과 성실의 일상 영성, 기도와 말씀의 경건 영성, 이웃사랑 영성, 가족 신앙 영성, 교회와 연합 영성, 다음세대 육성 영성, 물질의 청지기 영성 등으로 정리할 수 있다. 서두에서 언급하였던 게리 토마스의 구분에 의하면, 그의 영성은 의식과 상징으로 하나님을 사랑하는 전통주의 영성,[11] 이웃 사랑으로 하나님을 사랑하는 박애주의 영성,[12] 그리고 참여와 대결로 하나님을 사랑하는 행동주의 영성[13]의 적절한 융합이라고 말할 수 있을 것이다.

그는 분명한 개혁주의 신앙을 가지고서도 적절한 융통성을 잃지 않았고, 지역교회에 충실한 그리스도인이었지만 언제나 더 큰 교회를 추구하였으며, 주어진 일에 철저하면서도 지나치지 않았고, 자신에게 주어진 제자의 길을 성실히, 그리고 묵묵히 걸었다. 그러한 삶은 교회에서나 교계에서, 사회복지계에서, 두루 인정받고 존경받는 위치에서 살게 했다. 그리하여 사회적으로, 국가적으로, 큰 인정을 받게 된 것이다.

그의 삶은 단순히 '하나님 사랑, 이웃 사랑'의 수준에 머물지 않는다. 그는 가정과 교회, 이웃과 작은자들에게 균형있는 관심을 가졌고, 하나님 나라에 큰 관심으로 자신이 확신을 가졌던 선한 일에 그의 시간과 돈, 그리고 모든

---

11. Gary Thomas, *Sacred Pathways: Discover Your Soul's Path to God*, 윤종석 역, 《영성에도 색깔이 있다》, 서울: CUP, 2012. 91-124.
12. 위의 책, 150-173.
13. 위의 책, 174-196.

에너지를 쏟아부었다. 그런 면에서 그는 하나님 나라를 추구하고 '그 왕을 위하여' 통전적인 신앙과 삶을 살았다고 말할 수 있을 것이다. 송산 박재석 장로의 신앙과 삶, 경건과 영성은 우리 시대의 많은 그리스도인들에게 '우리는 어떻게 살아야 할 것인가?'는 본질적인 질문에 적지 않은 통찰을 주고 있다고 할 것이다.

송산 박재석 연보

출생과 학력

1934.	3월 7일, 경상북도 청도군 이서면 수야리 645번지에서 출생
1948.	이서공립보통학교 졸업
1951.	청도 모계중학교 졸업
1953.	대한예수교장로회 수야교회에서 기독교 세례
1954.	대구공업고등학교 응용화학과 졸업
1960.	칼빈대학(고신대학교 전신) 영문과 졸업
1962.	고려신학교 본과(신학대학원 과정) 입학, 1년 수료
2013.	미국 Evangelia University에서 명예선교학박사 학위 수여
2014.	3월 8일, 80세의 일기로 하나님의 부름을 받음

사회 봉사

1963.	사회복지법인 무궁애학원 대표이사, 원장
1964.	1970년까지, 법무부 갱생보호 지도위원
1965.	1980년까지, 무궁애 어린이집 원장
1977.	1981년 4월 30일 한국어린이집 경상남도협의회 회장
	1986년까지, 사회복지법인 영신원 대표이사
1981.	1992년까지, 영신새마을유아원 원장
1982.	1987년까지, 새마을유아원 경상남도협의회 감사, 이사
1985.	1987년까지, 한국사회복지 경상남도협의회 이사
1987.	1989년까지, 총회 유지재단 감사
	1992년까지, 사단법인 새마을유아원 경상남도협의회 회장
1990.	1994년까지, 학교법인 고려학원(고신대학교) 이사
1993.	1996년까지, 양산 교경협의회 회장
1994.	1996년까지, 한국장애인복지시설협회 경상남도지회장
1997.	1999년까지, 학교법인 고려학원(고신대학교) 감사
	2002년까지, 사회복지법인 경상남도사회복지협의회 회장
1998.	2002년까지, 사회복지 경상남도사회복지공동모금회 초대, 2대 회장
1999.	2002년까지, 한국 장애인고용촉진공단 경상남도 대책위원회 위원장
2010.	사단법인 한국미래포럼 공동회장

교회/교계 봉사

1967.	1976년까지, 양산 기독교청년연합회 회장
1970.	대한예수교장로회 물금교회 장로 장립
1973.	2005년까지, 대한예수교장로회(고신)총회 총대(28회)
1990.	양산기독교 총연합회 부회장 역임, 고문
1991.	서부산노회 장로회연합회 회장
1992.	서부산노회 부노회장
1998.	2000년까지, 전국장로회연합회 수석부회장, 회장
2000.	한국장로총연합회 공동회장
	대한예수교장로회(고신)총회 장로 부총회장
2001.	한국장로교총연합회 감사
	2005년까지, 재단법인 고신장학회 초대이사장
2005.	재단법인 송산박재석 문화장학회 설립, 이사장
	재단법인 21세기 포럼 이사
	물금교회 장로 35년 시무 후 은퇴, 원로장로 추대
2008.	서부산노회 원로장로회연합회 회장
2009.	부산지역 원로장로회연합회 회장
2010.	대한예수교 장로회(고신) 총회 자문위원
2012.	대한예수교장로회 전국원로장로회연합회 회장

중요 수상

1999.	국민훈장 목련장
2002.	사회복지공동모금회장 공로패
2005.	대한예수교장로회(고신) 총회장 공로패
	경상남도 사회복지 대상
2007.	고신대학교와 고신총회 선정 '자랑스러운 고신인상'
2012.	물금교회 90주년기념 행사 때 50년간 교회 봉사 공로패

회고록 등

2003.	회고록《새벽을 깨우리로다》출판
2013.	고신대학교 출판부에서 산수기념문집《꿈과 열정으로 살아 온 80년》출판

무궁애학원의 연혁과 현황

법인 연혁

1953.　　　　서울에 있던 영생원이 6.25 피난길에 물금읍 물금리에 정착
1955. 5. 14. 후생시설 인가 (경상남도 제31호)
1957. 9. 7. 재단법인 무궁애학원 인가 (보건사회부 제431호)
1963. 2. 22. 재단법인 무궁애학원을 박재석 시설장이 인수
1963. 8. 30. 박재석 시설장이 개인재산으로 낡은 원사 40평을 수리하고
　　　　　　대지 500평과 원생숙소 80평을 구입하여 면모를 새롭게 하고
　　　　　　인가경신 (경상남도 제39호)
1973. 5. 28. 재단법인을 사회복지법인으로 정관 변경
1977. 1. 28. 사회복지법인 허가경신 (보건사회부 제431호)
1977. 12. 31. 육아사업 종결
1978. 2. 10. 맹.농아 양호시설 인가 (제14호, 수용정원 50명)
1978. 9. 12. 아동복리법에 의한 맹.농아 양호시설로 인가 (제19호)
1982. 8. 30. 심신장애자복지시설 허가 (양산 제29호) 정원:39명. 초대원장 박재석
1984. 1. 7. 사회복지사업법에 의하여 정관의 목적사업을 시각ㆍ청각ㆍ언어장애인 재활시설
　　　　　　운영으로 변경
1986. 10. 7. 사회복지법인 무궁애학원과 사회복지법인 영신원 법인 합병
　　　　　　　존속법인 : 무궁애학원. 소멸법인 : 영신원
1986. 12. 5. 물금읍 물금리에서 물금읍 범어리 산 62-8번지에 생활시설을 신축(1,653.36㎡) 이전
1988. 2. 16. 생활시설 증축(251.81㎡)
1991. 1. 26. 범어리 산1001-1외 6필지 4,868㎡를 매각하고 산62-1번지 24,771㎡를 구입확장
1993. 8. 6. 범어리 산 62-1 번지에 9,910㎡를 토지형질변경, 생활관 700.54㎡를 증축
2000. 6. 30. 장애인직업재활시설 미래직업재활원 개원
2002. 9. 7. 제1차 체험홈 (범어리 주공1차아파트) 입주
2010. 3. 1. 보건복지부 사회복지시설 다기능화 시범사업 선정
2013. 12. 15. 2013년 사회복지시설평가 최우수
2016. 10. 11. 장애인단기거주시설 새힘 개원
2016. 12. 15. 2016년 사회복지시설평가 최우수
2017. 12. 27. 경상남도지사 표창 (투명하고 건전한 법인운영)

2019. 12. 16. 2019년 사회복지시설평가 최우수

2020. 10. 30. 경상남도지사 표창 (코로나19 감염극복 우수)

2022. 10. 20. 제19차 체험홈 입주

2023. 2. 14. 2022년 사회복지시설평가 최우수

법인 현황

법인명	설립일자	운영시설
사회복지법인 무궁애학원 (대표이사: 이금지)	1957. 9. 7.	- 무궁애학원(장애인거주시설) - 미래직업재활원(장애인직업재활시설) - 새힘(장애인단기거주시설)

시설명 (시설유형)	무궁애학원 (장애인거주시설)	미래직업재활원 (장애인직업재활시설)	새힘 (장애인단기거주시설)
설립일자	1978. 09 .12	2000. 06. 30	2016. 10. 11
이용인(정원/현원)	80명/76명	45명/41명	5명/5명
직원(정원/현원)	55명/55명	8명/8명	5명/5명
소재지	경남 양산시 물금읍 청룡로 69		경남 양산시 물금읍 화산1길 6

참고문헌

박재석 회고록: 《내가 새벽을 깨우리로다》. 부산: 가야문화연구실, 2003.
송산 박재석 장로 산수기념논문집, 《꿈과 열정으로 살아 온 80년》, 부산: 고신대 출판부, 2013.
박재석, "우리 집 가훈" 〈월간 고신 생명나무〉, 2009년 6월호.
박재석 장로 인터뷰, 〈교회복음신문〉, 2010. 12. 25.
교육 50년사 편찬위원회, 《교육 50년사 1948-1998》, 서울: 문교부, 1999.
김양선 《한국기독교 해방 10년사》, 서울: 대한예수교장로회 총회종교교육부, 1956.
김영재, 《한국교회사》, 수원: 합신대학원 출판부, 2009.
나삼진, "한상동 목사의 기도", 안명준 편, 《영적 거장들의 기도》, 남양주: 홀리북클럽, 2021.
나삼진, "복음병원의 설립과 고신의 사회적 영성: 고신교회 역사산책 14", 《기독교보》 2022. 2. 26.
나삼진, "재미총회 유럽총회 대양주 총회의 조직", 《대한예수장로회 고신총회 70년사》, 2022.
나삼진, 《물금교회 100년사》. 부산: 카리타스, 2023.
나삼진 편, 《한명동 목사와 개혁주의 교회건설》, 서울: 생명의 양식, 2011.
대구공업고등학교 홈페이지 https://tktech.dge.hs.kr
민경배, 《대한예수교장로회 100년사》, 서울: 대한예수교장로회 총회교육부, 1984.
민영완 회고록, 《때를 따라 도우시는 은혜》, 서울: 열화당, 2010.
박상은, 《박용묵 목사의 10만 명 전도의 꿈》, 서울: 국민일보, 2011.
박용묵, 《응답받는 기도》.
박창식, 《한국기독교 역사》 영남편 제1권, 서울: 대한예수교장로회 총회 출판국,
이상근, 《대구제일교회 110년사》 대구: 대구제일교회, 2004.
이상규, 《구포교회 100년, 그 은총의 날들 1905-2005》, 부산: 구포교회, 2011.
이상규 편, 《대한예수교장로회 고신총회 70년사》, 2022.
이상규 강용원 나삼진, 《대한예수교장로회(고신) 교회교육 역사》, 서울: 생명의 양식, 2016.
이효재, 《아버지 이약신 목사》, 서울: 정우사, 2006.
임종만, 《내 시대가 주의 손에 있사오니》, 인천: 대한예수교장로회 총회출판국, 2001.
《조선예수교장로회 사기》 상권, 서울: 조선예수교장로회 총회, 1928.
《조선예수교장로회 사기》 하권(중판), 서울: 대한예수교장로회 총회, 1989.
석원태, 《학생신앙운동 20년사》, 부산: 전국학생신앙운동, 1971.
장석인, "칼빈학원 연혁" 〈파수군〉 1956년 9월호.
전성천, 《한국 영남교회사》, 서울: 양서각, 1987.

《경상남도 사회복지 50년사》

《공동모금회 10주년 기념집》

한부선, "찬사", 《우리 교단의 어제와 오늘》, 부산: 대한예수교장로회 총회, 1971.

한상동, 《주님의 사랑》, 부산: 성문사, 1953.

허순길, 《고려신학대학원 50년사》, 부산: 고려신학대학원 출판부, 1996.

허순길, "한명동 목사와 칼빈학원" 나삼진 편, 《한명동 목사와 개혁주의 교회건설》, 서울: 생명의 양식, 2011.

Gary Thomas, *Sacred Pathway: Discover*, Grand Rapids: Zondervan, 2000. 윤종석 역, 《영성에도 색깔이 있다: 하나님과의 친밀함으로 이끄는 9가지 영적 기질》, 서울: CUP, 2003.

Patricia Aburdene, *Megatrends 2010*, 윤여중 역, 《메가트렌드 2010》. 서울: 청림출판사, 2006.

총신대 100년사 편찬위원회 편, 《총신대학교 100년사》 서울: 총신대학교 출판부, 2003.

편집부, "칼빈대학의 이념과 한명동 목사" 〈고신대신문〉 106호, 1986. 9. 17.

한국학 중앙연구원 편, 《한국민족문화대백과》, 서울: 한국학중앙연구원.

정기간행물

경상남도 사회복지 소식 〈복지〉 제40호, 1990년 8월호

〈고신장로〉 제2호, 부산: 전국장로회연합회, 2008.

무궁애학원 편, 〈새힘〉 제66호, 2003년 2월호.

〈크리스찬 라이프〉 1993년 10월호

고신교단 내 정기간행물들(연대순): 〈기독교보〉, 〈파수군〉, 〈개혁주의〉, 〈고신대학보〉, 〈개혁신앙〉, 〈월간고신 생명나무〉